ERI 독해가
문해력이다

7단계 기본

중학 1 ~ 2학년 권장

KB190240

교 재 내용 문의는 EBS 초등사이트
내 용 (primary.ebs.co.kr)의 교재 Q&A 서비스를
문 의 활용하시기 바랍니다.

교 재 발행 이후 발견된 정오 사항을 EBS 초등사이트
정오표 정오표 코너에서 알려 드립니다.
공 지 교재 검색 → 교재 선택 → 정오표

교 재 공지된 정오 내용 외에 발견된 정오 사항이
정 정 있다면 EBS 초등사이트를 통해 알려 주세요.
신 청 교재 검색 → 교재 선택 → 교재 Q&A

평생을 살아가는 힘,
문해력을 키워 주세요!

문해력을 가장 잘 아는 EBS가 만든 문해력 시리즈

예비 초등 ~ 중학

문해력을 이루는 핵심 분야별 / 학습 단계별 교재

| 어휘 | 쓰기 | ERI 독해 | 배경지식 | 디지털독해 |

우리 아이의 **문해력 수준은?**

더욱 효과적인 문해력 학습을 위한
EBS 문해력 진단 테스트

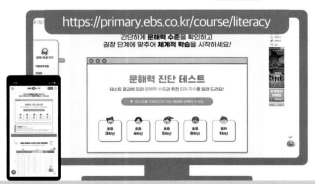

https://primary.ebs.co.kr/course/literacy

간단하게 **문해력 수준**을 확인하고
권장 단계에 맞추어 **체계적 학습**을 시작하세요!

NEW

등급으로 확인하는
문해력 수준

문해력
등급 평가

초1 - 중1

ERI 독해가

문해력
이다

7단계 기본

중학 1 ~ 2학년 권장

교과서를 혼자 읽지 못하는 우리 아이?
평생을 살아가는 힘, '문해력'을 키워 주세요!

'ERI 독해가 문해력이다'
독해 학습으로 문해력 키우기

1 학습 수준에 따라
체계적인 독해 학습이 가능합니다.

단순히 많은 글을 읽고 문제를 푸는 것만으로는 문해력이 늘지 않습니다.
쉬운 글부터 어려운 글까지, 글의 난이도에 따라 체계적인 단계 학습이 가능하도록 구성하였습니다.

2 특허받은 독해 능력 수치 산출 프로그램(특허 번호 제10-2309633)을 통해
과학적으로 구성하였습니다.

EBS가 전국 문해력 전문가, 이화여대 산학협력단과 공동 개발한 ERI(EBS Reading Index) 지수에 따라 과학적인 독해 학습이 가능합니다.

3 다양한 교과의 핵심 개념과 소재를 반영한
학년별 2권×4주 학습으로 풍부한 독해 훈련이 가능합니다.

독해의 3대 요소인 '낱말', '문장', '배경지식'의 수준을 고려하여 기본, 심화 단계로 구성하였습니다.
인문, 사회, 과학, 예술 영역 교과의 핵심 개념과 소재를 다룬, 다양한 글을 골고루 수록하였습니다.

4 관용 표현, 교과서 한자어까지 문제를 통해
어휘력의 깊이와 넓이를 동시에 키워 줍니다.

독해 능력의 40% 이상을 차지하는 어휘력은 독해 학습에 필수적입니다.
다양한 어휘 관련 문제로 어휘 학습까지 놓치지 않도록 하였습니다.

5 '한눈에 보는 읽기 방법'과 'STEAM 독해'로
문해력을 UP!

읽기 방법을 그림으로 표현한 '한눈에 보는 읽기 방법'으로 독해의 기본 원리를 확실히 잡을 수 있도록 하였습니다. 또한 지문 하나로 여러 과목을 동시에 학습하는 'STEAM 독해'를 통해 융합 사고력을 키우고, 문해력과 함께 문제 해결 능력을 쭈욱 올릴 수 있도록 하였습니다.

ERI(EBS Reading Index) 지수는
아이들이 읽는 글의 난이도를 단어, 문장, 배경지식에 따라 등급화하여 정량화하고, 독해 전문가들이
정성평가를 통해 최종 보정한 수치로서 EBS가 전국 문해력 전문가, 이화여대 산학협력단과 공동 개
발하였습니다.

각 학년마다 꼭 알아야 하는 읽기 방법, 교과의 핵심 개념과 학습 요소들을 중심으로 체계적으로 지
문을 구성합니다.
구성된 지문의 단어 수준과 문장의 복잡도, 배경지식이 학년 수준에 적합한지 여부를 계산합니다.
전문가들의 최종 정성평가와 보정을 거쳐 최종 지수와 적정 학년 수준과 단계가 산정됩니다.

교재명	ERI 지수 범위	학년 수준
3단계 기본	300 이상~400 미만	초등 3~4학년
3단계 심화	350 이상~450 미만	
4단계 기본	400 이상~500 미만	초등 4~5학년
4단계 심화	450 이상~550 미만	
5단계 기본	500 이상~600 미만	초등 5~6학년
5단계 심화	550 이상~650 미만	
6단계 기본	600 이상~700 미만	초등 6학년 ~중학 1학년
6단계 심화	650 이상~750 미만	
7단계 기본	700 이상~800 미만	중학 1~2학년
7단계 심화	750 이상~850 미만	

이 책의 구성과 특징

회차별 지문을 미리 확인하고 공부 계획을 짤 수 있도록 했어요.

단어, 문장, 배경지식 각각의 수준이 학년 수준 내에서 어느 정도인지 막대그래프로 표현했어요.

막대그래프가 제일 높은 것을 어떻게 공부해야 할지 안내했어요.

이번 주 지문들의 수준이 어느 정도인지 한눈에 볼 수 있어요.

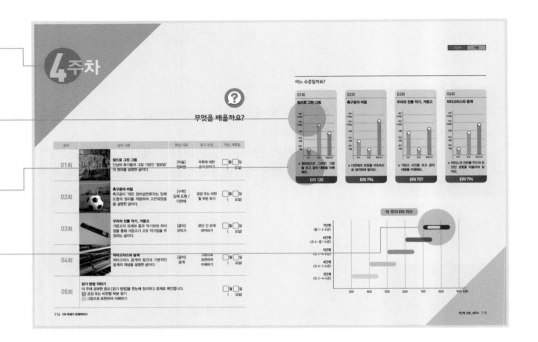

지문을 이해하는 데 도움을 주는 사진이나 그림을 넣었어요.

지문의 핵심 개념, 내용, 읽기 방법을 간단히 요약했어요.

지문의 핵심 개념을 미리 떠올리고 확인할 수 있도록 문제로 구성했어요.

간단한 문제로 핵심 읽기 방법을 확인할 수 있게 했어요.

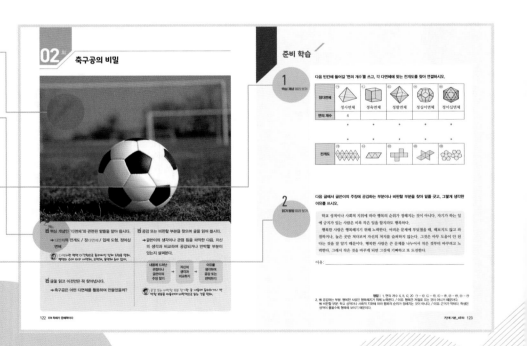

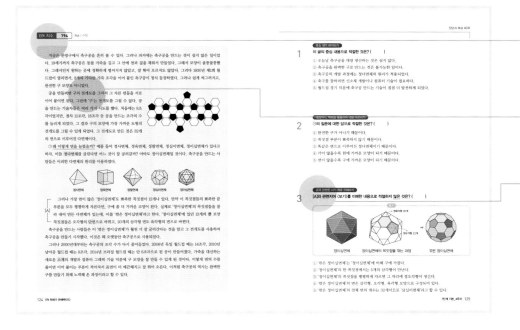

지문의 ERI 지수와 해당 영역, 교과를 표시하여 글의 난이도 수준과 교과서 학습 연계를 나타냈어요.

어려운 단어에는 노란 형광색 표시를 했어요.

다양한 읽기 방법을 적용한 문제들로 지문을 꼼꼼히 이해하고 사고력을 확장할 수 있게 했어요.

핵심 읽기 방법을 적용한 문제를 제시했어요.

지문의 노란 형광색으로 표시한 어려운 단어들을 공부하도록 했어요.

지문 내용과 관련된 속담, 관용어, 사자성어 등 관용 표현을 공부하도록 했어요.

지문과 관련된 한자어를 익히고 쓰는 연습을 하도록 했어요.

한 주를 정리하며 그동안 배웠던 핵심 읽기 방법 두 개를 심화하여 공부할 수 있도록 했어요.

읽기 방법과 관련된 개념과 과정을 간단히 요약하여 정리했어요.

읽기 방법을 적용한 문제로 문해력을 향상시킬 수 있도록 구성했어요.

사회, 과학, 수학, 미술, 음악 등 다양한 교과의 내용을 융합한 지문과 문제들로 지식과 사고력을 확장할 수 있게 했어요.

쓰기, 그리기, 표시하기 등 다양한 유형의 문제를 제시하여 학교 수업과 연관될 수 있도록 구성했어요.

---

05 읽기 방법 익히기

① 매체의 특성을 활용하여 매체 읽기

글 내용을 이해하기 위해서는 글이 실린 매체의 특성을 고려하여 읽는 것이 필요하다. 사진이나 그림은 어떤 역할을 하는지, 출처가 분명한 것인지 등을 살펴보아야 한다. 특히 인터넷 매체의 경우는 다른 사람의 댓글 반응을 보며 다른 사람과 생각을 공유할 수도 있다.

※ 매체의 특성을 활용하여 매체를 읽을 때에는,
(1) 인터넷 신문을 읽을 때는 기사를 쓴 글쓴이의 의도가 무엇인지, 출처가 믿을 만한 것인지 평가하며 읽는다.
(2) 텔레비전 광고를 볼 때는 광고의 목적이 무엇인지, 광고가 미치는 사회 문화적 효과나 영향은 무엇인지 생각하며 비판적으로 읽는다.
(3) 영화를 볼 때는 영화의 주제, 배경 음악, 동영상 제작 방법 등을 생각하며 본다.

1 다음은 인터넷 신문에 실린 기사이다. 매체의 특성을 활용하여 읽을 때, 독자의 반응으로 적절하지 않은 것은? ( )

꽃이 된 마그마, '꽃돌'

경상북도 청송이 제주도에 이어서 세계 지질 공원으로 지정됐다. 유네스코는 수많은 청송의 지질 자원 중 '꽃돌'을 높이 평가했다. 현장을 탐사

① 댓글을 보니, 육하원칙 중 '언제'에 대한 내용이 모호하다는 지적이 타당하군.
② 댓글을 보니, 보고서의 출처가 어디인지 더 찾아볼 필요가 있겠군.
③ 댓글을 보니, 사진이 글 내용을 이해하는 데 도움이 되었겠군.
④ 기사를 보니, 유네스코가 꽃돌을 높이 평가했다는 걸 알겠군.
⑤ 기사를 보니, 꽃돌이 어떤 성분으로 이루어져 있는지 확실히 알겠군.

2 다음 광고를 보고 물음에 답하시오.

괜찮으시겠어요?

장면 1: (커피숍에 들어서던 손님이 커피 한 잔을 주문하면서)
"포장해서 갈 거니까 일회용 컵에 담아 주세요."
(점원은 놀란 눈빛으로 손님을 바라보며 말한다.)
"플라스틱 컵을 사용하는 시간은 5분인데, 분해되는 기간은 500년입니다. 조선 광조 500년만큼이나 긴데, 괜찮으시겠어요?"

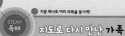

(1) 이 광고의 주장을 쓰시오.

(2) 이 광고의 매체를 고려할 때 적절하지 않은 내용은? ( )

STEAM 독해 — 지도로 다시 만난 가족 [융합]

이 글의 중심 화제는 지도! 그런데 말이다, 이거 분명히 확장되는 지문 정말이지 국어뿐이야 사회도, 과학도, 기술도, 대중 매체까지 공략하는 방법 알아보는 것

우리는 집을 찾거나 여행을 할 때 그 지역에 관한 정보가 필요하다. 실제로 우리는 일상생활 속에서 많은 지리 정보를 수집하고 이용하며 살아가고 있다.

▲ 영화 '라이언, 포스터'

1 다양한 지리 정보를 컴퓨터에 저장하고 이를 사용자의 필요에 따라 분석 및 처리하여 다양한 방식으로 보여 주는 체제를 뜻하는 말을 쓰시오.

( )

2 다음 지도에 ㉠~㉢의 위치를 표시하시오.

이 책의 차례

글의 특성에 따라 요약하기

★ 글을 요약할 때에는 글의 특성을 고려하여 그에 맞는 방법으로 요약해야 합니다.

어조를 고려하여 글쓴이의 태도와 관점 파악하기

★ 어조를 통해 글쓴이의 마음을 알 수 있습니다.

독서 목적에 따라 글 요약하기

★ 글을 읽는 목적에 따라 요약의 내용도 달라집니다.

상징적 표현의 의미 파악하기

★ 생각을 생동감 있게 전달하기 위해 구체적인 사물을 통해 표현하기도 합니다.

매체의 특성을 활용하여 매체 읽기

★ 어떠한 매체에 실린 내용인가에 따라 읽는 방법도 다르게 해야 내용을 효과적으로 이해할 수 있습니다.

통합적으로 읽고 내용 재구성하기

★ 동일한 주제에 대한 다양한 의견을 통합해 보면 그 주제에 대해 더 정확히 이해할 수 있게 됩니다.

공감 또는 비판할 부분 찾기

★ 공감하거나 비판할 부분을 찾고 그 이유를 생각하며 읽으면 글을 훨씬 더 깊이 있게 이해할 수 있습니다.

그림으로 표현하여 이해하기

★ 이해하기 어려울 때 그림을 그려 보면 내용을 좀 더 쉽게 이해할 수 있습니다.

1주차

무엇을 배울까요?

회차		글의 내용	핵심 개념	읽기 방법	학습 계획일
01회		**역사는 오늘날 새롭게 쓰인다** '원주민의 날'을 사례로 하여 '기록으로서의 역사'에 대해 설명하는 글이다.	[역사] 기록	글에 드러난 글쓴이의 주장 평가하기	☐월☐일 (요일)
02회		**프랑스의 삼색기에 담긴 비밀** 프랑스 국기를 이루는 세 가지 색이 지닌 의미를 통해 프랑스 혁명의 정신이 무엇인지 설명하는 글이다.	[역사] 삼색기	글의 특성에 따라 요약하기	☐월☐일 (요일)
03회		**어떻게 하면 행복해질 수 있을까요?** 영국의 철학자 버트런드 러셀이 생각하는 행복의 비법이 무엇인지를 설명하는 글이다.	[도덕] 행복	글을 읽고 나의 생각 구성하기	☐월☐일 (요일)
04회		**도덕적인 사람이 비도덕적인 행동을?** 도덕적으로 보이는 사람이 때때로 비도덕적인 행동을 하는 이유가 무엇인지를 설명하는 글이다.	[도덕] 비도덕적인 행동	어조를 고려하여 글쓴이의 태도와 관점 파악하기	☐월☐일 (요일)
05회		**읽기 방법 익히기** 이 주에 공부한 중요 [읽기 방법]을 한눈에 정리하고 문제로 확인합니다. 1 글의 특성에 따라 요약하기 2 어조를 고려하여 글쓴이의 태도와 관점 파악하기			☐월☐일 (요일)

어느 수준일까요?

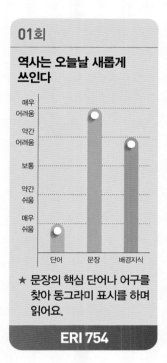

01회

역사는 오늘날 새롭게 쓰인다

★ 문장의 핵심 단어나 어구를 찾아 동그라미 표시를 하며 읽어요.

ERI 754

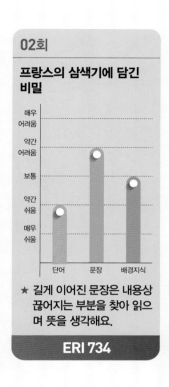

02회

프랑스의 삼색기에 담긴 비밀

★ 길게 이어진 문장은 내용상 끊어지는 부분을 찾아 읽으며 뜻을 생각해요.

ERI 734

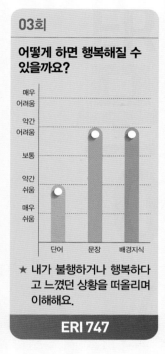

03회

어떻게 하면 행복해질 수 있을까요?

★ 내가 불행하거나 행복하다고 느꼈던 상황을 떠올리며 이해해요.

ERI 747

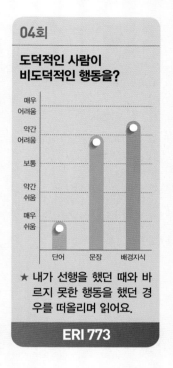

04회

도덕적인 사람이 비도덕적인 행동을?

★ 내가 선행을 했던 때와 바르지 못한 행동을 했던 경우를 떠올리며 읽어요.

ERI 773

이 주의 ERI 지수

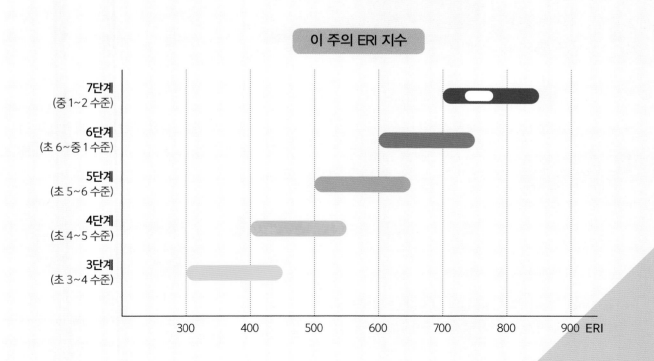

역사는 오늘날 새롭게 쓰인다

 핵심 개념인 '기록'과 관련된 말들을 알아 둡시다.

→ 사실로서의 역사 / 기록으로서의 역사

'기록으로서의 역사'는 역사란 사실 그대로를 기록한 것이 아니라, 그 속에 기록하는 사람의 생각과 관점이 들어가 있다는 뜻이야.

 글을 읽고 이것만은 꼭 찾아냅시다.

→ '콜럼버스 기념일'과 '원주민의 날'이라는 명칭의 차이로 알 수 있는 역사의 속성은 무엇일까?

 글에 드러난 글쓴이의 주장을 평가해 봅시다.

→ 글에 드러난 논쟁의 주장과 근거를 파악하고 객관적으로 평가함으로써, 자신의 입장을 정리해 본다.

| 글에서 핵심적으로 다루고 있는 중심 주장과 근거 찾기 | → | 글쓴이의 생각을 객관적으로 평가해 보기 | → | 자신의 생각과 비교해 보기 |

 글에 드러난 글쓴이의 주장을 평가해 봄으로써 자신의 생각도 정리해 볼 수 있어.

준비 학습

1
핵심 개념 미리 보기

다음 중 서로 관련 있는 것끼리 연결하시오.

(1) 과거에 일어난 사건 자체만을 적은 것 • • ㉠ 6·25 전쟁은 우리 민족의 비극이다. • • ⓐ 객관적

(2) 과거에 일어난 사건들을 연구하여 생각이나 관점과 함께 적은 것 • • ㉡ 6·25 전쟁은 1950년에 일어났다. • • ⓑ 주관적

2
읽기 방법 미리 보기

다음 글에 드러난 글쓴이의 주장을 아래와 같이 정리할 때, 빈칸에 적절한 말을 쓰거나 (　) 안의 말 중 알맞은 말에 ○표 하시오.

　전 세계 사람들이 비만에서 벗어나 적정한 몸무게를 유지하기 위해 애쓰고 있다. 비만과의 전쟁이라고 할 만큼, 몸무게를 조절하기 위해 천문학적인 돈을 투자하고 있다. 그런데 비만의 기준은 무엇일까? 사람마다 제시하는 비만의 기준은 각양각색이다. 몸 전체의 무게인 '체중'을 기준으로 말하기도 하고, 분해되지 않고 몸속에 쌓여 있는 지방의 양인 '체지방량'을 기준으로 말하기도 한다. 그런데 이렇게 비만의 기준이 모호하다는 점을 악용하여, 과도한 체중 감량을 유도하며 각종 운동 기구나 각종 건강식품을 판매하는 경우도 발생하고 있다. 이러한 폐해를 없애기 위해서는 몸무게에 집착하는 태도를 지양해야 한다. 일정한 몸무게를 건강이나 아름다움의 기준으로 삼는 태도는 바람직하지 않다. 몸무게가 비슷하더라도 몸의 건강 상태가 다를 수 있기 때문에, 지나친 체중 감량은 오히려 건강을 악화시킬 수 있다.

글쓴이의 주장	＿＿＿＿＿＿＿에 집착하는 태도를 (지양, 지향)해야 한다.

많은 사람이 역사가 단순히 과거에 있었던 사실이나 사건, 또는 그 자체를 객관적으로 기록한 것이라고 생각한다. 이러한 관점에서 바라본 역사를 '사실로서의 역사'라고 한다. 그런데 사실이나 사건을 객관적으로 기록하는 것이 가능하지 않다고 보는 관점도 있다. 역사를 기록하는 사람이 어떤 의도를 지니고 있는가에 따라, 역사를 기록할 때 주관적인 생각이나 해석이 덧붙여진다는 것이다. 즉 역사란 실제 있었던 사실이나 사건을 있는 그대로 기록한 것이 아니라, 기록하는 사람의 판단과 해석에 따라 어떤 것은 기록되고 어떤 것은 생략되기도 한다. 즉 ㉠역사에는 실제 있었던 사실이나 사건에 대해 기록한 이의 해석과 가치 판단이 더해졌다고 볼 수 있는 것이다. 이러한 관점에서 바라본 역사를 '기록으로서의 역사'라고 한다.

에드워드 카는 '기록으로서의 역사'를 강조한 대표적 역사학자이다. 그는 '역사란 현재와 과거의 끊임없는 대화'라고 말하였다. 이 말은 역사를 기록하는 사람이 현재의 시점에서 과거를 어떻게 이해하느냐에 따라 ㉡역사는 끊임없이 새롭게 기록될 수 있다는 것을 뜻한다. 그 사람이 속한 시대나 집단에서 무엇을 중시하는가, 그 사람이 어떤 편견을 가졌는가에 따라서 사건에 대한 해석이 다르게 이루어질 수 있기 때문이다. 그러므로 과거에 기록된 사건이라고 하더라도, 사건의 의미는 재평가 되어야 한다는 것이다.

'콜럼버스의 신대륙 발견'은 역사의 재평가가 이루어지고 있는 대표적인 사건이다. 기존의 역사는 유럽인들의 관점에서 기록되어 있었다. 그래서 이 사건은 이탈리아의 탐험가인 콜럼버스가 스페인 여왕의 지원을 받아 아메리카라는 '신대륙'을 '발견'한 것으로 알려져 있었다. 이러한 역사의 기록은 콜럼버스의 탐험에만 초점을 맞춘 것이다. 그리고 이렇게 역사를 기록함으로써 아메리카 대륙에 수천 년 동안 독자적인 문명을 이룩한 원주민들의 역사와 존재를 사람들의 머릿속에서 ⓐ지우고 말았다.

▲ 크리스토퍼 콜럼버스

그런데 최근 미국의 여러 지역에서 ㉢이러한 역사적 기록에 대해 비판적으로 성찰하는 움직임이 나타나고 있다. 미국에서는 콜럼버스의 신대륙 발견을 기념하며 10월 두 번째 월요일을 '콜럼버스의 날'로 지정하고 공휴일로 지내 왔다. 그런데 콜럼버스가 아메리카 대륙을 식민지로 통치하면서 원주민을 노예로 삼고 혹사시켰음을 보여 주는 증거가 점차 발견되고 있다. 이에 미국 각지에서 '콜럼버스의 날'을 기념하는 일을 반대하는 운동이 벌어지고 있다. 그리고 이 기념일의 명칭을 '원주민의 날'로 바꾸는 지역이 점차 늘어나고 있다.

㉣사건은 과거의 어느 시점에 이미 종결되었다고 볼 수 있다. 그러나 역사의 기록은 끝나지 않고 오늘날에도 역사는 새롭게 쓰이고 있다. ㉤역사가 기록된 시점에 있었던 한계를 극복하려는 노력을 통해 인류는 보다 나은 현재를 구성할 수 있다. 그리고 이러한 노력은 보다 나은 미래로 나아가는 밑거름이 될 것이다.

1 **이 글의 전개 방식으로 가장 적절한 것은? (   )**

① 구체적인 사례들의 공통점을 바탕으로 결론을 제시하고 있다.

② 한 대상의 특성을 추리하기 위해 유사한 대상과 비교하고 있다.

③ 여러 대상을 제시한 후 일정한 기준에 따라 구분하여 설명하고 있다.

④ 한 대상을 이해하는 관점에 대해 구체적인 사례를 들어 소개하고 있다.

⑤ 상반되는 두 입장이 지닌 한계를 설명하고 새로운 입장을 제시하고 있다.

2 **㉠~㉤ 중 나머지와 성격이 <u>다른</u> 하나는? (   )**

① ㉠   ② ㉡   ③ ㉢   ④ ㉣   ⑤ ㉤

3 **역사를 재평가 한 사례로 가장 적절한 것은? (   )**

① 과거에 작성된 지도를 근거로 독도가 우리 땅이라는 사실을 입증한다.

② 폭군으로만 평가받던 광해군을 그의 정책과 업적을 중심으로 이해한다.

③ 역사적 자료를 바탕으로 광개토 대왕이 국토를 확장한 과정을 설명한다.

④ 삼국 시대에 일어난 사건은 그 당시에 기록된 내용을 가장 신뢰하도록 한다.

⑤ 조선 시대에 장영실이 만들어 낸 다양한 분야의 발명품들을 그대로 재현한다.

4 **밑줄 친 말의 문맥적 의미가 ⓐ와 가장 유사한 것은? (   )**

① 그가 옷에 묻어 있는 오래된 얼룩을 <u>지우고</u> 있었다.

② 그 신문 기사는 피해자들의 아픔을 교묘히 <u>지우고</u> 있었다.

③ 당시 왕은 백성들에게 과도한 세금의 부담을 <u>지우고</u> 있었다.

④ 그는 어느새 얼굴에서 웃음기를 <u>지우고</u> 냉정한 표정을 지었다.

⑤ 할아버지가 당나귀에게 무거운 짐을 <u>지우고</u> 떠날 준비를 하였다.

글쓴이의 관점 파악하기

5 〈보기〉를 읽고 글쓴이가 보일 반응으로 적절한 것은? ( )

> **보기**
>
> '콜럼버스의 날'은 500년이 넘도록 미국 전역에서 기념해 온 날로 역사적 가치가 있다. 특히 콜럼버스의 직계 자손인 이탈리아계 미국인들에게 이 기념일이 주는 의미는 남다르다. 그들에게 이날은 선조들의 자랑스러운 역사를 기억함으로써 자부심을 높여 주는 계기가 되기 때문이다. 그러므로 '콜럼버스의 날'을 '원주민의 날'로 이름 바꾸는 일은 불필요하며, '콜럼버스의 날' 기념은 앞으로도 변함없이 계속되어야 한다.

① 이미 과거에 끝나 버린 사건을 두고 갈등을 일으키는 것은 옳지 않다.
② '콜럼버스의 날'이 원주민의 후손에게 주는 아픔에 대해서도 성찰해야 한다.
③ 500년이 넘도록 기념해 온 '콜럼버스의 날'은 그 자체로 역사적 가치가 있다.
④ 이탈리아계 미국인들과 원주민의 후손들이 직접 나서서 해결 방법을 찾아야 한다.
⑤ 다양한 인종과 민족으로 이뤄진 미국의 경우, 역사를 보는 일관된 관점을 가져야 한다.

글에 드러난 글쓴이의 주장 평가하기

6 이 글과 〈보기〉에서 역사를 보는 관점에 대한 의견으로 적절하지 <u>않은</u> 것은? ( )

> **보기**
>
> 역사가는 과거를 설명하는 사람일 뿐이지, 자신의 의견을 덧붙이는 사람이 아니다. 역사가는 과거에 일어난 사실을 편견을 갖지 않고 있는 그대로 서술해야 한다.

① 나희: 이 글의 관점에서 보면 〈보기〉의 관점은 역사를 이미 종결된 과거의 사건으로만 보고 있다는 비판을 피할 수 없겠어.
② 지유: 이 글의 관점에 따르면 〈보기〉에서 자신의 의견을 덧붙이는 사람이야말로 사실로서의 역사를 이해한 사람으로 볼 수 있어.
③ 서준: 〈보기〉의 관점에서 보면 이 글에서 역사적 사실에 대한 가치 판단이나 주관적인 해석을 중시하는 것은 적절하다고 볼 수 없겠어.
④ 현아: 〈보기〉의 관점에서 보면 이 글의 관점에 따라 역사를 기록하는 것은 자칫 편견에 따라 사건의 의미를 해석하는 일이 될 수 있어.
⑤ 은우: 〈보기〉의 관점에 따르면 이 글의 관점에 따라 역사를 기록했을 때 기록하는 사람마다 서로 다른 기록을 남길 수 있다고 비판할 수 있겠어.

어휘 익히기

1 단어 뜻 알기

다음 빈칸에 들어갈 알맞은 단어를 〈보기〉에서 찾아 쓰시오.

<보기>
해석	편견	성찰	종결

1. 삶을 (　　　　　)하는 것은 정신적 성장에 중요한 일이다.

   뜻 | 어떤 마음가짐을 지녀야 할지 또는 잘못한 일이 있는지 곰곰이 살핌.

2. 오랫동안 지속되었던 사건의 수사가 마침내 (　　　　　)되었다.

   뜻 | 일을 끝냄.

3. 한 편의 글은 독자와 평론가에 따라 다양하게 (　　　　　)이 될 수 있다.

   뜻 | 사물을 자세히 풀어서 논리적으로 밝힘.

4. 다양한 민족이 더불어 살아가기 위해서는 특정 민족에 대한 (　　　　　)을 버려야 한다.

   뜻 | 공정하지 못하고 한쪽으로 치우친 생각.

2 관용 표현 알기

다음 빈칸에 알맞은 말을 쓰시오.

"□□□으로 하늘 가리기"

　콜럼버스는 아메리카 대륙을 발견한 선구자로 기록되었다. 그러나 이러한 기록은 당시 콜럼버스 일행이 원주민들의 문명을 파괴했음을 숨기고 있었다. 이 속담은 콜럼버스 일행의 악행을 숨긴 것처럼 불리한 상황에 대하여 임기응변식으로 대처하는 행위를 이르는 말이다.

3 한자어 익히기

다음 한자어를 소리 내어 읽고 빈칸에 따라 쓰시오.

歷	史
지날 **역**	역사 **사**

역사(歷史): 나라나 민족, 한 사회가 처음 생겨나 오늘에 이르기까지 변하고 겪어 온 과정. 또는 그 과정을 적은 것.

• 우리 민족은 반만년의 역사를 가지고 있다.

• 제국의 찬란한 영광도 역사 속으로 사라졌다.

• 조선 왕조의 역사는 『조선왕조실록』에 자세히 기록되어 있다.

歷	史						
지날 역	역사 사						

프랑스의 삼색기에 담긴 비밀

☑ 핵심 개념인 '삼색기'와 관련된 말들을 알아 둡시다.

→ 자유 / 평등 / 박애

> 프랑스의 '삼색기'는 프랑스 혁명에 쓰였던 모자의 표지에서 유래되었으며, 프랑스 혁명의 정신을 담고 있어!

☑ 글을 읽고 이것만은 꼭 찾아냅시다.

→ 프랑스의 삼색기에 담긴 색깔들은 각각 무엇을 상징하는 것일까?

☑ 글을 읽고 글의 특성에 따라 요약해 봅시다.

→ 글의 종류, 전개 방식, 설명 방식 등을 파악하고 그에 맞추어 글을 요약한다.

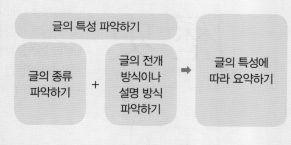

글의 특성 파악하기

| 글의 종류 파악하기 | + | 글의 전개 방식이나 설명 방식 파악하기 | → | 글의 특성에 따라 요약하기 |

> 글의 종류, 전개 방식, 설명 방식 등 글의 특성을 활용하면 글을 효과적으로 요약할 수 있어.

준비 학습

1
핵심 개념 미리 보기

프랑스의 삼색기에는 '파란색', '하얀색', '빨간색'의 세 가지 색깔이 쓰였다. 다음에 제시된 설명은 이 중에서 어떤 색깔에 관한 것인지 쓰시오.

(1) ㄱ. 프랑스의 삼색기에서 왼쪽에 쓰임.

ㄴ. 최근에는 남성적 색깔이라고 여기지만 1940년대까지는 여성적 색깔이라고 여겼음.

ㄷ. 상쾌함이나 신선함, 차가움을 떠올리게 함.

→ (   )

(2) ㄱ. 프랑스의 삼색기에서 오른쪽에 쓰임.

ㄴ. 중세 시대에는 이 색을 만들기가 어려워 귀족과 부자의 색깔로 쓰였으며, 최근에는 영화제 등에서 카펫의 색깔로 많이 쓰임.

ㄷ. 힘, 열정, 따뜻함을 떠올리게 함.

→ (   )

(3) ㄱ. 프랑스의 삼색기에서 가운데에 쓰임.

ㄴ. 요즘 자동차의 타이어의 색은 검정이지만, 최초의 타이어는 이 색이었음.

ㄷ. 순수함과 순결함을 떠올리게 함.

→ (   )

2
읽기 방법 미리 보기

다음 각 글의 특성에 알맞은 요약 방법을 연결하시오.

(1) 화석 연료와 친환경 연료의 특징을 비교하여 설명하는 글 •

• ㉠ 인물의 업적과 주요 활동을 중심으로 시간순으로 요약한다.

(2) 잔 다르크의 인생을 바탕으로 한 역사 소설 •

• ㉡ 글쓴이의 주장과 그 주장을 뒷받침하는 근거를 중심으로 요약한다.

(3) 간접 광고가 과도하게 늘어나는 것을 제한해야 한다고 주장하는 글 •

• ㉢ 설명하는 대상들 사이의 공통점과 차이점이 드러나도록 요약한다.

정답 | 1. (1) 파란색 (2) 빨간색 (3) 하얀색   2. (1) – ㉢ (2) – ㉠ (3)– ㉡

유럽에 있는 여러 나라의 국기 중에는 세 가지 색깔을 나란히 놓은 삼색기가 많다. 그 이유는 이 국기들이 프랑스 삼색기의 영향을 받아 만들어졌기 때문이다. 프랑스 삼색기에 어떤 특별한 점이 있기에 유럽 여러 나라에 영향을 미친 것일까? 프랑스 삼색기는 프랑스 혁명에서 사용된 모자에 붙인 표지 빛깔에서 유래하였다. 이 표지는 현재 프랑스 삼색기의 색깔과 같이 파란색, 하얀색, 빨간색으로 구성되어 있었는데, 각각 프랑스 혁명의 정신을 상징하고 있다.

파란색이 상징하는 것은 '자유'이다. 자유의 사전적 의미는, '자기 이외의 무엇으로부터 압력이나 강제를 받지 않고 의사와 행동을 스스로 결정할 수 있는 상태.'를 뜻한다. 프랑스 혁명 전 프랑스 사회는 제1 신분인 성직자, 제2 신분인 귀족, 제3 신분인 평민 등 세 신분으로 구성되어 있었다. 국민 대다수가 속해 있던 제3 신분의 사람들은 정치 참여의 권리는 없으면서 무거운 세금을 내야 했고, 성직자와 귀족들로부터 억압받았다. 이러한 상황 속에서도 이들에게는 신

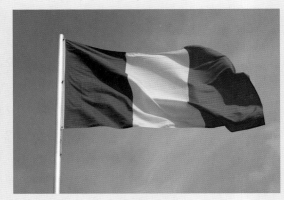

▲ 프랑스 국기

분의 고하와 상관없이 '자유'는 인간이 누려야 할 당연한 권리라는 굳은 믿음이 있었다. 그리고 그러한 믿음은 혁명을 이끄는 힘이 되었다.

하얀색이 상징하는 것은 '평등'이다. 평등이란 인간 개개인이 지닌 인종, 성, 계층, 종교와 같은 다양한 '차이'로 인해 '차별'을 받아서는 안 된다는 것을 뜻한다. 프랑스 혁명 전 제1 신분과 제2 신분에 속한 성직자와 귀족은 프랑스 전체 인구의 2%에 불과했다. 그런데 전체 땅의 40%를 소유하고 있었다. 그뿐 아니라 이들은 세금조차 내지 않았다. 프랑스 혁명은 이러한 불평등을 더 이상 순순히 받아들이지 않겠다는 제3 신분 평민들의 의지를 담고 있다. 모두가 평등한 기회와 권리를 누려야 한다는 각성과 용기가 이전의 신분제를 (㉮).

빨간색이 상징하는 것은 '박애'이다. '박애'라는 단어는 일반적으로 인류 전체에 대한 사랑을 뜻한다. 그런데 '박애'를 나타내는 프랑스어는 '우애'로 번역되기도 한다. 즉 '박애'란 혁명을 함께한 이들에 대한 믿음과 사랑을 뜻하는 것이다. 또한 프랑스 혁명은 새로운 세상을 열기 위해 애썼던 수많은 사람의 희생으로 이루어졌다. 그들이 흘린 피를 닮은 빨간색에는 이들이 보여 준 헌신의 정신이 담겨 있다고 할 수 있다.

삼색기에 담긴 의미는 프랑스 혁명 당시 발표된 '프랑스 인권 선언'에도 잘 담겨 있다. '모든 인간은 자유롭고 평등한 권리를 가지고 태어난다.'로 시작하는 이 선언은 ㉠세상을 흔들어 놓았다. 유럽의 여러 나라가 프랑스 혁명의 정신에 동의한다는 의미로 프랑스 국기와 비슷한 삼색기를 국기로 정하였다. 이렇듯 삼색기에 담긴 자유와 평등의 정신은 유럽뿐 아니라 전 세계의 헌법과 정치에 영향을 미쳐 지금까지도 보편적인 것으로 받아들여지고 있다.

1 이 글의 내용과 일치하는 것은? (   )

① 제3 신분에 속한 사람들은 프랑스 혁명의 희생양이 되어 몰락했다.

② 평민들을 억압했던 귀족과 성직자들의 수는 당시 프랑스 인구의 2%에 불과했다.

③ 평민들은 신분의 불평등에 대해 깨달은 일부 성직자와 함께 프랑스 혁명을 이끌어 냈다.

④ 프랑스 혁명이 일어나기 전 성직자와 귀족, 평민들은 대등한 입장에서 정치에 참여했다.

⑤ 프랑스 혁명의 정신은 프랑스에만 적용되는 특수한 것이어서 다른 나라에서 받아들이기 어려웠다.

2 다음은 이 글을 읽고 요약한 내용이다. 적절하지 <u>않은</u> 것은? (   )

> 1. 글의 종류: 설명문 ·· ①
> 2. 중심 화제: 프랑스 국기를 구성하는 세 가지 색깔이 상징하는 프랑스 혁명의 정신 ··········· ②
> 3. 주요 정보
> (1) 파란색: '자유'를 상징. 자유를 모든 인간이 누려야 할 당연한 권리라고 굳게 믿음. ·········· ③
> (2) 하얀색: '평등'을 상징. 개개인의 차이를 인정하고, 이를 고려해 기회와 권리를 누리도록 해야
>   한다고 생각함. ·· ④
> (3) 빨간색: '박애'를 상징. 혁명을 함께하며 희생한 이들에 대한 믿음과 사랑을 뜻함. ··········· ⑤

3 ㉮에 들어갈 내용으로 적절한 것은? (   )

① 보완할 수 있었다

② 무너뜨릴 수 있었다

③ 공고히 할 수 있었다

④ 새롭게 재정비할 수 있었다

⑤ 전 세계적으로 전파할 수 있었다

문맥적 의미 추론하기

4 **⊙의 의미로 가장 적절한 것은? (   )**

① 프랑스뿐 아니라 전 세계의 경제 구조를 뒤바꾸었다.

② 인권에 대한 새로운 인식이 전 세계에 영향을 주었다.

③ 관습적으로 받아들였던 불평등의 문제를 과학적으로 설명했다.

④ 발상의 전환으로 기존에 이루지 못했던 기술적 혁신을 이루었다.

⑤ 프랑스 전통이 지닌 중요한 가치를 다시 일깨우는 계기가 되었다.

글에 드러난 관점 파악하기

5 **이 글과 〈보기〉를 읽고 보인 반응으로 적절하지 <u>않은</u> 것은? (   )**

> 보기
>
> 자신과 다른 이들을 열등하다며 함부로 대하는 것, 그들의 권리를 인정하지 않는 것을 차별이라고 한다. 사회적 지위, 빈부 등 사람이 지닌 속성의 차이를 기준으로 타인을 배척하는 것에서 차별이 시작된다. 그런데 인종, 성별 등 타고난 속성의 차이마저 차별의 원인이 된다는 데 큰 문제가 있다. 차별은 언어와 제도 등 사회 전반에 스며들어 다시 차별을 만들어 낸다. 또한 차별이 오래 지속되면 차별하는 사람과 차별받는 사람 모두 차별을 당연하게 여길 위험성이 있다.

① 주희: 프랑스 혁명의 주역인 제3 신분은 귀족이나 성직자보다 신분이 낮다는 점에서 오는 사회적 차별의 부당함을 주장했어.

② 민호: 같은 사람이어도 신분이 다르다는 이유로 차별하거나 차별받는 것이 프랑스 혁명 이전에는 당연하게 여겨지고 있었겠구나.

③ 하나: 시험 성적이 높은 사람만 원하는 학교에서 교육받을 기회를 주는 것은 타고난 속성의 차이로 차별하는 대표적 사례로 볼 수 있어.

④ 준하: 우리 사회에서도 성별에 따라 서로 다른 입장을 내세워 크고 작은 갈등을 일으키고 있는데, 프랑스 혁명의 정신을 기억하는 것이 도움이 되겠어.

⑤ 유태: 요즘에도 인종이 다르다는 이유로 교육, 스포츠, 정치 등에 참여하는 것을 막는 일이 있다는데, 이게 바로 '차이'가 '차별'로 이어진 것이라 볼 수 있겠네.

읽기 활동을 다른 상황과 주제로 확장하기

6 **이 글을 읽고 심화 학습 활동을 하기 위해 준비한 주제로 적절하지 <u>않은</u> 것은? (   )**

① '제3 신분' 집단의 특성을 소개한다.

② 각국의 국기와 국기가 상징하는 의미를 설명한다.

③ 프랑스 혁명이 큰 희생 없이 성공할 수 있었던 이유를 밝힌다.

④ 프랑스 혁명 정신을 계승한 또 다른 역사적 혁명의 예를 찾는다.

⑤ 프랑스의 영향을 받아 삼색기를 국기로 지정한 나라를 조사한다.

어휘 익히기

1 단어 뜻 알기

다음 빈칸에 들어갈 알맞은 단어를 〈보기〉에서 찾아 쓰시오.

보기

고하　　각성　　헌신　　보편적

1. 그는 거동이 불편한 어머니의 (　　　　　　)(으)로 훌륭하게 성장했다.

　뜻 | 몸과 마음을 바쳐 있는 힘을 다함.

2. 죄를 지은 자는 신분이나 지위의 (　　　　　　)에 관계없이 동등하게 처벌해야 한다.

　뜻 | 신분이나 지위의 높음과 낮음.

3. 시민들의 (　　　　　　)이/가 현실의 불합리한 문제를 해결하고 새로운 사회를 열 수 있다.

　뜻 | 깨어 정신을 차림.

4. 복지 국가는 온 국민이 의료, 교육 등 복지 혜택을 (　　　　　　)인 권리로서 누리도록 한다.

　뜻 | 모든 것에 두루 미치거나 통하는 것.

2 관용 표현 알기

다음 빈칸에 알맞은 말을 쓰시오.

"궁지에 빠진 [　]가 [　][　][　]를 문다"

　프랑스 혁명 전 제1 신분과 제2 신분에 속한 성직자와 귀족은 프랑스 전체 인구의 2%에 불과했다. 그런데 이들은 전체 땅의 40%를 소유하고 있었다. 프랑스 혁명은 이러한 불평등에 더 이상 순응하지 않겠다는 제3 신분 평민들의 의지를 담고 있다. 이 속담은 막다른 지경에 이르게 되면 약한 자도 마지막 힘을 다하여 반항함을 비유적으로 이르는 말이다.

3 한자어 익히기

다음 한자어를 소리 내어 읽고 빈칸에 따라 쓰시오.

革	命
고칠 혁	명령 명

혁명(革命): 국가나 사회의 제도와 조직 등을 근본부터 새롭게 고치는 일.
• 미래학자들은 4차 산업 혁명의 시대가 시작되었다고 본다.
• 4 · 19 혁명의 반독재 민주주의 정신은 영원히 기억될 것이다.
• 사회의 부정부패가 심각해지면서 혁명을 원하는 세력이 확대되었다.

革	命						
고칠 혁	명령 명						

03 _회 어떻게 하면 행복해질 수 있을까요?

☑ 핵심 개념인 '행복'과 관련된 말들을 알아 둡시다.

→ 행복의 원칙, 불행의 원인

행복이 무엇이며, 행복하게 사는 방법이 무엇인지에 대해서는 시대에 따라, 학자에 따라 달리 설명하고 있어.

☑ 글을 읽고 이것만은 꼭 찾아냅시다.

→ 러셀이 말하는 행복해지는 방법은 무엇일까?

☑ 글을 읽고 나의 생각을 구성해 봅시다.

→ 글의 내용에 대한 글쓴이의 관점을 파악해야 이에 대한 자신의 생각을 정리할 수 있다.

| 글의 내용 파악하기 | → | 글의 내용에 대한 글쓴이의 태도와 관점 파악하기 | → | 글의 내용에 대한 나의 생각 구성하기 |

 글의 내용에 대한 나의 생각을 구성할 때에는 글쓴이의 관점에 동의하거나 비판함으로써 나의 생각을 구체화해 나갈 수 있어.

준비 학습

다음은 일상의 행복을 표현하는 말들이다. 사다리를 타고 내려가 각 단어와 그 의미를 서로 연결하시오.

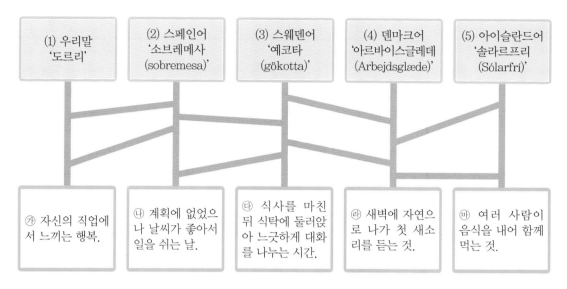

㉠~㉢ 중 '인간의 본성'에 대한 글쓴이의 관점이 드러난 것을 고르시오.

㉠'성선설'과 '성악설' 사이의 논쟁은 고대 중국부터 시작되어 현재까지도 이어지고 있다. '성선설'은 인간이란 태어날 때부터 선하다고 보는 입장이다. 반면 '성악설'은 인간은 태어날 때부터 악하다고 주장한다. 과연 둘 중 어느 것이 더 인간의 본성을 잘 설명하는 방식일까? ㉡어떤 이들은 현대 사회의 인간들은 누구나 자신의 이익과 욕망을 추구한다고 말한다. 우리 사회의 기본적인 구조도 사람들의 이익과 욕망을 극대화하는 방식으로 이루어져 있다는 것이다. 그러나 여전히 대부분의 사람은 타인을 도울 때 기쁨을 느끼며, 다른 사람들에게 피해를 줄 때 불편함을 느낀다. ㉢이는 타인을 아끼고 사랑하는 마음이 인간의 마음속 깊이 뿌리박혀 있는 것임을 보여 준다.

정답 | 1. (1) ⑰ (2) ⑭ (3) ㉣ (4) ㉮ (5) ⑭ 2. ㉢

1 버트런드 러셀은 영국의 철학자로, 『행복의 정복』이라는 책을 통해 행복이 무엇인지에 대해 설명하였다. 그는 세 살에 부모를 잃고 엄격한 조부모 밑에서 자랐으며, 자신의 생각을 남에게 숨기기 위해 그리스어로 비밀 일기를 쓰며 어린 시절을 보냈다. 청소년기에도 우울하게 생활했던 그의 일생은 대체로 불우했다고 평가받는다. 그런 그가 58세에 이르러 『행복의 정복』이라는 책을 통해 행복해지는 방법에 대해 말하였다. 그리고 오늘날에도 많은 사람이 행복의 비법을 얻기 위해 그의 책을 펼친다. 그가 말한 행복은 무엇일까?

2 그는 행복의 비법이란 불행의 원인을 제거하고, 행복의 원칙을 수용하는 것에 있다고 보았다. 여기서 '불행의 원인'과 '행복의 원칙'은 무엇일까? 그는 행복은 실체가 선명하지 않은 반면, 불행은 실체가 분명하다고 말하였다. 그래서 행복에 대해 알려면 불행의 원인을 먼저 알아야 한다고 보았다. 사람을 불행하게 만드는 원인으로 그가 가리킨 것들은 다양했다. 경쟁, 질투, 피로, 어두운 인생관 등이 바로 그것이다. 그중에서도 사람을 불행하게 만드는 가장 근본적인 원인으로 본 것은 자신의 결점에 지나치게 몰입하는 태도였다. "왜 스스로 결정을 못 했을까?", "내가 잘못 선택했어."라고 말하며 불행의 원인을 자기 자신에게서 찾는 것이 자신의 존재 자체를 고통으로 만든다는 것이다.

3 ㉠그는 이와 같은 불행의 원인에 비추어, 사람이 행복할 수 있는 원칙을 제시하였다. 그는 자신에게 지나치게 몰입하는 것처럼 오직 한 가지에만 몰두하는 태도를 좋지 않은 것으로 여겼다. 만약 자신이 몰두하는 그 한 가지를 잃는다면 전부를 잃는 것과 같게 되기 때문이다. 그러므로 행복해지려면 좋아하는 것의 가짓수가 많아야 하며, 쉽게 접할 수 있는 것을 좋아해야 한다. 그는 이러한 조건이 갖추어질 때 행복의 기회를 더 많이 얻게 되고, 그만큼 운명의 지배를 덜 받게 된다고 하였다.

4 스스로 어두운 생각에 함몰되지 말고, 바깥 세계로 관심을 분산시켜 우리를 우리 자신에게 가두지 말 것. 이것이 바로 러셀이 말한 행복을 정복하는 방법이다. 막연히 행복을 기다리거나, 행복해질 방법을 찾는 사람들이 있다면 러셀이 제시한 방법에 귀 기울여 볼 필요가 있다.

1 다음은 이 글의 중심 내용을 문단별로 정리한 것이다. 빈칸에 적절한 말을 쓰시오.

1 문단	러셀의 ( )와/과 『행복의 정복』에 대한 소개
2 문단	러셀이 말한 ( )의 원인
3 문단	러셀이 말한 ( )의 원칙
4 문단	러셀의 생각에 귀 기울여 볼 것을 권함.

2 이 글을 읽은 학생들의 반응으로 적절하지 <u>않은</u> 것은? ( )

① 내게 행복을 느끼게 하는 것들을 주변에서 하나씩 찾아보기로 했어.

② 나는 피로를 잘 느껴서 행복하지 않은 것 같아. 앞으로 체력 관리를 잘할 거야.

③ 내가 행복하지 않은 이유를 알고 싶어서 내 결점에 대해 매일 생각해 보기로 했어.

④ 시험이 끝나고 노래방에 가서 즐겁게 놀았어. 나는 이런 소소한 것들에서 행복을 느껴.

⑤ 내가 나를 남들과 계속 비교하고 있다는 걸 깨달았어. 이제 남들과 나를 비교하지 않겠어.

3 이 글의 내용과 일치하지 <u>않는</u> 것은? ( )

① 러셀은 우울한 청소년기를 보냈다.

② 러셀은 『행복의 정복』을 통해 행복해지는 방법을 소개했다.

③ 러셀은 사람을 불행하게 만드는 원인이 다양하다고 말했다.

④ 러셀은 한 가지에만 몰두하는 태도를 긍정적 시각으로 바라보았다.

⑤ 러셀은 행복의 조건이 갖추어지면 운명의 지배를 덜 받게 된다고 말했다.

4 러셀이 ㉠과 같이, 불행의 원인을 바탕으로 행복의 원칙을 제시한 이유로 적절한 것은? ( )

① 사람들을 불행하게 만드는 원인이 다양하기 때문이다.

② 사람들이 느끼는 불행은 행복에 비해 실체가 분명하기 때문이다.

③ 사람들은 자신의 내면에 불행의 원인이 있다고 믿고 있기 때문이다.

④ 사람들은 다른 사람의 불행을 보면서 행복을 느끼곤 하기 때문이다.

⑤ 사람들이 행복을 느끼는 횟수보다 불행을 느끼는 횟수가 많기 때문이다.

글쓴이의 의도와 목적 추론하기

5 **글쓴이가 이 글을 쓴 의도로 적절한 것은? (   )**

① 러셀의 저서를 읽은 후 자신에게 생긴 변화를 진솔하게 밝히고자 했다.

② 러셀의 견해를 바탕으로 행복에 대한 자신의 주장을 뒷받침하고자 했다.

③ 러셀의 『행복의 정복』을 다양한 관점에서 비교하며 이해할 수 있도록 했다.

④ 러셀과 자신이 행복에 대해 가진 생각의 차이점에 대해 독자들이 이해하길 기대했다.

⑤ 행복해질 방법을 찾는 사람들에게 러셀이 제시한 행복해지는 방법을 소개하고자 했다.

특정 관점에 따라 글의 내용 평가하기

6 **러셀의 관점에서 〈보기〉를 평가한 내용으로 가장 적절한 것은? (   )**

> 보기
>
> 여론 조사에 따르면 우리나라 국민들은 노력만으로는 타고난 환경을 개선하기 어려우며, 경제적으로 풍족한 이들은 경제적으로 어려움을 겪는 이들보다 훨씬 행복하게 살 수 있다고 생각한다고 한다. 이는 개인의 노력도 행복에 커다란 영향을 미치겠지만, 타고난 환경이 행복에 미치는 영향도 무시할 수 없을 만큼 크다는 점을 시사한다.

① 행복을 느끼는 데 타고난 환경이 결정적인 영향을 미친다.

② 행복은 타고난 환경의 어려움을 극복하는 과정에서 더 커질 수 있다.

③ 타고난 환경이 좋은 사람은 정신적으로는 빈곤함을 느끼게 될 가능성이 높다.

④ 타고난 환경에 따라 좋아하는 것의 가짓수를 늘리는 데 한계가 생길 수밖에 없다.

⑤ 타고난 환경이 좋지 않더라도 행복할 수 있는 조건을 갖춘다면 행복을 느낄 수 있을 것이다.

어휘 익히기

1 ── 단어 뜻 알기

다음 빈칸에 들어갈 알맞은 단어를 〈보기〉에서 찾아 쓰시오.

> **보기**
>
> 실체   몰입   함몰   분산

1. 그는 사건의 (   )을/를 파악하고자 노력했다.

   뜻 | 어떤 것의 실제 모습이나 내용.

2. 책을 읽는 데 (   )하여 시간이 가는 줄 몰랐다.

   뜻 | 깊이 파고들거나 빠짐.

3. 마술사는 사람들의 시선을 (   )시킨 후 손에 든 카드를 숨겼다.

   뜻 | 갈라져 흩어짐. 또는 그렇게 되게 함.

4. 최근 주요 도심지에서 지반 (   ) 사고가 빈번하게 발생하고 있다.

   뜻 | 거죽이 움푹 들어가는 것.

2 ── 관용 표현 알기

다음 빈칸에 알맞은 사자성어를 쓰시오.

"⬜⬜⬜⬜"

러셀은 사람을 불행하게 만드는 가장 근본적인 원인은 자신의 결점에 지나치게 몰입하는 태도라고 보았다. 이 사자성어는 소의 뿔을 바로잡으려다가 소를 죽인다는 뜻으로, 잘못된 점을 고치려다가 그 방법이나 정도가 지나쳐 오히려 일을 그르침을 이르는 말이다.

한자	뜻	음
矯	바로잡다	
角	뿔	
殺	죽이다	
牛	소	

3 ── 한자어 익히기

다음 한자어를 소리 내어 읽고 빈칸에 따라 쓰시오.

다행 **행**   복 **복**

행복(幸福): 생활에서 충분한 만족과 기쁨을 느끼어 흐뭇함. 또는 그러한 상태.

• 나 자신의 행복은 결국 스스로에게 달려 있는 것이다.

• 모든 사람은 행복을 추구할 수 있는 권리를 보장받아야 한다.

• 많은 연구자가 행복의 비법이 무엇인지에 대해 연구해 왔다.

幸	福				
다행 행	복 복				

04 _회 도덕적인 사람이 비도덕적인 행동을?

☑ 핵심 개념인 '비도덕적인 행동'과 관련된 말들을 알아 둡시다.

→ 양심 / 규범 / 범죄

비도덕적인 행동은 사람이 지켜야 할 도리에서 벗어난 행동을 뜻해.

☑ 글을 읽고 이것만은 꼭 찾아냅시다.

→ 도덕적인 사람이 비도덕적인 행동을 하게 되는 이유는 무엇일까?

☑ 글에 나타난 글쓴이의 어조를 고려하여 글쓴이의 태도와 관점을 파악해 봅시다.

→ 어조를 고려하면 글쓴이가 어떤 대상에 대해 가지고 있는 태도와 관점을 이해할 수 있다.

| 글에서 주로 논의되는 대상 파악하기 | → | 글에 드러난 글쓴이의 어조 파악하기 | → | 논의 대상에 대한 글쓴이의 태도와 관점 이해하기 |

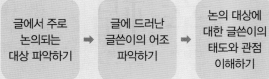 어조란 글쓴이의 특징적인 말투를 의미해.

준비 학습

1
핵심 개념 미리 보기

다음 글을 읽고 서술한 내용이 적절하면 ○표, 적절하지 않으면 ×표 하시오.

한 연구 팀이 49개의 유명 기업을 대상으로 하여, 사회적 책임과 사회적 무책임 사이의 관계에 대해 조사했다. 놀랍게도 사회적 책임과 관련된 투자를 많이 했던 기업들이 나중에는 사회적으로 무책임한 행동을 할 수도 있다는 결과가 나왔다.

가령 에너지 회사였던 엘런은 기부의 대명사로 유명한 기업이었다. 이 기업은 각종 시민 단체에 재정적 지원을 아끼지 않으며 사회적 책임을 다하는 것처럼 보였으나 실상은 무분별한 사업 확장과 회계 부정을 저지르며 결국 2001년에 파산하고 말았다.

(1) 사회적 책임을 다하는 기업은 일관된 태도로 사회에 공헌하였다. (   )

(2) '엘런'이 무분별하게 사업을 확장하고 회계 부정을 저지른 것은 무책임한 행동이었다.

(   )

2
읽기 방법 미리 보기

다음 글을 읽고 (   ) 안의 말 중 적절한 단어를 골라 ○표 하시오.

인터넷 게임 중독에 관한 한 실태 조사에 따르면 청소년의 인터넷 게임 중독률은 성인의 2배 이상인 것으로 나타났다. 청소년들은 성인들에 비해 자제력이 떨어지기 때문에 게임에 지나치게 몰입하여 중독되기 쉽다. 또한 게임은 청소년들에게 수면 부족을 야기하며, 이는 다음 날 등교하여 학업을 수행해야 하는 청소년들의 생활 습관에도 부정적인 영향을 미칠 가능성이 크다. 그러므로 청소년기의 게임 중독을 막을 수 있는 방안이 무엇인지에 대한 연구가 이루어져야 하는 것이다.

(1) 글쓴이는 이 글에서 주로 (인터넷, 게임 중독, 수면 부족)에 대해 설명하고 있다.

(2) 글쓴이는 이 글에서 주로 설명하는 대상에 대해 (긍정적, 부정적, 중립적) 태도를 보이고 있다.

정답 | 1. (1) × (2) ○   2. (1) 게임 중독 (2) 부정적

　흉악한 범죄자라고 하더라도, 평상시 모습에 대한 평판이 예상외로 좋은 경우가 있다. 그가 어떤 범죄를 저질렀을 것이라고 상상하기에는 너무 성실하거나 상냥했다는 것이다. ㉠이러한 현상은 범죄자가 아니라 평범한 사람들에게서도 나타나곤 한다. 범죄자는 아니지만 비도덕적으로 보이는 사람도 때때로 도덕적인 행동을 한다. 그리고 반대로 도덕적으로 보이는 사람이 비도덕적인 행동을 하기도 한다. 이러한 현상이 일어나는 이유는 무엇일까?

　캐나다 토론토 대학의 한 연구 팀은 그 이유를 밝혀내기 위해 학생들을 대상으로 두 단계의 실험을 진행하였다. 첫 번째 단계에서 연구 팀은 학생들에게 친환경 제품과 일반 제품이 섞인 구매 목록을 제시하였다. 학생들에게 그중 한 가지 제품을 선택하게 하였다. 그리고 나서 연구 팀은 학생들이 각각 친환경 제품과 일반 제품 중 어떤 것을 선택하는지 확인하였다. 이어지는 두 번째 단계에서 연구 팀은 학생들에게 모니터 화면을 보게 하고, 화면에서 점이 반짝일 때마다 버튼을 누르게 하였다. 그리고 버튼을 누를 때마다 실험실 안에 미리 놓인 동전을 하나씩 가져가도록 하였다. 이 과정에서 감시하는 사람을 따로 두지 않았다. 오직 학생들의 양심에 따라 돈을 가져가게 한 것이다. 과연 친환경 제품을 고른 학생과 일반 제품을 고른 학생 중 어떤 학생들이 양심에 따라 행동했을까?

　실험 결과, 일반 제품을 고른 학생들에 비해 친환경 제품을 고른 학생들에게서 거짓으로 대답하고 돈을 가져간 횟수가 훨씬 높게 나타났다. 왜 이런 결과가 나온 것일까? 연구 팀은 이러한 결과를 ㉡'도덕적 허가 효과'라는 이론으로 설명하였다. '도덕적 허가 효과'란 과거에 선행이나 도덕적인 행동을 했으니 비도덕적인 행동을 해도 괜찮다고 여기는 현상을 말한다. 즉 친환경 제품을 선택한 학생들은 자신이 친환경 제품을 선택한 도덕적인 사람이니, 조금 비도덕적인 행동을 해도 괜찮다고 여겼을 가능성이 있다는 것이다.

　'도덕적 허가 효과'가 일어나는 이유는 사람마다 자기가 정해 놓은 '도덕적 자아 기준'이 있기 때문이다. 이 기준보다 자신이 도덕적인 행동을 많이 했을 때는 비도덕적인 행동을 하는 경향이 있다. 반대로 비도덕적인 행동을 많이 했을 때는 도덕적인 행동을 하여 균형을 맞추려 한다. 조금만 돌아보면 일상생활에서 이러한 모습을 쉽게 발견할 수 있다. 가령 "나는 비닐봉지 대신 장바구니를 사용했으니 플라스틱 컵을 사용해도 괜찮겠지?"라고 생각한다는 것이다.

　하지만 ㉢아무리 과거에 도덕적인 행동을 많이 했다고 해도 비도덕적인 행동을 허용해 줄 수는 없다. 가장 깊은 곳에 어둠을 묻어 두어도, 그 어둠은 언젠가 반드시 드러나게 마련이다. 어둠은 빛을 이길 수 없고, 상냥함이 흉악함을 덮을 수 없다는 사실을 잊지 말아야 한다.

글쓴이의 견해 파악하기

1 **이 글에 드러난 글쓴이의 견해로 가장 적절한 것은? (   )**

① 비도덕적인 행동은 그 행동을 하게 된 상황에 따라 허용될 수 있다.

② 비도덕적인 행동을 하지 않도록 평상시에 많은 노력을 쏟아야 한다.

③ 자신만의 도덕적 자아 기준을 구체적으로 마련하기 위해 힘써야 한다.

④ 과거에 했던 도덕적인 행동이 현재 저지른 비도덕적인 행동을 정당화시킬 수 없다.

⑤ 도덕적인 행동을 하는 사람도 비도덕적인 행동을 할 수 있으므로 주위 사람들을 경계해야 한다.

세부 내용 확인하기

2 **이 글에서 확인할 수 있는 내용으로 적절한 것은? (   )**

① 사람들의 도덕적 자아 기준은 타인에 의해 정해진다.

② 도덕적 자아 기준은 범죄를 저지르는 이들에게서만 확인할 수 있다.

③ 주변 사람들의 평판이 나쁜 사람이 범죄 행위를 일으킬 확률이 높다.

④ 사람은 비도덕적인 행동을 하면 도덕적인 행동을 해서 균형을 이루려는 경향이 있다.

⑤ 캐나다 토론토 대학의 연구 팀은 비도덕적인 사람들을 대상으로 연구를 진행하였다.

지시 내용 파악하기

3 **㉠이 가리키는 바가 무엇인지 쓰시오.**

글의 내용 적용하기

4 **㉡이 적용된 사례로 적절하지 <u>않은</u> 것은? (   )**

① 어제 쓰레기를 주웠으니, 오늘은 분리수거를 안 해도 괜찮을 거야.

② 나는 항상 이면지를 재활용하니까, 일회용 컵을 사용해도 괜찮을 거야.

③ 친구에게 거짓말을 한 적이 없으니까, 오늘은 거짓말을 해도 괜찮을 거야.

④ 오늘 내가 몸이 아프니까, 노약자에게 자리를 양보하지 않아도 괜찮을 거야.

⑤ 평소 휴지를 휴지통에 버렸으니까, 이번에는 휴지를 길에 버려도 괜찮을 거야.

어조를 고려하여 글쓴이의 태도와 관점 파악하기

5 **다음 설명의 빈칸에 들어갈 말로 적절한 것은? (　　　)**

> 이 글은 사람에게는 누구나 도덕적 자아 기준이 있어 때때로 비도덕적인 행동을 하게 됨을 설명하고 있다. 그러나 ⓒ에서 보듯이 글쓴이는 (　　　)인 어조로 비도덕적인 행동은 용납될 수 없음을 밝히고 있다.

① 관조적　　　　② 냉소적　　　　③ 단정적　　　　④ 호의적　　　　⑤ 회의적

글의 내용을 근거로 이해하기

6 **이 글을 바탕으로 〈보기〉를 이해한 내용으로 적절한 것은? (　　　)**

보기

> 이청준의 「벌레 이야기」는 아들을 유괴로 잃은 아내의 모습을 '나'의 시선에서 그려 낸 작품이다. 결말 부분에서 아내는 아들을 유괴하여 죽인 범인을 용서하고자 교도소로 그를 찾아간다. 그러나 면회를 다녀온 후, 아내는 절망감과 상실감을 느꼈다. 정작 자신은 아들의 죽음으로 힘든 삶을 살아오다가 이제 겨우 범인을 용서할 생각을 하게 되었는데, 살인자는 오히려 구원을 얻었다며 마음 편하게 살고 있었기 때문이다. 범인은 자신의 잘못을 순순히 시인하면서 용서를 빌고, 자신의 죄에 대한 벌을 달게 받겠다고, 사후에 장기를 기증할 약속을 하였다. 그는 그것으로 신의 용서를 받았다고 믿으며, 평화로운 마음으로 죽을 날을 기다리고 있었던 것이다.

① 솔이: 범인이 범죄를 저지른 것으로 보아 평소에도 비도덕적인 행동을 많이 했을 가능성이 있어.
② 유성: '나'의 아내가 절망한 것은 범인을 향한 자신의 분노가 쉽사리 사그라들지 않았기 때문이야.
④ 석원: 범인은 '나'의 아내가 자신의 잘못을 용서했기 때문에 적절한 도덕적 자아 기준을 정할 수 있었어.
③ 지은: 범인만큼 악한 사람이 있는 반면, '나'의 아내만큼 선한 사람이 존재하니까 우리 사회의 평형이 이루어지는 거야.
⑤ 주영: 범인은 자신이 잘못된 행동을 했던 만큼 장기 기증 약속 등 도덕적 행동을 함으로써 평형을 이루고자 했을 거야.

어휘 익히기

1 단어 뜻 알기

다음 빈칸에 들어갈 알맞은 단어를 〈보기〉에서 찾아 쓰시오.

보기

평판   허가   현상   자아

1. 이곳부터는 카메라로 촬영하는 것이 (   )되었습니다.

    뜻 | 행동이나 일을 할 수 있게 허락함.

2. 그는 자신의 (   )을/를 찾기 위해 길고 긴 여행을 떠났다.

    뜻 | 남과 구별되는 자기.

3. 이번 여름에도 열대야 (   )이/가 일어날 것으로 전망된다.

    뜻 | 직접 보거나 알 수 있는 모습이나 상태.

4. 그 제품은 실제 사용한 사람들에게 좋은 (   )을/를 얻고 있다.

    뜻 | 세상 사람들의 평가.

2 관용 표현 알기

다음 빈칸에 알맞은 사자성어를 쓰시오.

감시하는 사람 없이 양심에 따라 돈을 가져가게 하는 실험에서 사람들은 유혹을 느끼게 된다. 이 사자성어는 어떠한 실물을 보게 되면 그것을 가지고 싶은 욕심이 생김을 뜻하는 말이다. 감시하는 사람도 없는데 돈을 스스로 가져가도록 했으니, 실험 대상자들이 돈에 대한 욕심이 생길 만한 상황을 만든 것으로 볼 수 있다.

한자	뜻	음
見	보다	
物	물건	
生	생기다	
心	마음	

3 한자어 익히기

다음 한자어를 소리 내어 읽고 빈칸에 따라 쓰시오.

道	德
길 도	덕 덕

도덕(道德): 한 사회에서 같이 살아가는 사람들이 마땅히 지켜야 한다고 여기는 행동의 길잡이.
• 도덕은 자본주의 사회에서 삶의 근간이 된다.
• 그들의 행동은 법을 어기지는 않았지만, 도덕에 어긋난다.

道	德						
길 도	덕 덕						

읽기 방법 익히기

❶ 글의 특성에 따라 요약하기

　요약하기는 글의 주요 내용을 간추려 정리하는 것이다. 이때 글의 특성을 고려하면 보다 효과적인 요약이 가능하다. 즉 글의 종류, 글의 전개 방식이나 설명 방식 등을 고려하여 요약할 수 있다.

★ **글의 특성에 따라 요약하려면,**
(1) 글의 종류가 무엇인지 파악한다.
(2) 글에서 사용된 주된 전개 방식이나 설명 방식을 파악한다.
(3) 글의 종류나 주된 전개 방식, 설명 방식에 맞추어 글의 내용을 요약한다.

★ **글의 종류에 따른 요약의 방법**
(1) 설명하는 글
　　- 글쓴이가 주로 설명하고 있는 대상을 파악한 뒤, 세부 정보를 요약한다.
　　- 글에 사용된 설명의 방법(정의, 비교·대조, 인과 관계 등)을 중심으로 요약한다.
(2) 주장하는 글: 글쓴이가 주장하고자 하는 내용과 그 근거를 중심으로 요약한다.
(3) 이야기 글: 인물, 사건, 배경과 같은 이야기의 주요 구성 요소를 파악하고 시간순으로 요약한다.

1 **글의 종류에 따라 떠올린 요약 방법으로 적절하지 <u>않은</u> 것은? (　　　)**

① 우주: 내가 오늘 읽을 글은 '전기문'이야. 이 글 속에 담긴 인물의 업적과 활동을 시간순으로 요약할 거야.
② 민하: 나는 '기사문'을 읽을 거야. '누가, 언제, 어디서, 무엇을, 어떻게, 왜' 등 육하원칙에 따라 요약할 거야.
③ 소율: 나는 '기행문'을 읽으려 해. 여정에 따라 느낀 감상과 새롭게 얻게 된 견문을 중심으로 요약하면 되겠지?
④ 다현: 내가 읽을 글은 '설명문'이야. 설명 대상에 대해 글쓴이가 어떤 관점을 보이는지, 어떤 의견을 내세우는지를 중심으로 요약하려 해.
⑤ 하윤: 나는 '논설문'을 읽을 계획이야. 글에 담긴 글쓴이의 주장과 그 주장을 뒷받침하기 위해 내세운 근거를 중심으로 요약해야겠다고 생각했어.

2

다음 글을 읽고 물음에 답하시오.

직립 보행, 즉 '똑바로 서서 걷는 것'이 가능해지면서 인류가 얻게 된 가장 큰 이득은 무엇이었을까? 그것은 다름 아닌 두 손을 자유롭게 사용하게 되었다는 점이다. 손의 정교한 움직임은 뇌의 발달을 자극하는데, 특히 이로 인해 뇌의 전전두엽 부위는 6배나 커지게 되었다. 전전두엽은 인간의 창의성과 직접적인 관련이 있는 부분으로, 인류가 '두 앞발'이 아닌 '양손'을 가지게 되면서 창의적인 사고 능력을 얻게 되었다 해도 과언이 아닐 것이다.

또한 두 손을 자유롭게 사용하게 된 인류는 불을 이용하여 고기를 익혀 먹게 되었다. 익힌 고기를 섭취하면 단백질 흡수율이 훨씬 높아지고 이 또한 뇌의 발달을 자극한다. 식량이 부드러워지자 70개가 넘던 치아의 개수가 줄어 혀가 움직일 공간이 늘었고, 이로 인해 언어가 발달할 수 있게 되었다. 바야흐로 직립 보행이 언어를 사용하고 창의적인 사고를 하는 인류를 낳은 것이다.

하지만 직립 보행에 대가가 없었던 것은 아니다. 우선 커진 뇌와 두개골의 무게는 꼿꼿한 척추에 부담을 주게 되어 척추 디스크를 유발하였다. 또한 무릎과 발목 관절을 마모시키며 하지 정맥류 등의 병도 생기게 되었다. '양손'을 얻은 대신 '네 다리'로 지탱해야 할 것들을 '두 다리'로 지탱하게 되었기 때문이다.

직립 보행은 상반신과 골반의 크기도 작아지게 만들었다. 상반신에는 위장을 비롯한 장기가 들어가는데, 이 공간이 줄어들면서 조금만 과식해도 소화 불량이 일어나게 된다. 분만의 고통과 위험 또한 엄청나게 커졌다. 산모의 골반은 좁아지고 태아의 두개골은 커진 사실을 생각하면 그 이유를 쉽게 짐작해 볼 수 있다.

(1) 이 글에 사용된 설명 방식으로 적절한 것은? (   )

① 하나의 현상으로부터 일어난 여러 결과를 나열하고 있다.
② 중심 화제의 변천 과정을 시간 순서에 따라 제시하고 있다.
③ 설명하고자 하는 대상을 특정한 기준에 따라 분류하고 있다.
④ 문제가 일어나게 된 원인을 밝히고 해결 방안을 모색하고 있다.
⑤ 사람들의 통념을 제시하고 이를 반박하는 근거를 나열하고 있다.

(2) ㉠~㉤ 중 이 글을 요약하기 위해 메모한 내용으로 적절하지 <u>않은</u> 것은? (   )

㉠ 글의 중심 화제: 직립 보행이 인류의 진화에 미친 영향
㉡ 긍정적 영향 1: 손의 자유로운 사용으로 인해 뇌의 전전두엽 부위가 발달함.
㉢ 긍정적 영향 2: 불을 사용하여 음식을 익혀 먹게 됨으로써 뇌가 발달하고 언어도 발달함.
㉣ 부정적 영향 1: 커진 뇌와 두개골의 무게가 척추에 부담을 주어 양손의 움직임을 방해함.
㉤ 부정적 영향 2: 직립 보행으로 인해 상반신과 골반이 줄어 소화 불량이 생기고, 출산 과정이 어려워짐.

① ㉠   ② ㉡   ③ ㉢   ④ ㉣   ⑤ ㉤

1

다음 글을 읽고 물음에 답하시오.

최근 비혼 선언, 즉 결혼을 하지 않겠다고 선언하는 사람이 늘어나고 있다. 이러한 현상이 일어나는 원인은 다양하게 분석할 수 있다. 우선 취업의 어려움 등 경제적인 이유로 소득이 많지 않은 상태에서 결혼을 하는 것을 부담스럽게 여기는 사람들이 생겨났다. 한편으로는 여성의 출산 후에 재취업이 잘 되지 않는 문제가 지속되면서 아이를 낳는 것을 피하는 경향이 생겼고, 아이를 낳지 않는다면 굳이 결혼할 필요가 없다고 생각하는 이들도 늘어나고 있다. 또한 가족을 만들어 함께 사는 삶보다 혼자 사는 삶을 중시하는 이들도 많아졌다. 이러한 경향이 확산되면서 혼인율과 출산율은 급격히 감소하고 있다.

㉠과연 이러한 상황을 그대로 지켜만 보아도 괜찮은 것일까? 이런 암담한 상황을 해결하기 위해서는 가장 먼저 청년들의 경제 상황이 더 나아지도록 하는 제도가 마련되어야 한다. 결혼할 때 가장 많은 돈이 들어가는 주택 문제를 해결할 수 있는 제도도 필요하다. 또한 아이를 낳은 후 아이를 키우고 돌보는데 도움을 주는 정책도 다양화되어야 한다. 여성이 출산 전에 직장을 다녔다면 아이를 낳고 난 후 직장에 다시 돌아갈 수 있고, 마음 놓고 육아를 할 수 있도록 해 주어야 한다. 이를 통해 비혼의 확산을 막지 못한다면 인구가 줄어들면서 우리 사회에는 분명히 더욱 진한 그림자가 드리우게 될 것이다.

(1) 이 글에서 이야기하고 있는 대상이 무엇인지 한 단어로 쓰시오. (   )

(2) 다음은 이 글에 나타난 글쓴이의 태도에 관한 설명이다. 빈칸에 알맞은 말을 쓰시오.

㉠에서 글쓴이는 (   )인 어조로 비혼 현상에 대한 질문을 던지고 있다. 또한 '(   )'라는 비유적인 표현을 통해서도 비혼의 확산을 바라보는 글쓴이의 태도를 확인할 수 있다.

2

다음을 읽고 물음에 답하시오.

> 앵커: 의료 사고의 발생 위험이 높을 경우, 환자의 동의를 얻어 수술 장면의 촬영을 의무화해야 한다는 의료법에 대한 의견이 강하게 대립하고 있습니다. 이에 대한 양측의 의견을 들어 보겠습니다.
>
> A: 수술실 안에서 벌어지는 일에 대해 환자가 불안감을 느끼는 일이 매우 많아졌습니다. 환자들이 안심하고 수술을 받을 수 있도록 해야 한다는 점에서 CCTV 설치가 필요합니다. 또한 의료 사고가 발생하였을 때 병원에서 이를 숨길 가능성이 높습니다. 이러한 점에서 저는 CCTV 설치가 꼭 필요하다고 봅니다.
>
> B: 병원에서 의료진들은 투철한 직업의식으로 환자를 대합니다. 그것은 CCTV가 있을 때나 없을 때나 항상 그러합니다. CCTV가 있더라도 만약에 생길 의료 사고의 원인을 밝히기는 어렵습니다. 그러므로 의사와 환자에게 신뢰가 더욱 중요한 것입니다.
>
> C: 말씀하신 내용에 대해 반박하고자 합니다. 많은 사람이 이미 CCTV가 설치되어 있는 곳에서 여러 업무를 수행하고 있습니다. 그들은 개인의 자유보다는 안전이나 인권의 문제가 훨씬 크다는 점에 공감을 하고 있기 때문에, CCTV가 있다는 사실을 자연스럽게 받아들이고 있습니다. 왜 의사들만 예외가 되어야 하는지 동의하기 힘듭니다.
>
> D: 방금 말씀 주신 부분에 대해 동의하는 부분도 있습니다. 그러나 CCTV가 있다면 의사가 의료 행위에 집중하지 못할 가능성이 생기고, 이로 인한 피해는 고스란히 환자에게 가게 됩니다. 의료 사고 문제는 CCTV 설치가 아니라 다른 방법으로 해결하는 것이 바람직합니다.

(1) 토론 참여자들에 대한 설명으로 적절하지 않은 것은? (   )

① 앵커: 여러 사람의 견해를 경청해야 한다는 점에서 중립적 태도를 취하고 있다.

② A: 단호한 어조로 자신의 견해를 드러내면서, 자신의 주장을 확실하게 밝히고 있다.

③ B: 자신의 견해를 명시적으로 드러내기보다 이를 뒷받침하는 근거를 나열하고 있다.

④ C: B의 견해를 반박할 수 있는 사례를 제시하여 자기 입장을 더 확고히 드러내려 했다.

⑤ D: C의 견해에 공감하면서 두 입장을 절충할 수 있는 방안을 찾을 것을 제안하고 있다.

(2) '수술실 CCTV 설치'에 대한 토론 참여자들의 생각에 대한 설명으로 적절하지 않은 것은? (   )

① A는 CCTV 설치로 병원이 의료 사고를 숨기는 것을 방지할 수 있다고 생각하고 있다.

② B는 CCTV가 없어도 의사들이 환자를 투철한 직업의식으로 대한다고 생각하고 있다.

③ B는 CCTV의 설치보다 의사와 환자의 신뢰 형성이 더욱 중요한 일이라고 생각하고 있다.

④ C는 CCTV 설치가 필요하다고 생각하지만 의사들의 동의도 꼭 필요하다고 생각하고 있다.

⑤ D는 CCTV 설치가 의사의 의료 행위를 방해할 가능성이 있다고 생각하고 있다.

문화를 알아야 팔린다

이 글의 중심 화제는 **문화**입니다. 여러 분야에 활용되는 문화와 관련하여 **사회, 역사, 미술, 도덕**을 공부해요. 우리가 이용하는 상품 중 현지화 전략이 성공한 사례를 찾아봅시다.

인간과 환경이 상호 작용하는 과정에서 형성된 의식주, 종교, 언어 등에서 나타나는 공통된 생활 양식을 '문화'라고 한다. 세계 여러 지역은 자연환경과 경제·사회적 환경이 다르기 때문에 지역마다 서로 다른 다양한 문화가 나타난다. 경제의 세계화 속에서 많은 다국적 기업*이 국경을 뛰어넘어 생산 및 판매 활동을 하고 있다. 특히 제품을 다국적 기업의 본국과 다른 문화 지역에서 성공적으로 판매하기 위해서는 그 지역의 문화를 철저히 분석하여 그에 맞는 제품을 만들어야 한다. 이렇듯 세계화를 추구하면서도 각 지역의 고유한 의식, 문화, 기호, 행동 양식 등을 존중하는 전략을 '현지화* 전략'이라고 한다.

대표적인 현지화 성공 사례는 몇 해 전 한 국내 식품업체가 중국 매출 1조 원을 달성한 것이다. 이 기업의 중국 매출 1조 원을 주요 판매 상품인 초코파이로만 단순 환산하면 50억 개로, 중국 국민 13억 명이 1년에 약 4개씩 초코파이를 먹은 셈이다. 이 회사의 현지화 전략은 초코파이 브랜드를 '하오리유[好麗友, 좋은 친구] 파이'로 변경하고 제품 콘셉트도 '정(情)'에서 ㉮중국인들이 중시하는 가치인 '인(仁)*'으로 바꾼 것이었다. 그 결과 중국인들이 이 회사를 중국 회사로 알 정도였다.

예술 분야에서도 인상적인 사례가 있다. 세계적으로 유명한 우리나라 아이돌 그룹이 해외 가수 최초로 사우디아라비아 수도 ㉠리야드의 스타디움에서 콘서트를 진행하면서 이슬람 문화권에 대한 세심한 배려를 보였다. 공연장 일부에는 하루 5번 ㉡메카를 향해 기도하는 이슬람 신도들을 위한 카펫이 깔려 있었다. 네 번째 기도 시간인 5시 31분이 되자 음향 리허설도 중단됐고, 공연 시작 시간도 마지막 기도 시간 이후로 정했다.

▲ 사우디아라비아 리야드 스타디움 앞에서 BTS 공연을 보기 위해 입장을 기다리는 사람들

반면 문화권에 대한 이해가 부족하여 큰 실수를 하는 경우도 있다. 2011년 독일의 유명한 스포츠용품 기업은 아랍 에미리트의 독립 40주년을 맞이하여 ㉢아랍 에미리트 국기의 색상인 빨간색, 하얀색, 초록색이 들어간 운동화를 출시했다. 그런데 신발이나 발을 천한 것으로 여기는 문화가 있는 아랍 에미리트의 국민들은 신성한 국기를 신발 디자인에 넣은 것을 자국에 대한 모독이라고 생각하여 이 회사 제품에 대한 불매 운동을 벌였다. 이에 이 기업은 문제가 된 해당 제품을 모두 회수하고 공식적으로 사과했다.

* **다국적 기업**: 자원 개발, 생산 활동, 상품 판매, 연구 개발 등이 여러 나라에서 이루어져 국제적인 규모로 활동하는 기업.
* **현지화**: 일반적으로 생산, 판매, 인력, 원자재나 부품의 조달, 마케팅, 금융, 연구 개발 등 기업 활동의 중요한 부분을 현지에서 수행하면서 현지국 기업으로 정착되어 가는 과정.
* **인(仁)**: 공자가 주장한 유교의 도덕 또는 정치 이념으로, 남을 사랑하고 어질게 행동하는 일.

1 인간과 환경이 상호 작용하는 과정에서 형성된 의식주, 종교, 언어 등에서 나타나는 공통된 생활 양식을 뜻하는 말을 쓰시오.

(   )

2 이 글을 통해 알 수 있는 '현지화 전략'에 대한 설명으로 적절하지 <u>않은</u> 것은? (   )

① 잘못 적용하면 오히려 부정적인 결과를 가져올 수 있다.
② 사람들이 실생활에 사용하는 물건만을 대상으로 이루어진다.
③ 판매 전략을 세울 때에는 그 나라의 문화에 대한 이해를 바탕으로 해야 한다.
④ 해외 시장에 진출할 때, 제품을 현지 조건이나 욕구에 맞게 변경하는 것을 말한다.
⑤ 판매할 지역의 기후와 그에 따른 그 지역 사람들의 행동 양식도 고려의 대상이 된다.

3 〈보기〉는 현지화 전략을 제품에 적용한 예이다. 인터넷 지도 검색을 통해 ㉠과 ㉡의 위치를 아래 지도에 표시하고, 〈보기〉의 '메카폰'을 이용한다면 공연 장소인 ㉠에서 어떤 방향을 바라보며 기도하도록 알려 줄 것인지 방위표를 참고하여 쓰시오.

● 보기 ●

몇 해 전 우리나라 ○○ 전자가 출시한 '메카폰'은 이슬람의 성지인 '메카'의 방향을 지시해 주는 기능으로 화제를 모았다. 우선 방위 표시 및 나침반 기능을 탑재해 전 세계 어디에서나 메카의 방향을 알려 주며, 이슬람 경전 코란을 음성과 문자로 제공한다. 또 하루에 5번 기도할 시간을 알려 주고 기도 중 전화가 울릴 경우 수신 거절과 함께 자동으로 문자 메시지를 발송해 주는 기능도 내장했다. 이슬람 고유의 달력을 내장해 이슬람 종교와 관련한 행사 일정을 알려 주며 기부금을 계산해 주는 메뉴까지 탑재하는 세심한 노력을 기울였다.

▲ 메카폰

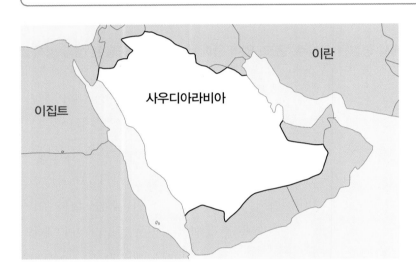

▲ 방위표

_____ 방향

4 ⓒ은 '아랍의 색'이라고 불리는 색으로 구성되어 있다. 〈보기〉를 읽고 국기를 완성해 보시오.

● 보기 ●

　　아랍 에미리트의 국기는 1971년 12월 2일에 제정되었다. 깃대 쪽의 빨간색 세로 줄무늬와 초록색, 하얀색, 검은색의 가로 줄무늬로 구성되어 있다. 빨간색은 단결을, 초록색은 풍요로움을, 하얀색은 중립을, 검은색은 이슬람교의 예언자인 무함마드를 의미한다.

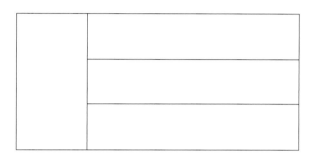

5 〈보기〉는 ㉮와 관련된 자료이다. 〈보기〉를 통해 알 수 있는 내용으로 적절하지 <u>않은</u> 것은? (　　　　)

● 보기 ●

　　중국인들에게 최고의 스승으로 여겨지는 '공자'는 춘추 전국 시대에 활동했던 사상가이다. 춘추 전국 시대는 기원전 770년부터 진나라가 중국을 통일한 기원전 221년까지의 매우 혼란했던 시기이다. 이 시기에는 여러 나라가 중국을 차지하고자 치열하게 다퉜다. 끊임없는 전쟁으로 인해 당시 정치 상황은 매우 혼란했지만, 혼란한 만큼 많은 분야에서 큰 발전을 이루었다. 특히 제후국들이 부국강병을 추진하는 과정에서 '제자백가'라고 불리는 사상가들과 학파가 등장하여 새로운 사회 질서를 수립하고자 다양한 대안을 제시하였다. 이때 유가, 법가, 도가 등 다양한 학파의 사상이 등장하였고 그중 유가 사상가인 공자는 '인(仁)'을 강조하여 지금까지도 중국인들에게 큰 영향을 미치고 있다.

① 공자는 유가 사상가이다.
② 공자는 춘추 전국 시대의 인물이다.
③ '제자백가'는 여러 사상가와 학파를 말한다.
④ 춘추 전국 시대에 여러 사상가가 등장하였다.
⑤ 춘추 전국 시대는 정치 상황이 안정적이었던 시기이다.

2주차

회차		글의 내용	핵심 개념	읽기 방법	학습 계획일
01회		**구조 작전의 주역, 지리 정보 시스템** 동굴 속에 조난당한 태국 유소년 축구단을 구조하는 작전에서 지리 정보 시스템이 한 역할을 설명하는 글이다.	[지리] 지리 정보 시스템	독서 목적에 따라 글 요약하기	☐월 ☐일 (요일)
02회		**선거는 18금?** 18세 투표권에 대한 상반된 의견과 그에 대한 근거들을 설명하는 글이다.	[정치] 선거	글에 나타난 서로 다른 관점 비교하기	☐월 ☐일 (요일)
03회		**투명 인간이 나타났다** 우리 주변의 투명 인간들이 어떠한 사람들인지, 그들을 향한 우리의 태도가 어떠해야 하는지 생각하게 하는 글이다.	[사회] 투명 인간	상징적 표현의 의미 파악하기	☐월 ☐일 (요일)
04회		**경제 활동이란 무엇인가** 경제 활동의 개념과 유형, 주체에 어떠한 것들이 있는지 살펴보는 글이다.	[경제] 경제 활동	문단 간의 관계 파악하기	☐월 ☐일 (요일)
05회		**읽기 방법 익히기** 이 주에 공부한 중요 [읽기 방법]을 한눈에 정리하고 문제로 확인합니다. **1** 독서 목적에 따라 글 요약하기 **2** 상징적 표현의 의미 파악하기			☐월 ☐일 (요일)

어느 수준일까요?

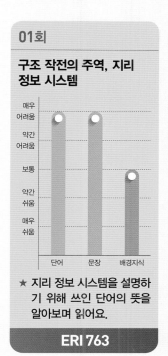

01회

구조 작전의 주역, 지리 정보 시스템

★ 지리 정보 시스템을 설명하기 위해 쓰인 단어의 뜻을 알아보며 읽어요.

ERI 763

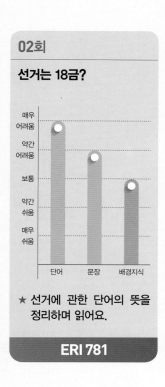

02회

선거는 18금?

★ 선거에 관한 단어의 뜻을 정리하며 읽어요.

ERI 781

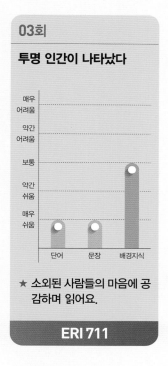

03회

투명 인간이 나타났다

★ 소외된 사람들의 마음에 공감하며 읽어요.

ERI 711

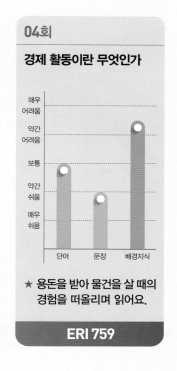

04회

경제 활동이란 무엇인가

★ 용돈을 받아 물건을 살 때의 경험을 떠올리며 읽어요.

ERI 759

이 주의 ERI 지수

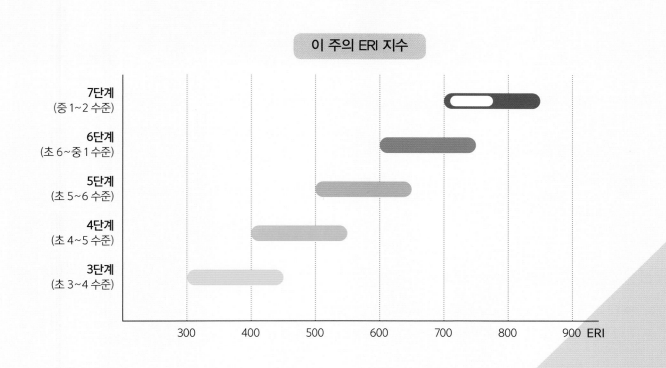

구조 작전의 주역, 지리 정보 시스템

☑ 핵심 개념인 '지리 정보 시스템'과 관련된 말들을 알아 둡시다.

→ 지형 / 측량 / 3차원 지도

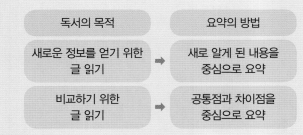 지리 정보 시스템은 우리가 살아가는 공간에 대한 다양한 지리 정보를 컴퓨터에 입력·저장하여 이용하는 기술이야.

☑ 글을 읽고 이것만은 꼭 찾아냅시다.

→ 태국 유소년 축구단 구조 과정에서 지리 정보 시스템이 한 역할은 무엇일까?

☑ 독서의 목적에 따라 글을 요약해 봅시다.

→ 같은 글이라도 독서의 목적에 따라 요약의 방법이 달라진다.

독서의 목적	요약의 방법
새로운 정보를 얻기 위한 글 읽기	→ 새로 알게 된 내용을 중심으로 요약
비교하기 위한 글 읽기	→ 공통점과 차이점을 중심으로 요약

독서의 목적이 다르면, 글에서 파악해야 하는 내용도, 글을 요약하는 방법도 달라지게 마련이야.

준비 학습

1
핵심 개념 미리 보기

다음 글을 읽고 빈칸에 알맞은 단어를 쓰시오.

> 지리 정보 시스템(GIS)이 도입되면서 이 시스템을 전문적으로 활용할 수 있는 사람, 즉 GIS 전문가가 새로운 직업으로 각광을 받게 되었다. 이들은 우리나라에 있는 산과 강, 토지와 건물, 도로와 철도뿐만 아니라, 우리의 눈에 잘 띄지 않는 상하수도, 전기, 통신, 지하자원 등 다양한 지리 정보를 지리 정보 시스템에 입력하고 활용하는 일을 한다. 지리 정보 시스템은 토지를 어떻게 이용할지, 시설물은 어디에 세울지, 교통, 환경, 농업의 문제는 어떻게 해결할지 등의 다양한 분야의 문제 해결에 활용되므로, 앞으로 많은 GIS 전문가가 필요할 것으로 예측된다.

⬇

> GIS 전문가는 미래에 각광받는 직업으로, 다양한 (　　　　　)을/를 지리 정보 시스템에 (　　　　　)하고 (　　　　　)하는 일을 하는 직업이다.

2
읽기 방법 미리 보기

독서 목적에 따른 요약하기 방법에 대한 설명으로 적절하면 ○표, 적절하지 않으면 ✕표 하시오.

(1) 학습 목적의 독서에서는 학습의 목표나 새롭게 알게 된 중심 내용을 바탕으로 요약한다.
(　　　)

(2) 감동을 얻기 위한 독서에서는 자신에게 큰 깨달음을 주거나 생각할 거리를 던져 준 문구나 내용을 중심으로 요약한다.
(　　　)

(3) 비유적이거나 상징적인 표현으로 글의 중심 내용이 명확히 드러나지 않을 때에는 해당 부분은 건너뛰거나 삭제한다.
(　　　)

정답 | 1. 지리 정보, 입력, 활용 2. (1) ○ (2) ○ (3) ✕

가 2018년 6월, 태국의 한 유소년 축구단이 동굴 관광을 갔다가 조난을 당한 사건이 발생했다. 갑작스러운 큰비로 인해 동굴 내에 물이 급격히 차오른 것이다. 축구단을 통솔한 지도자와 축구단원들이 동굴 어디쯤에 갇혀 있는지, 얼마나 많은 인원이 살아 있는지 알 수 없었다. 그러나 이들은 기적적으로 전원 구조될 수 있었다. 그것은 동굴 내부 상황을 파악하여 생존자들의 위치를 예측할 수 있게 한 '지리 정보 시스템' 덕분이었다.

▲ 태국 북부 치앙라이주 탐 루엉 동굴에 고립되었던
유소년 축구단원들이 구출되는 모습

나 지리 정보 시스템은 우리가 살아가는 공간에 대한 다양한 지리 정보를 컴퓨터에 입력해서 저장하고 이용하는 기술을 뜻한다. 지리 정보 시스템을 이용하면 종이 지도로는 하기 어려운 작업을 손쉽게 할 수 있다. 예를 들어 이 시스템에 한번 저장된 자료는 언제든 꺼내어 사용할 수 있다. 또한 서로 다른 지도를 불러와 새로운 지도를 손쉽게 만들어 낼 수도 있다. 그뿐만 아니라 지리 정보를 3차원으로 표현하여 신속하고 합리적인 의사 결정에 도움을 준다.

다 구조대는 이러한 지리 정보 시스템의 이점을 적극적으로 활용하였다. 우선 태국 유소년 축구단을 구조할 계획을 짜기 위해 기존에 없던 새로운 지도가 필요했다. 축구단의 위치, 물이 모이는 위치 등을 예측하고 파악해야 했기 때문이다. 그래서 구조대는 기존에 구축해 둔 동굴 측량도를 지리 정보 시스템에 불러왔다. 그리고 축구단의 위치를 탐색할 수 있도록 동굴의 지상과 지하를 동시에 보여 주는 3차원 지도를 제작했다. 건기를 지나 우기가 시작되었기 때문에 동굴 안에 물이 더 차오르면 축구단의 생존이 어려워질 수 있는 상황이었다. 3차원 지도는 동굴 속 물의 흐름을 파악하는 데 효과적이었으며, 이를 활용한 결과 동굴의 남쪽과 북쪽에서 물이 흘러들어 오는 주요 물줄기를 일찍 차단할 수 있었다. 덕분에 우기임에도 (㉮).

라 축구단이 동굴 내에 살아 있다는 사실이 조난 9일 만에 밝혀지자, 구조대의 손길은 더욱 바빠졌다. 동굴 속에서는 산소량이 부족해질 수 있기 때문이었다. 이에 지리 정보 시스템을 통해 동굴 내의 굴곡과 물의 깊이, 산소량을 실시간으로 보여 주는 지도가 제작되어 구조대가 진입하는 것을 도왔다. 동시에 지형도와 항공 사진을 사용하여 동굴 주변의 전체적인 지리를 파악하여 동굴 입구를 대신할 구멍을 뚫을 위치를 결정할 수 있었다.

마 지리 정보 시스템은 도시 계획을 하거나 각종 시설물의 입지를 선정하는 등 주로 생활 속의 편의를 위해서 널리 사용되었다. 그러나 위의 사례에서 보듯이, 지리 정보 시스템은 인류의 안전을 위해서도 활용되는 쓸모 있는 기술이다.

논지 전개 방식 파악하기

1 **이 글의 내용 전개 방식에 대한 설명으로 적절한 것은? (   )**

① 지리 정보 시스템이 지닌 장점과 단점을 나열하고 있다.

② 지리 정보 시스템에 대한 일반적인 생각을 비판하고 있다.

③ 지리 정보 시스템의 발전 과정을 시간 순서대로 보여 주고 있다.

④ 지리 정보 시스템의 다양한 종류를 분류의 방법으로 설명하고 있다.

⑤ 지리 정보 시스템이 활용된 사건을 예시의 방법으로 소개하고 있다.

세부 내용 파악하기

2 **이 글을 통해 알 수 있는 '지리 정보 시스템'에 대한 설명으로 적절하지 <u>않은</u> 것은? (   )**

① 생활 속 편의를 위해서 널리 사용되고 있다.

② 인류의 안전을 위해 유용하게 쓰일 수 있는 기술이다.

③ 지리 정보 시스템으로 지도를 만들기 위해서는 종이 지도가 필요하다.

④ 우리가 살아가는 공간에 대한 정보를 수집하고 저장하며, 분석할 수 있다.

⑤ 지리 정보를 컴퓨터에 입력하고 저장한 뒤, 필요에 맞게 응용하여 사용할 수 있다.

독서 목적에 따라 글 요약하기

3 **〈보기〉의 학생이 쓸 요약문에 들어갈 내용으로 적절하지 <u>않은</u> 것은? (   )**

> **보기**
>
> 나는 동굴 속에 조난을 당한 태국 유소년 축구단을 구조하는 과정에서 어떤 어려움이 있었는지 요약해서 친구들에게 소개하려고 해.

① 태국 유소년 축구단이 우기에 동굴 관광을 간 것은 무모한 짓이었다.

② 태국 유소년 축구단이 살아 있다는 사실조차 조난 9일 만에 겨우 밝혀졌다.

③ 조난 소식이 알려졌을 때 태국 유소년 축구단의 생존 여부가 파악되지 않았다.

④ 동굴 내에서는 태국 유소년 축구단의 생존에 필요한 산소량이 부족해질 수 있다.

⑤ 조난 소식이 알려졌을 때 태국 유소년 축구단이 동굴 속 어디에 있는지 알 수 없었다.

세부 내용 추론하기

4

㉮에 들어갈 내용으로 가장 적절한 것은? (   )

① 동굴의 입구를 찾을 수 있었다

② 동굴 속 물의 높이를 낮출 수 있었다

③ 동굴 내부의 상황을 파악할 수 있었다

④ 동굴 내부의 지도를 제작할 수 있었다

⑤ 동굴 속의 산소량을 증가시킬 수 있었다

중심 내용 파악하기

5

가~마의 핵심 내용으로 적절하지 않은 것은? (   )

① 가: 지리 정보 시스템 덕분에 구조된 태국 유소년 축구단

② 나: 지리 정보 시스템의 개념과 지리 정보 시스템 이용의 장점

③ 다: 태국 유소년 축구단의 구조 과정에서 지리 정보 시스템의 역할

④ 라: 태국 유소년 축구단의 동굴 내 위치를 파악하게 된 과정

⑤ 마: 재난 구조에 활용되는 지리 정보 시스템의 의의

다른 매체로 변환하여 표현하기

6

이 글을 읽고 '지리 정보 시스템의 힘으로 태국 유소년 축구단을 구하다'라는 제목으로 동영상을 제작하기 위해 학생들이 논의한 내용이다. 적절하지 않은 것은? (   )

① 동영상의 도입부에 조난 사건과 구조 과정을 담은 뉴스 화면을 담아서 시청자의 관심을 끌면 좋겠어.

② 지리 정보 시스템이 실제 구조에 어떤 도움이 되었다고 생각하는지 말한 구조대원들의 인터뷰를 찾아봐야겠어.

③ 지리 정보 시스템으로 만든 3차원 동굴 지도를 보여 주어 종이 지도보다 활용도가 높다는 사실을 강조해야겠어.

④ 지리 정보 시스템이 위험에 처한 사람들을 구조하기 위해 특별히 만들어진 것이라는 사실을 강조해서 보여 주어야겠어.

⑤ 지리 정보 시스템을 활용한 지도를 보고 있는 구조대의 모습을 보여 주면 실제 구조에 쓸모가 있다는 것을 보여 줄 수 있겠어.

어휘 익히기

1 ─ 단어 뜻 알기
다음 빈칸에 들어갈 알맞은 단어를 〈보기〉에서 찾아 쓰시오.

> **보기**
>
> 조난   통솔   측량도   입지

1. 그곳의 땅의 형태를 알리기 위해 (   )을/를 작성했다.

   뜻 | 땅 위의 위치, 각도, 거리, 방향 따위를 기계로 재어서 만든 지도.

2. 현장 실습에 참여한 모든 학생은 교사의 (   )에 잘 따랐다.

   뜻 | 많은 사람을 거느려 잘 이끄는 것.

3. 식당을 차리기 위해 (   ) 조건이 좋은 곳을 찾고 있는 중이다.

   뜻 | 식물이나 가게, 공장 등이 자리 잡는 데 필요한 자연환경이나 교통 환경.

4. 갑작스러운 폭설에 (   )을/를 당한 등산객들이 구조대를 기다리고 있다.

   뜻 | 산이나 바다에서 사고를 당하거나 위험에 빠지는 것.

2 ─ 관용 표현 알기
다음 빈칸에 알맞은 말을 쓰시오.

"☐☐☐에게 물려 가도 정신만 차리면 산다"

태국 유소년 축구단 실종 사태는 끔찍한 비극이 될 뻔했던 사건이었다. 그러나 모두가 희망을 버리지 않고 집중하여 어려운 고비를 넘기고 한 사람도 빠짐없이 전원 구조되었다. 이 속담은 이처럼 아무리 헤어나기 어려운 처지에 놓이더라도 정신만 똑바로 차리고 있으면 반드시 극복해 낼 수 있다는 뜻이다.

정신 똑바로 차리자!

3 ─ 한자어 익히기
다음 한자어를 소리 내어 읽고 빈칸에 따라 쓰시오.

地 땅 지   理 다스릴 리

지리(地理): 어떤 곳의 지형이나 길 따위의 형편.
• 나는 이 산에 자주 올라서 이 산의 지리에 밝다.
• 우리는 어제 도착해서 이 동네의 지리에 익숙하지 않다.
• 부산의 지리를 잘 아는 사람이 함께 있어서 부산 여행이 수월했다.

地 땅 지	理 다스릴 리				

선거는 18금?

☑ 핵심 개념인 '선거'와 관련된 말들을 알아 둡시다.

→ 주권 / 참정권 / 선거권

선거는 선거권을 가진 사람이 공직에 임할 사람을 투표 등의 방법으로 뽑는 일을 말해.

☑ 글을 읽고 이것만은 꼭 찾아냅시다.

→ '선거권 개시 연령의 하향'에 대해 찬성하는 입장과 반대하는 입장의 근거는 무엇일까?

☑ 글의 화제에 대해 서로 다른 관점의 내용을 비교해 봅시다.

→ 글의 화제에 대한 서로 다른 관점이 드러난 부분을 찾고 각 관점의 근거를 파악해 본다.

| 서로 다른 관점을 담은 글 | → | 특정한 관점을 나타내는 의견 정리 | + | 각각의 관점을 뒷받침하는 근거 파악 |

 같은 화제에 대해 서로 다른 관점을 담은 글을 읽으면 글의 화제에 대한 다양한 사람의 의견을 이해할 수 있게 돼!

준비 학습

1
핵심 개념 미리 보기

다음 (   ) 안의 말 중 알맞은 것을 골라 ○표 하시오.

(1) 대한민국의 헌법을 제정한 날은 7월 (16 , 17 , 18)일이다.

(2) 우리나라는 헌법을 제정한 날을 (제헌절, 현충일)로 정해 기념하고 있다.

(3) 대한민국 헌법 제1조 제1항에는 '대한민국은 (민주 공화국, 입헌 군주국)이다.'라고 쓰여 있다. 이는 대한민국은 주권이 국민에게 있고 주권의 운용이 국민의 의사에 따라 선출된 대표에 의해 이루어지는 나라라는 뜻이다.

2
읽기 방법 미리 보기

다음 글을 읽고, ㉠~㉢에 들어갈 적절한 내용을 쓰시오.

동양과 서양의 철학자들은 먼 옛날부터 인간의 본성에 대해 탐구해 왔다. 그러나 지금까지도 이에 대한 명확한 답을 내리지 못하고 있다. '성선설'을 주장하는 학자들은 인간이 선한 품성을 타고난다고 주장한다. 그런데 타고난 선한 품성이 문명이나 사회 제도의 영향으로 악하게 변할 수 있으므로, 학문과 수련을 통해 보전해 나가는 것이 중요하다고 본다. 반면 '성악설'을 주장하는 학자들은 인간이 악한 품성을 타고난다고 주장한다. 선한 품성은 인간이 노력하여 성취하는 것이며, 인간이 타고난 악한 품성을 막기 위해서는 법과 같은 사회적 통제가 필요하다고 본다.

	성선설	성악설
인간의 본성	선하다.	악하다.
'선한 품성'에 대한 입장	타고나는 것	㉠
'악한 품성'에 대한 입장	㉡	타고나는 것
악을 막는 방법	학문과 수련	㉢

㉠: _____

㉡: _____

㉢: _____

정답 | 1. (1) 17 (2) 제헌절 (3) 민주 공화국
2. ㉠ 노력하여 성취하는 것 ㉡ 문명이나 사회 제도의 영향으로 생기는 것 ㉢ 법과 같은 사회적 통제

　　우리나라 헌법 제1조 제2항은 '대한민국의 주권은 국민에게 있고, 모든 권력은 국민으로부터 나온다.'라고 규정하고 있다. 이는 대한민국은 민주주의 국가로서 국가의 의사를 결정하는 최고 권력인 주권이 국민의 것임을 밝힌 것이다. 그래서 우리나라 국민들은 국가의 정치적 의사 결정 행위에 참여할 수 있는 권리를 갖는데, 이를 '참정권'이라고 한다.

　　참정권은 직접 행사할 수도 있지만, 국민이 뽑은 대표들을 통하여 간접적으로 행사할 수 있다. 이때 국민의 대표를 뽑을 수 있는 권리를 '선거권', 대표로 뽑힐 수 있는 권리를 '피선거권'이라고 한다. 우리나라에서는 18세부터 대통령, 국회 의원, 지방 자치 단체의 장 등에 대한 선거권을 가진다. 그리고 40세 이상의 국민은 대통령, 25세 이상의 국민은 국회 의원에 대한 피선거권을 갖는다.

　　㉠그런데 17세 이하인 청소년들은 대한민국의 주인으로서 역할을 할 수 없을까? 선거권을 갖는 나이는 공직 선거법으로 정하고 있다. 우리나라 국회는 2019년 12월, 선거권 개시 연령을 19세에서 18세로 하향하는 공직 선거법 개정안을 통과시켰다. 독일은 이미 1970년대부터 18세에게 선거권을 부여한 것과 비교하면 늦은 결정이었다. 더군다나 경제 협력 개발 기구(OECD)에 가입한 나라 가운데에는 선거권 개시 연령을 16세로 정하고 있는 나라도 있다. 이렇게 선거권 개시 연령은 절대적인 것이 아니다. 그래서 선거권 개시 연령을 조정하자는 논쟁은 앞으로도 지속될 가능성이 높다.

　　㉮선거권 개시 연령의 하향을 지지하는 입장에서는, 청소년들이 이미 정치적인 목소리를 내며 정치적 주체로서 꾸준히 활동하고 있음을 강조한다. 인터넷과 사회 관계망 서비스(SNS)의 발달로 인해 청소년들의 정치 참여는 더욱 두드러지고 있다. 그러나 대다수의 청소년이 법률적으로 미성년자라는 이유로 선거에서 소외되고 있는 실정이다. 그러므로 이를 개선하기 위한 청소년들의 선거권 확대는 피할 수 없는 일이라는 것이다.

　　㉯선거권 개시 연령의 하향을 반대하는 입장도 여전히 존재한다. 청소년들이 여론이나 또래의 의견에 쉽게 영향을 받아 혼자서 정치적 판단을 하기 어렵다는 것이다. 헌법 재판소는 2013년에 미성년자들은 부모나 교사 등에게 의존할 수밖에 없는 상황이므로 정치적 판단을 할 수 있을 정도로 자율성을 충분히 갖추었다고 보기 어렵다는 견해를 밝히기도 하였다. 그러므로 미성년자들이 스스로 정치적 판단을 하기 위한 성장의 시간이 더 필요하다는 것이 이들의 입장이다.

핵심 개념 파악하기

1 다음은 이 글에 나타난 주요 개념과 그 뜻을 정리한 것이다. A~C에 들어갈 단어를 이 글에서 찾아 쓰시오.

(A): 민주주의 국가의 주인인 국민이 직간접적으로 정치 활동에 참여할 수 있는 권리.
(B): 국민의 대표를 뽑을 수 있는 권리.
(C): 국민의 대표로 뽑힐 수 있는 권리.

A: _____

B: _____

C: _____

세부 내용 파악하기

2 이 글의 내용과 일치하는 것은? (   )

① 우리나라는 18세부터 국가의 대표로 뽑힐 수 있는 권리를 준다.
② 우리나라의 선거권 개시 연령은 2020년 기준으로 19세 이상이다.
③ 선거권 개시 연령을 바꾸기 어려운 것은 절대적 기준이 있기 때문이다.
④ 우리나라는 2019년에 선거법이 개정되어 투표 가능 연령이 한 살 낮아졌다.
⑤ 경제 협력 개발 기구에 속한 국가들은 모두 16세부터 선거권을 부여하고 있다.

설명 방식 파악하기

3 이 글의 설명 방식으로 적절한 것은? (   )

① 선거권 개시 연령을 둘러싼 논쟁 과정을 시간 순서로 나열하고 있다.
② 선거권 개시 연령 하향에 대해 특정 입장을 중심으로 설명하고 있다.
③ 선거권에 관한 통념을 제시하고 이에 대해 반박하는 내용을 제시하고 있다.
④ 선거권 개시 연령과 관련하여 우리나라와 다른 국가의 상황을 대조하고 있다.
⑤ 선거권 개시 연령 하향에 대한 찬반 입장을 절충하여 새로운 의견을 제시하고 있다.

글의 정보를 중심으로 질문하고 예측하며 읽기

4 이 글을 읽고 더 알아보기 위한 질문을 하였다. 적절하지 <u>않은</u> 질문을 한 학생은? (   )

① 서준: 피선거권이 주어지는 연령도 선거법에 의해 결정될까?

② 예원: 우리나라 청소년들이 정치에 참여한 사례로는 무엇이 있을까?

③ 은우: 선거권 개시 연령이 낮아지는 것을 우려하는 이유는 무엇일까?

④ 성윤: 독일이 1970년대부터 18세에게 선거권을 부여한 이유는 무엇이었을까?

⑤ 지원: 우리나라에서 선거법 개정안이 통과되었을 때, 언론에서는 어떤 반응을 보였을까?

문맥을 통해 문장의 의미 추론하기

5 이 글의 문맥을 고려할 때, ㉠의 의미로 가장 적절한 것은? (   )

① 왜 17세 이하의 청소년들은 선거권을 갖지 못할까?

② 왜 17세 이하를 선거법 개시 연령의 기준으로 삼았을까?

③ 왜 17세 이하의 청소년들은 선거권을 요구하지 않았을까?

④ 왜 17세 이하의 사람을 대한민국의 국민으로 인정하지 않을까?

⑤ 왜 17세 이하의 사람이 대한민국의 주역이 되어야 한다고 생각할까?

 글에 나타난 서로 다른 관점 비교하기

6 이 글에 드러난 ㉮와 ㉯의 관점에 대해 토론한 내용으로 적절하지 <u>않은</u> 것은? (   )

① ㉮는 과거부터 현재까지 일어나고 있는 사회적 변화를 근거로 제시하고 있어.

② ㉮는 투표권이 없으면 청소년들이 정치적 주체로 자리매김할 수 없다고 보고 있어.

③ ㉮는 청소년들의 목소리를 경청하는 것이 우리 사회에 필요한 일이라고 여기고 있어.

④ ㉯는 청소년들이 정치적 판단에 있어 주변인의 영향을 크게 받는 존재라고 생각하고 있어.

⑤ ㉯는 선거권을 갖기 위한 조건이 정치적 문제에 대해 스스로 판단하는 능력의 여부라고 여기고 있어.

어휘 익히기

1 단어 뜻 알기
다음 빈칸에 들어갈 알맞은 단어를 〈보기〉에서 찾아 쓰시오.

보기

행사   하향   부여   여론

1. 모든 용의자는 묵비권을 (   )할 수 있다.

   뜻 | 힘이나 권리 같은 것을 행동으로 나타내는 것.

2. 경제가 어려워지면서 소비 그래프가 꾸준히 (   ) 곡선을 그리고 있다.

   뜻 | 아래로 향하는 것.

3. 정부는 빠른 시일 내에 (   )을/를 수렴하여 대안을 내놓기로 하였다.

   뜻 | 어떤 일에 관하여 세상 사람들이 두루 지닌 생각이나 의견.

4. 스스로 공부를 하는 학생들은 공부에 대해 동기 (   )이/가 잘되어 있다.

   뜻 | 권리나 일을 주는 것. 또는 사물이나 일에 가치나 뜻을 두는 것.

2 관용 표현 알기
다음 빈칸에 알맞은 말을 쓰시오.

" ☐ ☐ ☐ ☐ "

독일이 이미 1970년대부터 18세에 선거권을 부여한 것과 비교하면 우리나라가 2019년부터 18세에 선거권을 부여하기로 한 것이 늦은 결정이었다는 비판도 나온다. 이 사자성어는 이처럼 시기가 늦어 기회를 놓친 것이 원통해서 탄식할 때, '때 늦은 한탄'이라는 뜻으로 쓰는 말이다.

한자	뜻	음
晩	늦다	
時	때	
之	어조사	
歎	탄식하다	

3 한자어 익히기
다음 한자어를 소리 내어 읽고 빈칸에 따라 쓰시오.

主權
주인 주   권세 권

주권(主權): 나라의 주인으로서 가지는 권리. 또는 한 나라가 다른 나라에 대해서 가지는 권리.
- 한국은 1910년 일본에 의해 주권을 강탈당했다.
- 세계화 시대에 다양한 국가가 공존하기 위해 서로의 주권을 존중해야 한다.

主權
주인 주   권세 권

☑ 핵심 개념인 '투명 인간'과 관련된 말들을 알아 둡시다.

→ 소외 / 무시

투명 인간은 몸이 투명해서 보이지 않는 인간이지. 그런데 이 글에서는 조금 다른 의미로 쓰고 있어.

☑ 글을 읽고 이것만은 꼭 찾아냅시다.

→ '투명 인간'이 의미하는 바는 무엇일까?

☑ 글을 읽고 글쓴이가 사용한 상징적 표현에 대해 생각해 봅시다.

→ 상징적 표현을 찾고 그 표현이 주는 효과를 생각해 본다.

글쓴이가 사용한 상징적 표현 찾기	→	상징적 표현에 담긴 의미 해석하기	→	상징적 표현을 통해 글쓴이가 드러내고자 한 바를 찾기

상징적 표현이란 눈에 보이지 않는 사실이나 생각을 구체적인 사물로 나타내는 것을 말해.

준비 학습

1
핵심 개념 미리 보기

맥락을 고려하여 빈칸에 들어갈 단어를 쓰시오.

　어릴 적 투명 인간이 되어 보고 싶다는 생각을 해 본 적이 있나요? 세계적으로 인기를 끈 소설인 『해리 포터』 시리즈에도 투명 인간처럼 만들어 주는 도구인 투명 망토가 나옵니다. 해리 포터는 투명 망토를 쓰고 남몰래 도서관의 제한 구역을 마음껏 돌아다니지요. 이처럼 투명 인간과 같이 되고 싶은 마음은 남몰래 숨겨진 (　　　)을/를 실현하고 싶은 마음과 같습니다.

　그런데 우리 사회에는 원치 않았는데 투명 인간이 된 이들이 있다고 합니다. 과연 이들은 누구일까요?

2
읽기 방법 미리 보기

다음 글을 참고하여 사물과 그 사물이 상징하는 의미를 연결하시오.

　사람들은 흔히 비둘기는 '평화'를 상징하고, 태양은 '희망'을 의미한다고 말합니다. 이처럼 우리 주변에서 보는 사물들 가운데에는 특별한 상징적 의미를 갖는 것들이 있습니다.

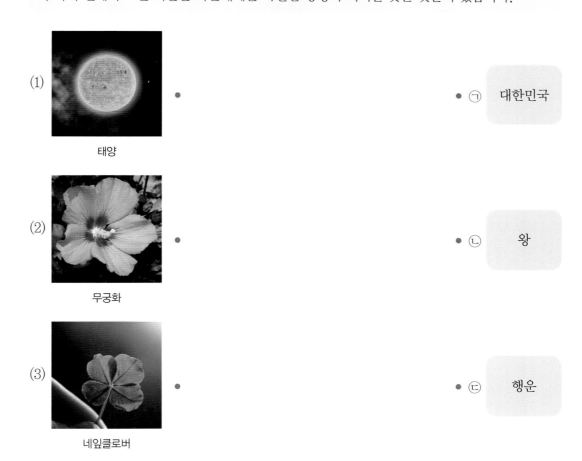

(1) 태양 ·

(2) 무궁화 ·

(3) 네잎클로버 ·

· ㉠ 대한민국

· ㉡ 왕

· ㉢ 행운

진행자: 안녕하세요, 시사○○ 시간입니다. 여러분은 '투명 인간'이라는 말을 아시나요? '투명 인간'은 말 그대로 상상 속의 인간으로, 몸이 투명해서 보이지 않는 인간을 가리키죠. 그런데 이 말은 때로 상징적인 의미로 쓰이기도 해요. 오늘은 우리 사회에서 ㉠'투명 인간'으로 살아가고 있는 두 사람을 모시고 이야기를 들어 보고자 합니다. 첫 번째 만날 '투명 인간'은 △△ 식당에서 종업원으로 일하시는 김연미 씨입니다.

김연미: 안녕하세요, ㉡종업원 김연미입니다. 여러분은 학교에서 혹은 직장에서 어떤 호칭으로 불리시나요? 저를 부를 때 어떤 이들은 '이모', 또 어떤 이들은 '아줌마'라고 부르지요. 저는 여자 형제도 없고, 결혼을 하지도 않았기 때문에 이모도, 아줌마도 아니지만요. 때로 사람들은 저를 이렇게 부르기도 하지요. ㉢'저기요.' 하고 말입니다. 국립 국어원에서 저 같은 서비스직 종사자를 대상으로 설문 조사를 했는데, 손님이 '여기요. / 저기요.' 등으로 부르는 경우 불쾌감을 느끼는 분들이 34%나 되었다고 해요. 저같이 식당에서 일하는 노동자는 2020년을 기준으로 34만 명이 넘는답니다. 하지만 우리 사회는 우리에게 제대로 된 이름을 붙여 주지 않았어요. 좋은 이름이 있어야 소외당하는 기분에서 벗어날 것 같아요.

진행자: 고충이 크시겠어요. 한 전문가는 식당에서 일하는 분들을 '사장님', '종업원님'과 같이 부르는 것이 좋겠다고 말씀하시더군요. 두 번째 만날 '투명 인간'은 □□시에서 살고 계신 박경민 씨입니다.

박경민: 안녕하십니까, 올해 73세가 된 박경민입니다. 얼마 전에 손녀한테 햄버거나 사 줄까 하고 가게에 갔다가 아주 낭패를 봤어요. 햄버거 가게에 들어갔더니, 주문받는 사람은 없고 웬 기계가 서서 주문을 받습니다. 놀란 마음을 다잡고 기계 앞에 섰는데, 노안 때문에 뭐라고 쓰여 있는지 알 수가 없어요. 마침 주머니에 돋보기가 있기에, 얼른 쓰고 메뉴를 봤는데 음식 이름은 온통 영어로 되어 있어서 눈뜬장님이 되고 말았답니다. 그냥 제일 위에 있는 것을 담고 결제를 하려는데, 웬걸, 이번에는 신용 카드를 넣으라는데 어디에 넣는지 투입구를 찾을 수가 없어요. 뒤에 있던 청년이 도와주지 않았으면 손녀 앞에서 아주 망신을 당할 뻔했습니다. 사람 대신 기계가 쓰이면서 세상이 편리하게 변하고 있다는데, 나는 잘 모르겠습니다. ㉣나 같은 노인들은 이런 변화에서 소외되고 있어요. 점점 사회 밖으로 밀려나는 것 같아요.

진행자: 그러셨군요. 어르신들의 어려움이 충분히 이해가 됩니다. 오늘은 두 분의 '투명 인간'을 만나 보았습니다. 앞으로도 우리 사회의 '투명 인간'을 찾아 어떤 어려움을 겪는지 들어 보도록 하겠습니다. 오늘 두 분, 감사합니다.

글의 구조 파악하기

1 이 글에 대한 설명으로 적절한 것은? (   )

① 서로 갈등하고 있는 인물들과 토론하고 있다.

② 공통된 어려움이 있는 인물들을 면담하고 있다.

③ 각계의 전문가와 함께 문제 해결 방안을 토의하고 있다.

④ 논제에 대해 찬성 측과 반대 측의 패널이 모여 토론하고 있다.

⑤ 동일한 사건에 대해 다른 관점을 가진 인물들과 면담하고 있다.

세부 내용 파악하기

2 이 글의 내용과 일치하지 <u>않는</u> 것은? (   )

① 식당에서 종업원을 '이모'나 '아줌마'라고 부르는 사람들이 있다.

② 식당에서 일하는 노동자의 수가 2020년 기준 34만 명을 넘어섰다.

③ '여기요. / 저기요.'라는 호칭을 불쾌히 여기는 종업원은 전체의 절반이 넘는다.

④ 박경민 씨는 최근 손녀에게 햄버거를 사 주기 위해 햄버거를 파는 가게에 방문했다.

⑤ 박경민 씨는 주문받는 사람 대신 기계를 통해 음식을 주문하면서 큰 불편을 겪었다.

상징적 표현의 의미 파악하기

3 ㉠에 대한 설명으로 가장 적절한 것은? (   )

① 경제적으로 어렵게 살아가고 있는 사람을 의미해.

② 우리 사회에서 소외감을 느끼고 있는 사람을 의미해.

③ 법의 보호를 제대로 받지 못하고 있는 사람을 의미해.

④ 우리 사회의 발전을 위해 노력하고 있는 사람을 의미해.

⑤ 제대로 된 이름으로 불리지 못하고 있는 사람을 의미해.

관점 파악하기

4 ⓛ의 관점으로 볼 수 있는 것은? (   )

① 사람은 자신의 삶에 감사하며 살 줄 알아야 한다.
② 사람은 직업에 따라 귀천을 따질 수 없는 존재이다.
③ 사람은 자신의 능력을 인정해 주는 누군가가 필요하다.
④ 사람은 적절한 호칭으로 불려야 존중받는 느낌을 받는다.
⑤ 사람은 주변 사람들과 원만한 관계를 유지하려 노력해야 한다.

표현의 의도 파악하기

5 〈보기〉를 고려할 때, ⓒ의 문제점으로 가장 적절한 것은? (   )

> **보기**
>
> 저기: 말하는 이나 듣는 이로부터 멀리 있는 곳을 가리키는 지시 대명사.

① '저기'는 듣는 이의 부담을 덜어 주는 말이다.
② '저기'는 듣는 이가 가까이 있으면 쓸 수 없다.
③ '저기'는 멀리 있는 사람을 부를 때 쓰는 말이다.
④ '저기'는 사람이 아니라 장소를 가리키는 말이다.
⑤ '저기'보다 '여기'라는 표현이 듣는 이에게 친숙하다.

내용 적용하기

6 ⓔ과 같은 입장에 있는 사람으로 가장 적절한 것은? (   )

① 뛰어난 능력을 갖추었지만 그 능력을 인정받지 못해 일자리를 구하지 못한 사람들
② 컴퓨터로 글을 쓰는 것이 보편화되었으나 여전히 손으로 글쓰기를 더 즐기는 사람들
③ 기차표를 온라인으로 판매하기 시작하자 예매하는 방법을 몰라 매표에 실패한 사람들
④ 퇴직이 얼마 남지 않아 퇴직 이후의 삶을 살아갈 방법에 대해 끊임없이 고민하는 사람들
⑤ 4차 산업 혁명 시대가 도래했다는 뉴스가 많아지자 그것이 무엇인지 알기 위해 노력하는 사람들

어휘 익히기

1 단어 뜻 알기

다음 빈칸에 들어갈 알맞은 단어를 〈보기〉에서 찾아 쓰시오.

> **보기**
>
> 호칭   소외   고충   낭패

1. 교통 카드를 두고 나와서 크게 (   )을/를 당했다.

   뜻 | 일이 잘 풀리지 않고 꼬여서 곤란해지는 것.

2. 나는 선생님께 어린 동생을 챙겨야 하는 (   )을/를 털어놓았다.

   뜻 | 힘들고 괴로운 사정이나 속내.

3. 그는 유명해지자 박사님이라는 (   )(으)로 불러 달라고 요구했다.

   뜻 | 사람이나 사물을 부르는 말. 본디 이름을 부르기도 하고, 다른 이름을 붙여서 부르기도 함.

4. 우리 사회에서 어느 누구도 (   )을/를 당하는 사람이 없어야 한다.

   뜻 | 남을 따돌리는 것. 또는 남에게 따돌림을 받는 것.

2 관용 표현 알기

다음 빈칸에 알맞은 말을 쓰시오.

> " ☐ ☐ ☐ ☐ "
>
> 키오스크에서 난생처음 음식을 주문하는 할아버지는 음식 이름이 온통 영어라서 당황스러운데, 신용 카드를 넣는 곳까지 찾을 수가 없어 더욱 곤란한 상황에 처해 있다. 이 사자성어는 이렇듯 안 좋은 상황이 겹치는 것을 눈 위에 서리가 덮인 상황에 빗대어 이르는 말이다.

한자	뜻	음
雪	눈	
上	위	
加	더하다	
霜	서리	

3 한자어 익히기

다음 한자어를 소리 내어 읽고 빈칸에 따라 쓰시오.

늙을 로(노)   눈 안

노안(老眼): 나이가 들어 시력이 나빠짐. 혹은 그런 눈.
- 할머니는 노안 때문에 더 이상 책을 읽지 못하셨다.
- 노안은 나이가 들어 눈의 수정체의 조절력이 감퇴하면서 생긴다.
- 신문의 활자가 흐려 보이면서 나도 노안이 왔구나 생각하니 슬퍼졌다.

老	眼						
늙을 로(노)	눈 안						

☑ 핵심 개념인 '경제 활동'의 뜻과 관련된 말들을 알아 둡시다.

→ 생산 / 소비 / 분배 / 시장

 경제 활동이란 생활에 필요한 재화와 서비스를 생산, 분배, 소비하는 활동을 말해.

☑ 글을 읽고 이것만은 꼭 찾아냅시다.

→ 경제 활동의 유형에는 어떤 것이 있으며 경제 활 동에 참여하는 주체에는 누가 있을까?

☑ 글을 읽고 문단들이 어떠한 관계이며, 특정 문단이 전체 글 구조에서 어떠한 역할을 하고 있는지 생각 해 봅시다.

→ 각 문단의 중심 내용을 파악하고 전체 문단 속에 서 특정 문단의 역할을 생각해 본다.

문단의 내용 파악하기	→	문단 간 관계 파악하기	→	글 전체에서 해당 문단이 담당하고 있는 역할 파악하기

문단 간의 관계 파악은 문단들이 어떠한 의미 관계를 맺으며 연결되어 있는지를 이해하는 거야.

준비 학습

1

핵심 개념 미리 보기

〈보기〉를 참고하여 다음의 활동에 해당하는 것을 찾아 연결하시오.

보기

- 생산: 재화와 서비스를 새롭게 만들거나 재화나 서비스의 가치를 증대시키는 것.
- 소비: 자신에게 필요한 재화와 서비스를 구입하거나 사용하는 것.
- 분배: 생산물을 나누거나, 생산 활동을 통해 얻은 이익을 나누는 것.

(1) 　　진규 씨는 편의점을 운영하여 매달 조금씩 이윤을 남긴다. 　　•　　•ㄱ　생산

(2) 　　진규 씨는 이번 달 편의점 이윤 중 일부를 아르바이트생들에게 월급으로 주었다. 　　•　　•ㄴ　소비

(3) 　　진규 씨는 집에 오는 길에 아이들에게 줄 치킨을 샀다. 　　•　　•ㄷ　분배

2

읽기 방법 미리 보기

다음 글을 읽고 문단 간의 관계를 생각하며 빈칸에 적절한 말을 쓰시오.

1 최근 중고 거래를 하는 사람들이 급증하고 있다. 한 설문 조사 결과에 따르면 응답자의 70%가량이 중고 거래 사이트를 이용한 적이 있다고 답하였다. 또한 이용자의 절반가량은 주기적으로 중고 거래 사이트를 이용하고 있다고 밝혔다.

2 이렇게 중고 거래를 하는 사람들이 급증한 이유는 무엇일까? 일부에서는 이를 코로나-19로 인해 경제 상황이 악화된 것이 영향을 미쳤다고 말한다. 판매자들은 자신에게 필요 없거나 잘 쓰지 않는 물건을 팔아 생활비에 보탤 수 있고, 구매자들은 필요한 물건을 저렴한 가격에 얻을 수 있기 때문이다.

↓

2문단은 **1**문단에서 설명한 현상이 일어난 (　　　　　　)을/를 설명해 주고 있다.

1️⃣ 사람들은 살아가면서 다양한 재화나 서비스를 필요로 한다. 재화는 사람이 바라는 바를 충족시켜 주는 모든 물건을 가리키는 말로, 가방이나 자동차처럼 형태가 있어서 만지거나 눈으로 볼 수 있는 것을 말한다. 서비스는 다른 사람들을 만족시키기 위해 하는 활동을 가리키는 말로, 예를 들어 의사가 진료를 하는 일, 택배 기사가 물건을 배달하는 일 등이 바로 서비스에 해당한다.

2️⃣ '경제 활동'이란 이러한 재화나 서비스를 생산, 분배, 소비하는 모든 활동을 가리킨다. ㉠'생산'은 재화와 서비스를 새롭게 만들거나 재화나 서비스의 가치를 증대시키는 모든 활동을 말한다. 세상에 존재하는 자원은 우리가 필요로 하는 형태 그대로 존재하지 않는 경우가 대부분이다. 따라서 이것을 필요한 형태로 바꾸어야 한다. 곡식으로 음식물을 만들거나 누에고치로 실을 만드는 것, 가사 노동에 참여하거나 교육 활동을 하는 것 등이 생산 활동에 포함된다. 나아가 이렇게 생산한 물건을 저장하거나 운반하는 것, 판매하는 것도 생산 활동에 포함된다.

3️⃣ ㉡'분배'는 생산물을 나누어 갖거나, 생산 활동을 통해 얻은 이익을 나누어 갖는 것을 말한다. 예를 들어 자동차 공장에서 자동차를 만들어 판매하면 이익이 발생한다. 그러면 노동력을 제공한 노동자, 공장을 가동한 공장주 등 생산에 참여한 이들이 각각 그 이익을 나누어 갖는 것이다. ㉢'소비'는 자신에게 필요한 재화와 서비스를 구입하거나 사용하는 활동이다. 소비는 주로 기본적인 의식주를 해결하기 위해서 필요하다. 하지만 또 다른 생산을 준비하기 위해 소비를 하기도 한다.

4️⃣ 생산, 분배, 소비 등 경제 활동에 참여하는 주체는 가계, 기업, 정부로 나뉜다. 가계는 우리 사회를 구성하는 각각의 가정을 말하는데, 주로 노동을 제공하고 소비를 담당한다. 기업은 재화나 서비스를 주로 생산하고 판매한다. 정부는 시장이 잘 작동하도록 도와주고 감독하며, 가계와 기업이 낸 세금으로 국가 운영에 필요한 재화나 서비스를 구매하거나 지출한다.

5️⃣ 시장에서 거래가 활발할수록 소비도 늘어나게 되며, 늘어나는 소비에 맞춰 생산도 증가한다. 또한 생산이 늘어난 만큼 분배를 통해 사람들의 소득이 증가하고, 이는 다시 소비의 기반이 된다. 이렇게 생산, 분배, 소비는 서로 긴밀하게 연결되어 순환하게 된다. 그리고 생산, 분배, 소비의 순환이 원활하게 이루어질 때 경제가 발전한다. 그러므로 경제가 원활히 순환하기 위해 각 경제의 주체가 할 일이 무엇인지를 고려하며 경제 활동에 참여해야 한다.

세부 내용 이해하기

1 **이 글의 내용과 일치하지 않는 것은? (   )**

① 가사 노동은 생산 활동에 포함된다.

② 경제 활동은 생산과 소비로 구분된다.

③ 가계와 기업은 정부에 세금을 내야 한다.

④ 경제 활동의 주체는 가계와 정부, 기업이다.

⑤ 정부는 국가에 필요한 재화와 서비스를 구매한다.

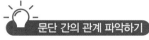

문단 간의 관계 파악하기

2 **이 글의 문단 간의 관계에 대한 설명으로 가장 적절한 것은? (   )**

① 1문단과 2문단은 경제 활동에 대해 상반된 입장을 소개하고 있다.

② 2문단과 3문단은 경제 활동의 구성 요소를 대등하게 나열하고 있다.

③ 3문단은 1, 2문단에서 설명한 경제 활동의 내용에 대해 부연하고 있다.

④ 1문단에서 설명한 경제 활동의 문제에 대해서 4문단에서는 해결 방안을 제시하고 있다.

⑤ 4문단에서는 경제 활동에서 발생하는 문제의 원인을, 5문단에서는 그 결과를 제시하고 있다.

내용 적용하기

3 **㉠~㉢의 사례로 적절하지 않은 것은? (   )**

① ㉠: 뜨개질을 해서 털장갑을 만들었다.

② ㉠: 선생님이 학교에서 시험 문제를 출제하였다.

③ ㉡: 식당에 요리사로 한 달간 일한 후 월급을 받았다.

④ ㉢: 양말에 구멍이 나서 상점에 찾아가 새로운 양말을 샀다.

⑤ ㉢: 기업의 영업 이익이 매우 높게 나와 직원들의 급여를 인상했다.

4 글쓴이의 의도 파악하기

글쓴이가 이 글을 쓴 목적으로 적절한 것은? (   )

① 경제 활동에서 분배의 중요성을 강조하려 하였다.

② 경제 활동에 대한 자신의 주장을 제시하려 하였다.

③ 경제 활동이 변화하며 성장해 온 과정을 알리려 하였다.

④ 경제 활동이 최근에 어려움에 빠져 있는 이유를 밝히려 하였다.

⑤ 경제 활동을 구성하는 요소와 요소들의 관계를 설명하려 하였다.

5 글의 내용 적용하기

이 글의 내용을 고려할 때, 소비의 성격이 다른 것은? (   )

① 농부가 밭에 줄 비료를 구입하였다.

② 식당 주인이 재료인 고기를 주문하였다.

③ 회사원이 가족과 먹을 중국 요리를 시켰다.

④ 연구원이 연구에 필요한 도서를 구입하였다.

⑤ 운전기사가 주유소에 들러 차에 기름을 채웠다.

6 글을 바탕으로 구체적인 사례 이해하기

이 글을 바탕으로 〈보기〉를 이해한 내용으로 가장 적절한 것은? (   )

〈보기〉

　A사는 생필품을 생산하여 판매하는 기업이다. A사에서는 이번 연말에 직원들의 임금을 인상하기 위한 임금 협상이 진행될 계획이었으나, A사는 내년에 각종 물가가 인상되어 수익이 악화될 전망이라며 이를 거부하고 내년에도 올해와 동일한 임금을 지불하겠다고 통보하였다. 또한 A사는 올해 실적이 악화되어 판매 이익이 크게 줄어 다음 달까지 임금을 지급하기 어렵다고 발표하였다. 대신 A사가 판매하는 생필품의 가격을 일부 인상하여 수익을 개선하기 위해 힘쓰고, 내년 말에는 임금을 꼭 인상해 주겠다고 약속하였다.

① A사는 다양한 서비스를 제공함으로써 이익을 얻는 경제의 주체이다.

② A사의 직원들이 A사로부터 임금을 받는 것은 경제 활동 중 생산 활동에 해당한다.

③ A사가 임금 협상을 중단한 것은 A사의 내년도 성장에 긍정적 영향을 미칠 것이다.

④ A사 직원들의 개별 가계에 시장의 물가 상승이 미치는 영향은 그리 크지 않을 것이다.

⑤ A사가 분배를 소홀히 하여 직원들의 소비가 줄어드는 것은 경제의 순환에 부정적이다.

어휘 익히기

1 단어 뜻 알기

다음 빈칸에 들어갈 알맞은 단어를 〈보기〉에서 찾아 쓰시오.

> **보기**
>
> 재화   경제 활동   가계   순환

1. 편의점에서 파는 도시락이나 음료수는 (   )에 속한다.

   뜻 | 사람이 바라는 바를 충족시켜 주는 모든 물건.

2. 물은 지구의 표면 위아래에 존재하며 끊임없이 (   )한다.

   뜻 | 되풀이하여 도는 것.

3. 코로나-19 사태는 세계 각국의 (   )에 큰 영향을 미쳤다.

   뜻 | 인간의 생활에 필요한 재화나 용역을 생산·분배·소비하는 모든 활동.

4. 대출 금리가 올라가면서 각 (   )이/가 부담해야 하는 이자가 급격하게 늘어나고 있다.

   뜻 | 한 집안 살림의 수입과 지출의 상태 혹은 소비의 주체로 '가정'을 이르는 말.

2 관용 표현 알기

다음 빈칸에 알맞은 말을 쓰시오.

"☐☐ 좋고 ☐☐ 좋다"

디지털 기술이 발달하면서 공유 경제가 활성화되고 있다. 공유 경제는 자신이 가지고 있는 재화나 공간, 재능이나 경험을 다른 사람들에게 빌려주고 나눠 쓰는 경제 활동이다. 이는 생산자와 소비자 모두에게 이로운 경제 활동이라고 할 수 있다. 이 속담은 이렇게 어떤 일에 있어 서로 다 이롭고 좋다는 뜻을 표현하는 말이다.

3 한자어 익히기

다음 한자어를 소리 내어 읽고 빈칸에 따라 쓰시오.

바 소   얻을 득

소득(所得): 일정 기간 동안에 정해진 일을 하고 그 대가로 받는 수입.
• 이번에 승진한 직원들은 앞으로 더 많은 소득을 얻게 된다.
• 이 직업은 대부분의 직업에 비해 소득이 높은 편이라고 한다.
• 우리나라 국민들의 소득 수준이 작년에 비해 올해 크게 올랐다고 한다.

所 得
바 소 얻을 득

❶ 독서 목적에 따라 글 요약하기

요약하기란 글의 주요 내용을 간추려 정리하는 것으로, 요약하는 과정에서 글의 내용을 체계적으로 정리하게 되므로 글을 오래도록 기억하는 데 효과적이다. 글을 요약할 때에는 글의 종류, 독서의 목적, 정보의 중요도 등을 고려하게 된다. 특히 독서의 목적은 정보의 중요도를 판단하는 기준이 되는 등 요약할 때 반드시 고려해야 하는 사항이다.

★ **독서의 목적에 따라 글을 요약하는 방법**

(1) 정보를 얻기 위한 목적: 자신에게 필요한 정보가 나온 부분을 중심으로 요약하되, 새롭게 알게 된 내용을 강조한다.

(2) 학습 또는 연구의 목적: 글에서 설명하는 주요 개념을 명확히 정리하고, 글의 핵심 내용을 구조화한다.

(3) 감동을 얻기 위한 목적: 자신이 감동을 받은 부분을 중심으로 요약하되, 감동을 받은 이유와 해당 부분이 글 전체에서 어떤 역할을 하는지를 밝힌다.

(4) 발표 준비를 위한 목적: 발표의 목적과 발표에 사용할 매체를 고려하여 중요한 내용을 요약한다.

1

다음의 학생들에게 독서의 목적에 따라 필요한 요약 방법에 대해 조언하려 한다. 빈칸에 알맞은 내용을 쓰시오.

(1)	준우: 요즘 쓰레기 분리수거를 하다 보니, 폐휴지가 처리되는 과정이 궁금해져서 도서관에서 쓰레기 처리에 관한 책을 빌려 왔어. 이 책을 읽고 요약해 보려고 해. → 쓰레기 처리에 관한 책을 읽으려고 하는구나. 그 책에서 ( )이/가 설명된 부분을 중심으로 내용을 요약해 보도록 해!
(2)	하준: 오늘 사회 수업에서 기후 재해와 지질 재해에 대해 배웠어. 배운 내용을 동생에게 설명해 주려는데 잘 기억이 안 났어. 교과서의 내용을 다시 정리해 봐야겠어. → 기후 재해와 지질 재해가 무엇인지 각각의 ( )을/를 먼저 정리하고, 기후 재해와 지질 재해에 속하는 재해에는 무엇이 있는지 표로 ( )해 보면 좋겠다.
(3)	다인: 지난 주말에 소설책을 한 권 읽었어. 중학교에 입학한 주인공이 학교에서 겪게 되는 갈등과 극복 과정을 담은 책인데, 이 감동을 잊기 전에 글로 남겨 두어야겠어. → 정말 재미있었나 보구나. 네가 감동을 받은 부분을 중심으로 감동을 받은 ( )와/과 그 부분이 작품 전체에서 어떤 ( )을/를 하는 부분인지 정리해 보도록 해.

2

다음 글을 읽고 물음에 답하시오.

1 난독증이란 지능은 정상이지만 글을 읽고 쓰는 데 어려움을 겪는 증상으로, 학습 장애의 한 유형이다. 난독증의 증상은 난독증의 정도와 양상에 따라 다양하다. 전혀 읽기나 쓰기를 못 하기도 하고, 읽더라도 아주 느리게 읽거나 글자를 정확하게 적지 못하는 경우도 있다. 또한 글자를 거꾸로 적는 경우도 발견된다.

2 난독증은 그 원인에 따라 선천성 난독증과 후천성 난독증으로 나뉜다. 선천성 난독증은 태어날 때부터 갖게 된 유전적 문제로 인해 발생하는 경우가 많다. 선천성 난독증을 가진 아동은 말을 배우는 속도가 더디고 맞춤법을 자주 틀린다. 후천성 난독증은 성장하면서 사고 등의 원인으로 뇌신경에 손상을 입었을 경우 발생할 수 있다.

3 난독증 증상을 가진 환자들 중에는 낱말의 소리 단위를 인식하지 못하는 경우가 많다. 난독증을 앓고 있는 사람은 세계 어느 나라에나 있고, 우리나라에도 인구의 5%가 난독증 증상을 보이는 것으로 나타났다. 그러나 발음 체계가 복잡하고 최소의 소리 단위 구별이 어려운 영어권에서 특히 난독증 발생 비율이 높게 나타나는 것으로 알려졌다.

4 난독증은 진단이 어렵고 약물 치료가 불가능하다. 하지만 꾸준한 말소리 인식 훈련과 읽기 연습으로 증상의 상당 부분을 좋아지게 할 수가 있다. 특히 선천성 난독증의 경우, 읽기 능력이 발달하는 5~7세 시기를 놓치지 않는 것이 중요하다.

(1) '난독증'에 관한 정보를 얻기 위해 이 글을 요약할 계획을 세웠다. 적절하지 않은 것은? (   )

① '난독증'에 대해 이미 알고 있던 내용보다 이 글에서 새로 알게 된 내용을 찾아야겠어.

② **1**문단을 요약할 때는 난독증의 뜻과 난독증 증상이 다양하다는 점을 정리해야겠어.

③ **2**문단을 요약할 때는 난독증의 종류를 발생 원인에 따라 두 가지로 정리해야겠어.

④ **3**문단을 요약할 때는 우리나라의 난독증 발생 비율을 중심으로 정리해야겠어.

⑤ **4**문단을 요약할 때는 난독증의 치료 방법과 시기를 중심으로 정리해야겠어.

(2) 다음은 이 글을 읽고 요약한 것이다. ㉠～㉣에 알맞은 내용을 쓰시오.

난독증은 지능은 정상이지만 글을 읽고 쓰는 데 어려움을 겪는 (㉠   )의 한 유형을 일컫는다. 난독증은 (㉡   ) 난독증과 (㉢   ) 난독증으로 나눌 수 있다. 난독증은 특히 최소의 소리 단위 구별이 어려운 영어권에서 발생 비율이 높다. 난독증은 꾸준한 (㉣   ) 훈련과 읽기 연습을 통해 상당 부분 치료가 가능하다.

㉠: (   )   ㉡: (   )   ㉢: (   )   ㉣: (   )

❷ 상징적 표현의 의미 파악하기

상징적 표현은 눈에 보이지 않는 사실이나 생각을 구체적인 사물로 나타내는 것을 말한다. 상징적 표현은 글쓴이가 표현하고자 하는 원관념을 직접 드러내지 않는다. 예를 들어 "내 마음속 무궁화는 사라지지 않는다."라고 했을 때, 무궁화의 원관념은 드러나지 않지만 사람들은 무궁화가 우리나라를 뜻한다는 것을 자연스럽게 떠올리게 된다.

상징적 표현의 의미는 이처럼 같은 문화를 공유하고 있는 사람들 사이에서 자연스럽게 이해되기도 한다. 하지만 글 속에서 반복적으로 사용되며 상징적 의미를 갖는 경우도 있다.

★ **상징적 표현의 의미를 파악하기 위해서는,**

(1) 상징적 표현이 쓰인 단어가 일반적으로 어떻게 해석되는지 찾아본다. **예** 흰색 – 순수

(2) 상징적 표현이 쓰인 단어가 글 속에서 쓰인 맥락을 근거로 의미를 정리해 본다.

1 다음 글을 읽고 물음에 답하시오.

크리스틴은 우울증과 극심한 피로감, 피부 발진 등을 유발하는 병인 루푸스를 앓는 환자였다. 어느 날, 그녀와 함께 식당에서 식사를 하던 친구가 "아픈 몸으로 살아간다는 건 어떤 기분이야?"라고 그녀에게 물었다.

이에 크리스틴은 식탁에 있던 스푼을 한 움큼 집어 들며 이야기를 시작했다. 크리스틴이 "넌 아침에 눈을 뜨면 무얼 하니?"라고 묻자, 친구는 "샤워를 해."라고 답했다. 그러자 크리스틴은 들고 있던 스푼 두 개를 치우며 "그 전에 침대에서 나와야겠지. 거기에도 많은 힘이 필요해."라고 말했다.

다시 크리스틴이 "샤워를 한 다음엔?"이라고 묻자, 친구는 "간단하게 아침을 먹어."라고 답했다. 그러자 크리스틴은 "결코 간단할 수 없어. 약이 바뀌면 못 먹는 음식이 생기거든."이라고 답하며 스푼을 또 하나 치웠다.

친구는 "이젠 옷을 갈아입어야 해."라고 말했다. 크리스틴은 "멍이 생겼다면 긴소매를 골라야 하고, 힘든 날엔 단추가 있는 옷은 안 돼……. 그리고 겨우 이만큼 움직이기 위해 두 시간 넘게 걸렸다는 사실 때문에 기분이 나빠서 또 힘을 써야 할 거야."라고 답하며 몇 개의 스푼을 치웠다. 이제 크리스틴의 손에는 원래 있던 스푼의 절반만이 남아 있었다.

그리고 크리스틴은 친구에게 이렇게 물었다.

"이걸로 남은 하루를 살아야 하는 내 기분을 알겠어?"

(1) 다음 빈칸에 알맞은 단어를 쓰시오.

크리스틴은 친구와 자신의 아침 일상에서 드러나는 (   )을/를 통해 질문에 답하고자 했다.

(2) 이 글에서 '스푼'은 무엇을 의미하는지 쓰시오.

_____

2

다음 글을 읽고 물음에 답하시오.

코로나-19 감염증 사태로 인하여 각종 소비 활동에서 판매자와의 접촉 없이 상품을 주문하는 온라인 주문 판매가 활발하게 진행되고 있다. 이처럼 소비의 형태가 달라짐에 따라, 사람들이 소비에 대한 정보를 공유하는 방식에도 많은 변화가 생겼다. 구매 후기에 나타난 별점을 통해 소비자 간의 소통이 활발히 이루어지기 시작한 것이다.

별점은 어떤 상품이 자신에게 꼭 맞는 상품인지 알 수 없어 고민에 빠진 소비자들에게 ㉠한 줄기 빛이 되어 주곤 한다. 먼저 구매를 해 본 소비자들이 별점을 통해 상품에 대한 솔직하고 믿을 수 있는 정보를 제공해 준다는 믿음 때문이다. 그래서 소비자들은 판매자가 올린 정보만큼 먼저 상품을 구매한 소비자들의 정보를 중요하게 여기게 되었다.

그러나 온라인에서 상품을 판매하는 판매자들에게는 별점이 두려운 존재가 되기도 한다. 자신이 판매하는 상품에 대한 만족도가 구체적인 점수로 나타나므로 소비자들의 별점이 향후 자신의 판매 수익을 가늠해 볼 수 있는 가늠자 역할을 하기 때문이다. 일부 소비자들이 상품의 상태와 무관하게 낮은 별점을 주면 매출에 좋지 않은 영향을 줄 수 있기 때문이다. 이는 좋은 상품을 구입하고자 하는 또 다른 소비자들에게 부정확한 정보로 작용하여 불편을 끼치게 만들기도 한다.

목소리와 얼굴 없이 이루어지는 비대면 소비는 앞으로도 확산될 전망이며, 별점에 대한 사람들의 관심도 지속될 것이다. 그러므로 우리는 별점이 건전한 소비 활동에 도움이 되도록 함께 노력해야 할 것이다.

(1) 이 글에서 ㉠은 무엇을 의미하는지 쓰시오.

_____

(2) 별점 에 대한 글쓴이의 생각으로 적절하지 않은 것은? (   )

① 온라인 주문 판매가 활발해지면서 중요성이 높아졌다.

② 소비자 간의 소통이 가능하도록 만들어 주는 도구이다.

③ 상품에 대해 전문적이고 믿을 수 있는 정보를 제공해 주고 있다.

④ 상품의 상태와 무관한 별점을 줄 수 있다는 점에서 한계가 있다.

⑤ 별점을 통한 소통은 일시적 현상이 아니라 앞으로도 지속될 것이다.

3주차

무엇을 배울까요?

회차		글의 내용	핵심 개념	읽기 방법	학습 계획일
01회		**우주복의 비밀** 우주복의 원리와 중력이 작은 우주에서 우주복의 중요성을 설명하는 글이다.	[물리] 중력	논지 전개 방식 파악하기	☐월 ☐일 (요일)
02회		**꽃이 된 마그마** 꽃돌이라 불리는 '구과상 유문암'이 있는 청송 지역이 세계 지질 공원으로 등재된 것을 소개하는 기사문이다.	[지구 과학] 화산암	매체의 특성을 활용하여 매체 읽기	☐월 ☐일 (요일)
03회		**버섯은 식물일까 동물일까** 생물의 5가지 분류 중 균계에 속하는 버섯의 유익한 점을 주장하는 글이다.	[생명] 균계	통합적으로 읽고 내용 재구성하기	☐월 ☐일 (요일)
04회		**산에서 라면 끓이기** 끓는점과 기압의 관련성을 바탕으로 음식 조리의 특성을 설명하는 글이다.	[화학] 끓는점	교과의 주요 개념 이해하기	☐월 ☐일 (요일)
05회		**읽기 방법 익히기** 이 주에 공부한 중요 [읽기 방법]을 한눈에 정리하고 문제로 확인합니다. 1 매체의 특성을 활용하여 매체 읽기 2 통합적으로 읽고 내용 재구성하기			☐월 ☐일 (요일)

어느 수준일까요?

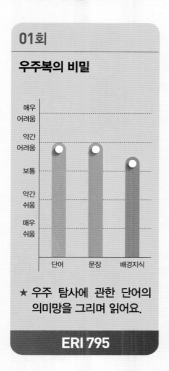

01회

우주복의 비밀

★ 우주 탐사에 관한 단어의 의미망을 그리며 읽어요.

ERI 795

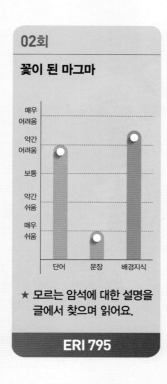

02회

꽃이 된 마그마

★ 모르는 암석에 대한 설명을 글에서 찾으며 읽어요.

ERI 795

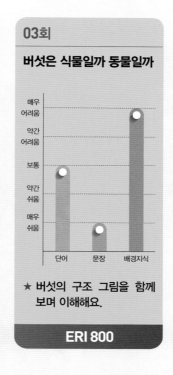

03회

버섯은 식물일까 동물일까

★ 버섯의 구조 그림을 함께 보며 이해해요.

ERI 800

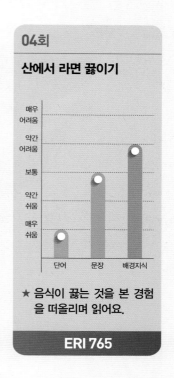

04회

산에서 라면 끓이기

★ 음식이 끓는 것을 본 경험을 떠올리며 읽어요.

ERI 765

이 주의 ERI 지수

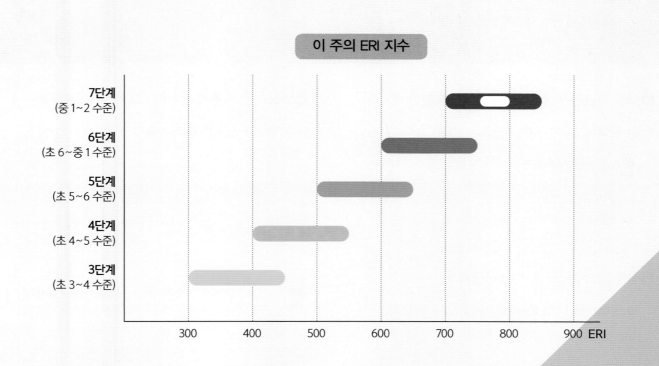

우주복의 비밀

☑ 핵심 개념인 '중력'과 관련된 말들을 알아 둡시다.

→ 무중력 / 우주 / 만유인력

중력이란 물체를 지구의 중심 방향으로 당기는 힘이야.

☑ 글을 읽고 이것만은 꼭 찾아냅시다.

→ 달에서는 나의 몸무게가 왜 가볍게 변할까?

☑ 글에 쓰인 논지 전개 방식 중 '분석'을 알아봅시다.

→ 분석이란 전체를 여러 부분으로 나누어 설명하는 방법이다.

논지 전개 방식	분석
분석, 비교, 원인-결과, 예시 등	구성 요소나 일의 순서 등으로 나누어 설명하는 방식

 논지 전개 방식이란 글쓴이가 자신의 생각을 효과적으로 전개하기 위해 이용한 글쓰기 방식이야. 분석도 그중 한 방식이지.

준비 학습

1
핵심 개념 미리 보기

다음 그림을 보고, ( ) 안에서 알맞은 말을 골라 ○표 하시오.

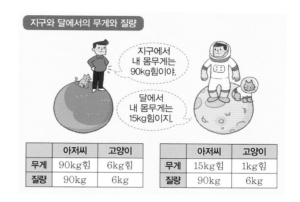

(1) 질량은 물체가 가지고 있는 고유한 양이다. 이 값은 (변한다, 변하지 않는다).

(2) 무게는 물체에 작용하는 중력의 크기로, 다른 별에 가면 (변한다, 변하지 않는다).

(3) 달에 가면 달의 중력이 작용하기 때문에 (무게, 질량)이/가 달라진다.

2
읽기 방법 미리 보기

글쓴이의 생각을 '논지'라고 한다. (1), (2)에 쓰인 논지 전개 방식을 찾아 바르게 연결하시오.

(1)　　자동차는 엔진, 몸체, 바퀴로 **구성된다**. 엔진은 힘을 내는 기관이다. 몸체는 자동차의 겉모양이다. 바퀴는 굴러가는 둥근 틀이다.　　•

•　ⓐ　예시

(2)　　냄새로 의사소통을 하는 동물이 있다. **예컨대** 개미는 '페로몬'이라는 냄새 나는 화학 물질을 내서, 다른 개미에게 먹이가 있는 위치를 알린다.　　•

•　ⓑ　분석

정답 | 1. (1) 변하지 않는다　(2) 변한다　(3) 무게　2. (1) – ⓑ　(2) – ⓐ

가 우주 탐사에 꼭 필요한 것이 우주복이다. 우주복이 없다면 우주선 밖으로 나갈 수 없다. 우주에는 공기도 없고, 무중력 상태이기 때문이다. 이러한 우주복은 크게 헬멧, 장갑, 장화, 몸체, 생명 유지 장치 등으로 구성된다.

나 헬멧은 엄청나게 빠른 속도로 날아다니는 작은 유성 덩어리가 얼굴에 부딪히지 않도록 해 준다. 앞부분의 창은 금으로 도금되어 있어 자외선이나 적외선과 같은 강렬한 태양 빛으로부터 눈을 보호하는 기능을 한다. 또한 장갑은 우주에서 장비를 조작할 때 장비가 손에 잘 잡히도록 하기 위해 고무장갑과 같은 실리콘 고무로 만들어졌다. 그뿐 아니라, 장화는 걸음을 걷기 편하게 가벼운 소재로 되어 있는데, 안창은 미끄러지지 않는 실리콘 고무로, 겉은 바깥 온도의 영향을 차단하는 금속 섬유로 되어 있다.

다 우주복의 몸체는 최첨단 소재로 만든 여러 층으로 되어 있다. 옷이 꽤 두꺼워 보이지만 층마다 우주 비행사들이 우주 공간에서 임무를 수행할 수 있도록 저마다의 기능을 가지고 있다. 잘 움직일 수 있도록 비행사들의 몸에 우주복을 딱 붙여 밀착시키는 층, 우주복 내부의 온도 상승을 막기 위해 냉각수를 흘려보내는 층, 지구와 비슷한 기압을 유지하기 위해 공기를 품고 있는 층, 우주복 바깥과의 압력 차이로 인해 우주복 안의 공기가 부풀어 오르는 것을 막는 층 등으로 구성되어 있다. 가장 바깥의 층은 잘 찢어지지 않는 방탄복 소재로 만들어져 있다. 그래서 어마어마한 우주 먼지들이 뚫고 들어오지 못한다. 또한 우주복 몸체와 헬멧 사이에는 음식과 물이 들어 있다. 혹시 고립되어 구조를 기다릴 경우를 대비하여, 손을 대지 않고도 막대기 형태의 음식물을 쉽게 먹을 수 있고, 빨대를 이용해 물을 마실 수도 있게 되어 있다.

라 우주복 뒤쪽에는 배낭 모양의 생명 유지 장치가 붙어 있다. 우주복에서 가장 핵심적인 장치이다. 산소가 없는 우주에서 산소를 공급하고 온도와 습도를 조절하고 기압을 유지한다. 또 다른 우주인이나 지구와의 통신에 필요한 전기 배터리도 들어 있다.

마 이렇듯 우주복에는 최첨단 장비들이 모두 모여 있다. 그래서 무게도 약 100kg 정도로 상당히 무겁다. 그러나 우주복을 입고 임무를 수행하는 데 큰 어려움은 없다. 우주 공간에서는 무중력 상태이고, 달에 착륙한다고 해도 ⊙달의 중력은 지구의 $\frac{1}{6}$밖에 되지 않는다. 그러니 우주복을 입어도 몸무게가 가벼워져서, 빨리 걸으려고 하면 몸이 공중에 둥둥 뜨거나 생각보다 많이 앞으로 가게 된다. 우리 몸이 지구의 중력에 익숙해져 있기 때문이다.

1 이 글의 내용으로 적절한 것은? (   )

① 달에 가면 인간의 몸무게는 더 무거워진다.

② 우주복의 몸체는 몸에 붙지 않고 헐렁헐렁하다.

③ 지구 중력에 익숙한 우주인이 달에서 걷기란 쉽지 않다.

④ 생명 유지 장치는 우주복 몸체와 헬멧 사이에 붙어 있다.

⑤ 우주복의 장갑은 금으로 도금되어 있어서 가격이 비싸다.

2 다음은 이 글의 내용 구조이다. 물음에 답하시오.

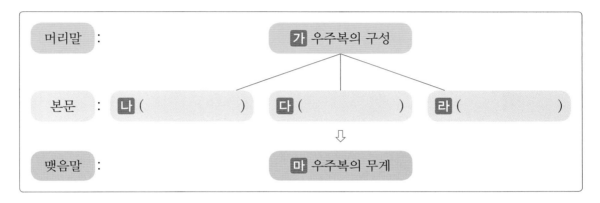

(1) 빈칸에 들어갈 핵심어를 각 문단에서 찾아 쓰시오.

(2) 다음 중 이 글에 쓰인 주된 논지 전개 방식을 찾아 ✔표 하시오.

문제를 나열하고 해결책을 제시하는 방식	복잡한 것을 구성 요소나 성질로 나누어 설명하는 방식	두 가지 대상의 공통점을 중심으로 설명하는 방식
( )	( )	( )

3 다음의 빈칸에 들어갈 내용을 ㉠을 통해 추론한 것으로 적절한 것은? (   )

> 지구에서 몸무게가 80kg인 우주인이 무게가 100kg인 우주복을 입었다면, 달에서는 모두 다 합쳐도 약 (   )kg의 무게로만 느껴질 것이다.

① 18   ② 30   ③ 60   ④ 100   ⑤ 180

글과 관련하여 시각 정보 자료 이해하기

4 이 글을 읽고 다음과 같이 우주복의 특징을 분석하는 보고서를 작성하였다. 적절하지 <u>않은</u> 것은?
( )

① 헬멧 ☞ 머리 보호, 시력 보호

② 장갑 ☞ 물건이 손에 잘 잡히도록 하는 기능

③ 장화 ☞ 미끄럼 방지, 열과 냉기로부터 발 보호

④ 몸체 ☞ 여러 층의 겹, 방탄복 소재, 공기층, 냉각수층, 압력 차이 조절층 등 몸 보호 기능

⑤ 생명 유지 장치 ☞ 긴급 재난 시 사용할 음식과 물 보관

글에 나타난 단어나 구의 전문적 의미 결정하기

5 〈보기〉의 설명과 관계있는 우주복 몸체의 층으로 적절한 것은? ( )

> 보기

　우주는 진공 상태이다. 공기가 없으므로 기압(공기 압력)이 0에 가까울 정도로 낮다. 우주복 없이 우주 공간으로 그냥 나갔다가는 마치 풍선의 바람이 빠져나가는 것같이 몸이 밖으로 터지게 된다. 기압은 높은 곳에서 낮은 곳으로 흐르는데, 몸속의 기압은 높고 바깥의 공기는 기압이 낮기 때문이다.

① 몸과 우주복을 딱 붙여 밀착시키는 층　　② 냉각수를 흘려보내는 층
③ 공기를 품고 있는 층　　④ 공기가 부풀어 오르는 것을 막는 층
⑤ 우주 먼지들로부터 보호하는 층

글에 나타나지 않은 부분 생성하기

6 이 글을 읽고 난 뒤의 반응으로 적절하지 <u>않은</u> 것은? ( )

① 총알을 막는 방탄복 소재가 우주복에도 쓰이는군.
② 우주에서는 유성 덩어리가 날아와 바로 얼굴에 부딪힐 수 있겠군.
③ 달에서는 지구에서보다 빨리 걸어야 목표 지점에 정확히 가겠군.
④ 달 탐사를 하기 전에 달의 중력에 익숙해지도록 하는 훈련이 필요하겠군.
⑤ 달 표면은 일반 신발을 신고 내딛기 어려울 정도로 뜨겁거나 차가울 수 있겠군.

어휘 익히기

1 단어 뜻 알기

다음 빈칸에 들어갈 알맞은 단어를 〈보기〉에서 찾아 쓰시오.

보기
> 무중력   냉각수   방탄복   고립

1. 자동차 엔진의 과열을 막으려면 (   )을/를 뿌려야 한다.
   뜻 | 뜨거워진 기계를 차게 식히는 데 쓰는 물.

2. 로빈슨 크루소는 폭풍우에 배가 뒤집혀 무인도에 (   )되었다.
   뜻 | 길이 끊겨서 어떤 곳을 벗어날 수 없게 되는 것.

3. 군인이나 경찰이 위험한 곳에 갈 때는 (   )을/를 입는 게 좋다.
   뜻 | 날아오는 탄알을 막기 위하여 입는 옷.

4. 우주인이 우주 공간에 나가면 (   ) 상태 때문에 멀미를 느낀다.
   뜻 | 마치 중력이 없는 것처럼 느끼는 현상.

2 관용 표현 알기

다음 빈칸에 알맞은 말을 쓰시오.

" ☐ ☐ ☐ ☐ "

우주복이 없다면 우주선 밖으로 나갈 수 없다. 우주에는 공기도 없고, 무중력 상태이기 때문이다. 이 사자성어는 '사방에서 초나라의 노랫소리가 들린다.'라는 의미로, 궁지에 몰려 뚫고 나갈 방법이 없거나 꼼짝할 수 없는 상황을 뜻한다.

한자	뜻	음
四	넷	
面	방면	
楚	초나라	
歌	노래	

3 한자어 익히기

다음 한자어를 소리 내어 읽고 빈칸에 따라 쓰시오.

重	力
무거울 중	힘 력

중력(重力): 지구 위의 물체가 지구로부터 받는 힘.
• 중력은 만유인력 중의 하나이다.
• 고드름이 아래로 자라는 것도 중력 때문이다.
• 달에 가면 달의 중력에 의해 영향을 받는다.

重	力						
무거울 중	힘 력						

꽃이 된 마그마

 핵심 개념인 '화산암'과 관련된 말들을 알아 둡시다.

→ 마그마 / 화산 폭발 / 화성암 / 유문암

🙂 화산암이란 지상에 분출된 마그마가 급격히 식어서 굳어진 암석이야. 결정이 작고 석영과 같은 유리질 성분이 많아.

✅ 글을 읽고 이것만은 꼭 찾아냅시다.

→ '구과상 유문암'이 생긴 원리는 무엇일까?

✅ 매체의 특성을 파악하며 읽어 봅시다.

→ 인터넷 신문과 종이 신문은 소식을 전하는 매체로 각기 다른 특징을 갖는다.

인터넷 신문	종이 신문
인터넷상에서 발행	인쇄소에서 인쇄하여 발행
사진, 그림. 동영상 이용	사진, 그림만 이용 가능
댓글 가능	댓글 불가능

🙂 매체의 특성을 활용하여 읽기를 할 때는 글이 실린 매체가 무엇인지, 어떤 형식으로 쓰였는지, 어떤 목적으로 쓰였는지 생각해야 해.

준비 학습

1
핵심 개념 미리 보기

다음 글을 읽고 〈보기〉의 ㉠~㉢에 알맞은 단어를 찾아 쓰시오.

- 암석의 종류에는 마그마가 식어서 만들어진 '화성암', 퇴적물이 쌓여서 만들어진 '퇴적암', 암석이 높은 열과 압력을 받아서 본래 성질이 변해서 만들어진 '변성암'이 있다.
- 화성암에는 마그마가 지표로 흘러나와 빠르게 식으면서 만들어진 '화산암', 마그마가 지하 깊은 곳에서 천천히 식으면서 만들어진 '심성암'이 있다.
- 화산암에는 암석의 색이 어두운 '현무암', 암석의 색이 밝은 '유문암'이 있다.

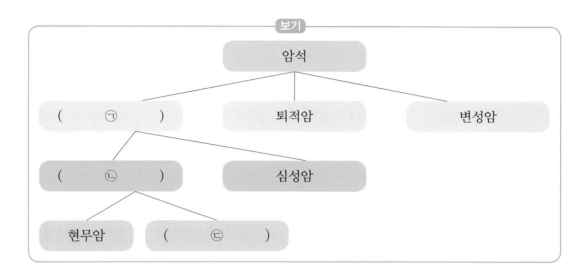

2
읽기 방법 미리 보기

다음 기사문이 육하원칙에 따라 쓰였는지 파악하고, 육하원칙 중 빠진 것이 있다면 무엇인지 쓰시오.

유네스코는 청송 지역에서, 이 지역을 세계 지질 공원으로 지정할지 말지를 결정하기 위해, 자연의 아름다움과 암석이나 지층의 과학적 중요성 등을 직접 탐사하면서 조사하였다.

*육하원칙: '누가, 언제, 어디서, 무엇을, 어떻게, 왜'에 따라 사건을 보도하는 방식

빠진 것: _____

정답 | 1. ㉠ 화성암 ㉡ 화산암 ㉢ 유문암 2. 언제

청송 신문　　　　　　　　　　　　　　　　　　　20○○년 7월 ○○일

꽃이 된 마그마, '꽃돌'

[A]

경상북도 청송이 제주도에 이어서 세계 지질 공원으로 지정됐다. 특히 꽃돌을 '국제적으로 보기 드문 귀중한 지질학적 유산'이라고 보고하였다.

꽃돌이란 꽃무늬가 있는 암석을 부르는 말이다. 학문적으로는 '구과상 유문암'이라고 한다. 이때 '구과상'은 구(球)처럼 동그랗게 펼쳐진 형태를 말한다. 또 '유문암'이란 흐르는 무늬를 지닌 암석이라는 뜻으로, 석영과 같이 유리처럼 반짝이는 알갱이를 가진 '화산암'의 일종이다. 청송 지역에는 7천만 년 전 화산 활동이 있었다. 이때 마그마가 지표로 흘러나와 암석 틈 사이로 파고든 후, 빠르게 식으면서 동그란 꽃 형태의 광물이 만들어진 것이다.

유네스코는 수많은 청송의 지질 자원 중 '꽃돌'을 높이 평가했다. 현장을 탐사했던 유네스코의 평가 위원들은 처음 꽃돌을 봤을 때, 감탄사만 계속 터트렸다고 한다. 꽃무늬가 있는 화산암을 발견할 수 있는 곳은 세계적으로 백여 곳밖에 되지 않으며, 청송 꽃돌만큼 꽃무늬가 크고 선명한 화산암은 찾아보기 어렵기 때문이다. 박△△ 지질학자의 말에 의하면, 다른 지역 유문암의 꽃무늬는 지름 10cm를 넘기 어렵다고 한다. 그런데 청송 꽃돌은 꽃무늬의 지름이 50~60cm에 이르는 것이 많고 최대 80cm를 넘는 경우도 있다.

꽃돌의 꽃 모양은 암석 사이에 들어간 마그마의 냉각 속도가 달라서 생기는 현상이다. 지구 표면 가까이에서 생긴 꽃돌은 그 모양이 각양각색으로 나타난다. 특히 청송 꽃돌의 형태는 매우 다양하다. 국화 · 민들레 · 매화 · 카네이션 · 목단 · 장미 · 해바라기 모양 등 60여 종에 이른다. 또한 청송 꽃돌은 그 색도 화려하다. 지표면에 가까운 것일수록 붉은색이나 노란색을, 땅속 깊이 있는 것일수록 청자색을 더 많이 띤다.

이처럼 청송 꽃돌은 크기와 모양 면에서 세계 최고 수준이다. 과거에는 광산 허가만 받으면 돌을 마구 캐다 팔 수 있었다. 그러나 지질 자원을 보호하려는 환경 단체의 ㉠비판이 일면서 광산 채굴이 금지되었다. 그래서 지금은 더 희귀한 광물이 되었다. ㉡만약 꽃돌을 구경하고 싶다면, 수석 꽃돌 박물관을 방문하면 된다. 이번 달 말까지 꽃돌 전시 행사가 열린다.

김□□ 기자 Kim@◇◇.co.kr

중심 내용 파악하기

1 이 글의 중심 내용으로 적절한 것은? (   )

① 청송 지역의 자연　　　② 청송 꽃돌의 가치　　　③ 화산 활동과 광물

④ 유네스코 지질 보고서　　　⑤ 청송 지역 환경 보호 단체의 활동

세부 내용을 단서로 내용 추론하기

2 이 글을 읽고 추론한 내용으로 적절하지 <u>않은</u> 것은? (   )

① 과거에는 꽃돌을 마구 캐다 팔았다는 것에서, 꽃돌이 상품으로 비싸게 팔렸음을 짐작할 수 있다.

② 마그마가 암석 틈으로 들어가 식으면서 꽃돌이 생겼다는 것에서, 꽃돌은 화산암임을 짐작할 수 있다.

③ 유네스코 평가 위원들이 감탄사만 터트렸다는 것에서, 꽃돌의 아름다움에 놀라 말문이 막혔음을 짐작할 수 있다.

④ 꽃돌을 학문적으로는 '구과상 유문암'이라고 하는 것에서, '꽃돌'이라는 말은 학문적인 명칭이 아님을 짐작할 수 있다.

⑤ 꽃돌이 세계 백여 곳에서만 발견된다는 것에서, 꽃돌을 캐는 것은 고도의 기술이 필요한 어려운 작업임을 짐작할 수 있다.

매체의 특성을 활용하여 매체 읽기

3 〈보기〉의 기사문의 형식을 참고할 때, [A]의 명칭과 [A]에 들어갈 내용으로 가장 적절한 것은? (   )

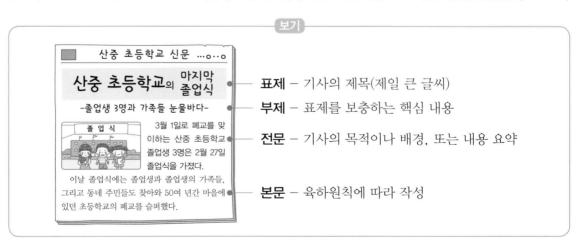

① 표제: 광산 채굴 허가와 꽃돌 시장

② 부제: 유네스코 평가단 보고서 작성

③ 전문: 7천만 년 전 화산 활동과 마그마 분출

④ 부제: 꽃돌의 아름다움과 희귀함, 세계 최고 수준

⑤ 전문: 꽃돌의 종류, 국화 · 민들레 · 매화 · 카네이션 · 목단 · 장미 · 해바라기

4 글의 흐름상 ㉠의 내용으로 가장 적절한 것은? (　　　)

① 구경 오는 사람이 많아지면 마을의 평화가 깨진다.

② 꽃돌을 판매할 수 있도록 정부는 광산을 허가해야 한다.

③ 세계적으로 희귀한 꽃돌 지형이 훼손되거나 사라질 수 있다.

④ 광산 허가를 둘러싸고 마을 사람들이 서로 이득을 보려고 한다.

⑤ 광산 채굴로 산을 자꾸 깎게 되면 가뭄과 홍수 피해를 입게 된다.

5 ㉡을 통해 짐작할 수 있는 이 글의 숨겨진 의도로 가장 적절한 것은? (　　　)

① 꽃돌의 아름다움을 자랑하려고 한다.

② 수석 꽃돌 박물관의 규모를 소개하려고 한다.

③ 정부로부터 광산 채굴 허가를 받으려고 한다.

④ 수석 꽃돌 박물관에서 꽃돌을 판매하려고 한다.

⑤ 수석 꽃돌 박물관을 방문하도록 홍보하려고 한다.

6 다음은 청송 꽃돌의 생성 과정이다. 물음에 답하시오.

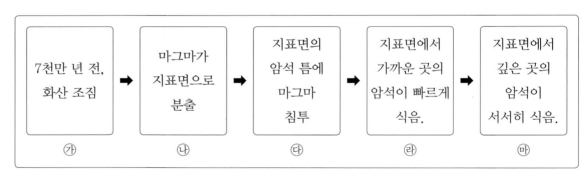

7천만 년 전, 화산 조짐	➡	마그마가 지표면으로 분출	➡	지표면의 암석 틈에 마그마 침투	➡	지표면에서 가까운 곳의 암석이 빠르게 식음.	➡	지표면에서 깊은 곳의 암석이 서서히 식음.
㉮		㉯		㉰		㉱		㉲

(1) 꽃돌마다 꽃 모양이 다양하게 된 원인과 관련 있는 과정의 기호를 쓰시오. (　　　)

(2) 지질 조사 중에 다음과 같은 암석층을 발견하였다. 이런 현상과 관계 깊은 과정의 기호를 쓰시오. (　　　)

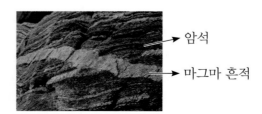

➡ 암석

➡ 마그마 흔적

어휘 익히기

1 단어 뜻 알기
다음 빈칸에 들어갈 알맞은 단어를 〈보기〉에서 찾아 쓰시오.

보기

> 석영   지질   청자색   수석

1. 고려 시대의 도자기는 (   )을 띤 것이 많다.
   뜻 | 청자의 빛깔과 같은 푸른색.

2. 지구의 (   )은 빙하기에 큰 변화를 겪는다.
   뜻 | 지각을 이루는 물질. 지각을 이루는 여러 가지 암석이나 지층의 성질 또는 상태.

3. 화성암에 많이 든 (   )은 유리와 도기의 재료로 쓰인다.
   뜻 | 유리 광택이 있는 광물. 화강암, 유문암, 변성암, 퇴적암 등에 들어 있으며 유리, 도기의 재료로 쓰임.

4. 아름다운 돌은 (   )으로 비싸게 팔린다.
   뜻 | 주로 실내에서 보고 즐기는 관상용의 자연석.

2 관용 표현 알기
다음 빈칸에 알맞은 말을 쓰시오.

"◻◻이 막히다"

당시에 청송 꽃돌이 있는 현장을 탐사하던 유네스코의 평가 위원들은 처음 꽃돌을 봤을 때 꽃돌의 아름다움에 놀라 감탄사만 계속 터트렸다고 한다. 이 관용어는 이처럼 놀라서 말이 입 밖으로 나오지 않게 되는 것을 의미한다.

3 한자어 익히기
다음 한자어를 소리 내어 읽고 빈칸에 따라 쓰시오.

火	山
불 화	뫼 산

화산(火山): 땅속에 있는 가스와 마그마 등이 땅거죽을 뚫고 나와서 터지는 곳. 또는 그렇게 해서 생긴 산.
- 화산암에는 유문암과 현무암이 속한다.
- 울릉도는 화산 폭발에 의해 생긴 화산섬이다.
- 한국에는 활화산이 없어서 화산 활동을 관찰할 수 없다.

버섯은 식물일까 동물일까

☑ 핵심 개념인 '균계'와 관련된 말들을 알아 둡시다.

→ 생물 분류 / 계통수 / 종속과목강문 "계"

균계란 핵막과 핵, 세포벽이 있으나, 광합성을 못 하며, 몸이 균사로 이루어져 있는 생물 분류야.

☑ 글을 읽고 이것만은 꼭 찾아냅시다.

→ 균계에 속하는 생물에는 어떤 것들이 있을까?

☑ 동일한 화제나 주제의 글을 통합하여 내용을 재구성하며 읽어 봅시다.

→ 자신의 관점에 따라 글 내용을 창의적으로 통합하면 사고의 폭을 넓힐 수 있다.

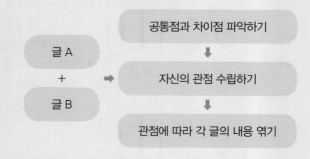

글 A
+
글 B

→

공통점과 차이점 파악하기
↓
자신의 관점 수립하기
↓
관점에 따라 각 글의 내용 엮기

글을 통합적으로 읽고 내용을 재구성하려면 일단 두 글의 공통점과 차이점을 파악해야 해.

준비 학습

1
핵심 개념 미리 보기

다음과 같이 생물을 5가지로 분류할 때, ㉠~㉢에 들어갈 단어를 〈보기〉에서 골라 쓰시오.

보기

곰팡이류,   균계,   동물계,   원핵생물계,   조류

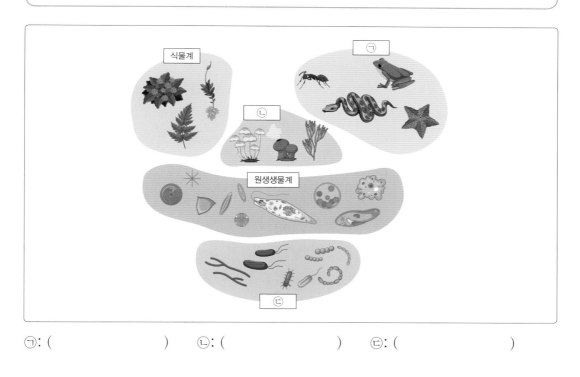

㉠: (   )   ㉡: (   )   ㉢: (   )

2
읽기 방법 미리 보기

다음 두 글을 통합하여 읽고, '근거와 주장'을 담은 문장으로 재구성하시오.

화제: 사형 제도

사형 제도는 인간의 존엄성과 생명권을 침해할 수 있다. 오랫동안 억울한 감옥살이를 하고 난 뒤, 뒤늦게 누명을 벗는 경우가 매년 발생한다.

최근 유럽 연합 국가들은 사형 제도를 폐지하는 추세이다. 그 이유는 사형 제도가 실제로 범죄를 예방하는 데에는 효과가 낮다는 것이 증명되었기 때문이다.

➡ 사형 제도는 _____

정답 | 1. ㉠ 동물계 ㉡ 균계 ㉢ 원핵생물계
2. 인간의 존엄성과 생명권을 침해할 수 있으며, 실제로 범죄를 예방하는 데에는 효과도 낮기 때문에 폐지되어야 한다.

가 버섯은 식물일까? 버섯은 식물처럼 보이지만 식물이 아니다. 식물이라면 광합성을 하여 스스로 필요한 양분을 만들 수 있어야 한다. 그러나 버섯은 광합성을 하지 않기 때문에 스스로 양분을 만들지 못한다. 그렇다면 버섯은 동물일까? 동물은 더욱 아니다. 스스로 움직여 이동할 수 없기 때문이다.

나 그렇다면 버섯은 무엇일까? 버섯은 곰팡이, 효모 등과 함께 균계에 속한다. 균계는 '균사'라고 하는 가느다란 실 모양의 세포로 이루어져 있다. 버섯도 균사로 이루어진 일종의 곰팡이이다. 그래서 습하고 어두운 곳에서 자라며, 다른 생물체나 양분이 있는 것에 붙어서 산다. 버섯은 주로 숲속의 죽은 나무나 낙엽을 분해하여 양분을 얻는다. 그러나 벌레의 몸에 붙어사는 동충하초* 처럼,

▲ 동충하초

간혹 동물에 기생하며 사는 버섯도 있다. 한편 뿌리에 사는 버섯은 서로에게 도움을 주며 공생한다. 흙 속의 양분을 뿌리에 공급해 주고, 대신에 나무로부터 양분을 받는다.

다 버섯은 균사체와 자실체로 이루어져 있다. 균사체는 식물의 뿌리에 해당하는 영양 기관이다. 반면 자실체는 식물의 꽃에 해당하며, 이 속에 들어 있는 포자는 식물의 씨앗과 같다. 이 포자가 죽은 나무나 흙에 떨어지면 서서히 실 모양의 균사로 자란다. 이 균사들이 점점 많아져서 촘촘하게 얽힌 것을 균사체라고 한다. 균사체는 양분을 흡수하는 역할을 하며, 나무나 땅속에 깊이 뿌리를 내리고 있어서 잘 보이지 않는다. 그러다 번식할 때가 되면, 균사의 끝부분에 우산 모양의 자실체를 만들기 시작한다. 이 자실체가 크게 자라면, 그 안에 있던 수백만 개의 포자가 밖으로 떨어지게 된다. 우리가 주로 먹는 버섯의 부위는 밖으로 보이는 이 자실체이다. 그러나 균사체에는 단백질, 비타민과 무기질 등 영양소가 훨씬 더 많이 들어 있고, 한약에 쓰이는 성분도 많이 들어 있다.

갓

자실체

속에 포자가 들어 있음.

균사체

자실체 : 균사체
1 : 4

▲ 버섯의 구조

라 버섯은 자연에 이롭다. 인간에게 요리와 약의 재료가 되어 주는 버섯은 생태계에도 큰 도움을 준다. ▭ ㉠ ▭ 목장말똥버섯은 주로 말이나 소의 똥에서 발견되는데, 배설물의 분해를 도와준다. 또 노루궁둥이버섯, 영지버섯 등은 낙엽이 많이 쌓인 축축한 곳에서 자라는데, 낙엽의 분해를 돕는다. 이처럼 버섯은 생태계의 분해자로서 중요한 역할을 한다.

---

* **동충하초**: 곤충의 죽은 몸이나 번데기에서 자라는 버섯을 두루 이르는 말.

세부 내용 파악하기

1 이 글의 내용으로 적절한 것은? (   )

① 버섯은 스스로 양분을 만든다.

② 버섯의 자실체는 영양 기관이다.

③ 버섯은 모두 식물에만 기생한다.

④ 균계 생물은 몸이 균사로 되어 있다.

⑤ 버섯은 식물과 동물의 특징을 모두 갖고 있다.

문장 간의 관계 파악하기

2 ㉠에 들어갈 말로 적절한 것은? (   )

① 왜냐하면   ② 예컨대   ③ 그래서   ④ 그러나   ⑤ 또는

문장 간의 관계 파악하기

3 글쓴이가 가를 제시한 이유를 추론한 것으로 적절한 것은? (   )

① 버섯의 일생을 설명하기 위해서

② 버섯의 특이한 모양을 설명하기 위해서

③ 버섯이 속한 생물 분류를 설명하기 위해서

④ 버섯에 든 영양소가 얼마나 많은지를 설명하기 위해서

⑤ 버섯의 종류에는 어떤 것이 있는지를 알려 주기 위해서

논지 전개 방식 파악하기

4 이 글의 논지 전개 방식에 대한 설명으로 적절하지 않은 것은? (   )

① 가는 떠오르는 질문들에 대해 이유를 제시하며 반박하고 있다.

② 나는 문답 방식으로 설명하며 독자의 호기심을 유발하고 있다.

③ 나는 버섯이 자라는 환경을 예를 들어 설명하고 있다.

④ 다는 버섯의 구조를 분석하여 생김새와 기능을 설명하고 있다.

⑤ 라는 버섯의 이로운 점을 인간과 대조하여 설명하고 있다.

5 다음 주장에 대한 3가지 근거를 이 글에서 찾아, 빈칸에 알맞은 단어를 쓰시오.

> 주장: 버섯은 인간과 자연에 이롭다.

↑

> 근거 1: 버섯의 자실체는 ( )의 재료로 쓰인다.
> 근거 2: 버섯의 균사체에는 ( )와/과 ( )이/가 많다.
> 근거 3: 버섯은 생태계의 ( )(으)로서 중요한 역할을 한다.

6 다음은 버섯의 한살이이다. ㉮~㉯에 들어갈 적절한 명칭을 이 글에서 찾아 쓰시오.

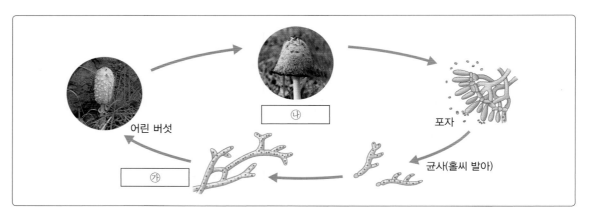

㉮: ( )   ㉯: ( )

7 이 글을 바탕으로 〈보기〉를 이해한 것으로 적절하지 **않은** 것은? ( )

> **보기**
>
> 최근 느타리버섯 균사를 이용하여 폐수를 거르는 방식이 연구되고 있다. 먼저 균사가 번식한 볏짚 가마니를 실개천에 넣어 둔다. 그러면 흐르는 물이 가마니를 통과하면서 오염 물질이 균사에 의해 분해되어 수질이 정화된다. 이 방법은 완전하지는 않지만, 축산 농가에서 나오는 폐수를 1차적으로 정화할 수 있다. 또 깨끗한 윗부분에서는 느타리버섯을 수확할 수도 있다고 한다.

① 물속의 오염 물질이 버섯의 양분으로 작용하겠군.
② 버섯의 균사체가 볏짚 가마니에 뿌리를 내리게 되겠군.
③ 버섯이 지닌 약용 성분을 이용하여 오염 물질을 정화할 수 있겠군.
④ 느타리버섯을 수확하게 된다면, 먹는 부분은 버섯의 자실체에 해당하겠군.
⑤ 균사를 이용한 폐수 여과를 시작하기 전에, 버섯의 균사를 볏짚 가마니에 미리 옮겨 놓아야겠군.

어휘 익히기

1 ── **단어 뜻 알기**

다음 빈칸에 들어갈 알맞은 단어를 〈보기〉에서 찾아 쓰시오.

> **보기**
>
> 균계   기생   공생   포자

1. 버섯의 자실체는 ( )을/를 만들어 퍼뜨리는 기능을 한다.
   뜻│꽃을 피우지 않는 식물이나 곰팡이가 번식을 하려고 만드는 세포. 암수 결합 없이 스스로 싹이 틈.

2. 회충은 장 속에서 사는 ( ) 생물로서, 인간을 숙주로 하여 번식한다.
   뜻│서로 다른 종류의 생물이 함께 생활하며, 한쪽이 이익을 얻고 다른 쪽이 해를 입고 있는 일. 또는 그런 생활 형태.

3. 빵이나 떡을 만들 때 반죽을 부풀리기 위해 쓰이는 효모는 ( ) 생물이다.
   뜻│광합성을 하지 않는 하등 식물을 통틀어 이르는 말. 대개 곰팡이·효모·버섯류를 가리킴.

4. 콩과 식물과 뿌리혹박테리아는 서로 양분을 제공하기 때문에 ( ) 관계이다.
   뜻│종류가 다른 생물이 같은 곳에서 살며 서로에게 이익을 주며 함께 사는 일.

2 ── **관용 표현 알기**

다음 빈칸에 알맞은 말을 쓰시오.

> " ☐☐☐☐ "
>
> 버섯은 균계 생물로서, 생태계 순환에서 중요한 역할을 한다. 버섯은 죽은 동식물의 사체를 분해하여 양분을 얻지만, 그로 인해 생태계는 깨끗하게 청소가 되기 때문이다. 이 사자성어는 이처럼 서로 서로 도와 이롭게 되는 것을 이르는 말이다.

한자	뜻	음
相	서로	
扶	돕다	
相	서로	
助	돕다	

3 ── **한자어 익히기**

다음 한자어를 소리 내어 읽고 빈칸에 따라 쓰시오.

공생(共生): 서로 도우며 함께 삶.
- 뿌리혹박테리아는 콩과(科) 식물과 서로 공생한다.
- 흙 속에는 식물과 공생 관계에 있는 세균이 많이 있다.
- 골목 시장과 대기업이 서로 공생하는 관계라면 경제가 발전한다.

共	生			
함께 공	살 생			

산에서 라면 끓이기

해발 1500 M

☑ 핵심 개념인 '끓는점'의 뜻과 관련된 말들을 알아 둡시다.

→ 수증기 / 기포 / 기압

🙂 끓는점이란 액체인 물이 끓어 기체인 수증기로 변하기 시작하는 온도야.

☑ 글을 읽고 이것만은 꼭 찾아냅시다.

→ 고도가 높아질수록 왜 끓는점은 낮아질까?

☑ 교과의 주요 개념에 유의하며 읽어 봅시다.

→ 다른 교과에서 사용되고 있는 전문어나 주요 개념이 일반적인 뜻과 어떻게 다른지 파악한다.

〈 '끓는점'이라는 단어의 뜻 알기〉

1 일반적인 뜻 알기	물이 끓기 시작하는 온도
2 해당 교과의 전문적인 뜻 알기	액체 속 압력과 액체 위를 누르는 표면의 압력이 같아지는 온도
3 예를 들어 설명하기	1기압에서 물의 끓는점은 100℃

🙂 교과의 주요 개념 이해하기란 예를 들면 과학, 사회, 역사 분야의 글에 등장하는 단어들을 그 교과에서는 어떻게 정의하는지 생각하며 읽는 거야.

준비 학습

1
핵심 개념 미리 보기

다음 빈칸에 들어갈 단어를 〈보기〉에서 골라 쓰시오.

끓는점   기화

(1) ⬚⬚⬚⬚(이)란 1기압일 때 물질이 끓기 시작하는 온도를 말한다.

(2) 액체 상태의 물질이 기체 상태로 바뀌는 현상을 ⬚⬚⬚⬚(이)라고 한다. 기화에는 두 가지 현상이 있다. 하나는 '증발'이고, 또 하나는 '끓음'이다.

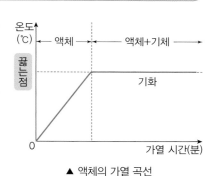

▲ 액체의 가열 곡선

2
읽기 방법 미리 보기

다음 질문의 답을 과학적으로 설명하기 위해 필요한 지식이나 정보에 ○표, 그렇지 않은 것에 ×표 하시오.

고도가 높아질수록 왜 물의 끓는점이 낮아질까?

(1) 고도가 높은 산에 오를수록 공기의 누르는 힘(기압)은 낮아진다. (   )

(2) 고도가 높은 산에는 기온이 낮아 일 년 내내 눈이 녹지 않고 쌓여 있다. (   )

(3) 물 표면의 기압이 낮아지면, 낮은 온도에서도 수증기가 쉽게 물 밖으로 튀어나온다.

(   )

정답 | 1. (1) 끓는점 (2) 기화   2. (1) ○ (2) ✕ (3) ○

지구의 모든 물체에는 중력이 작용한다. 공기도 마찬가지로 중력의 영향을 받아 지구 중심으로 끌어당겨지고 있다. 따라서 지구 가까이에는 많은 양의 공기가 쌓여 있다. 공기가 켜켜이 쌓여 누르는 힘을 '기압'이라고 한다. 보통 우리가 생활하는 지구 표면은 1기압이다. 그러나 지구 표면에서 멀어질수록, 즉 고도가 높은 산일수록 공기의 양이 희박해진다. 공기의 양이 적으니 공기가 누르는 힘도 약해서 기압이 낮다.

이러한 기압은 끓는점에 영향을 미친다. 끓는다는 것은 온도를 높임으로써 액체가 기체로 변하는 현상이다. 끓는점이란 1기압일 때 물질이 끓기 시작하는 온도이다. 예를 들어 1기압일 때 물은 100℃에서 수증기로 변하기 시작한다. 그러나 기압이 달라지면 끓는점도 달라진다. 즉 기압이 높아지면 끓는점이 높아지고, 반대로 기압이 낮아지면 끓는점이 낮아진다.

예를 들어 산 정상의 기압이 0.1밖에 되지 않는 높은 산이 있다고 하자. 그 경우 물은 50℃에서도 끓게 된다. 물이 끓고 있지만, 실제로는 따뜻한 차 정도의 온도밖에는 되지 않는다. 낮은 온도에서도 끓기 때문이다. 그래서 높은 산에 올라가서는 냄비 속의 물이 끓을 때 라면을 넣는다고 해도, 라면은 잘 익지 않는다. 왜냐하면 실제로는 물의 온도가 100℃가 안 되기 때문이다.

[A] 그렇다면 높은 산에서 라면을 끓일 때, 라면을 잘 익게 하려면 어떻게 하면 될까? 냄비 속의 기압을 높여야 한다. 이를 위해서 물을 끓이는 냄비 뚜껑이나 솥뚜껑 위에 무거운 돌을 얹으면 된다. 돌이 냄비 뚜껑을 누르고 있기 때문에, 냄비 안의 기압이 높아지고 끓는점이 점차 올라가 100℃에 가까워져 라면이 익게 된다. 이처럼 압력이 높아질수록 물은 더 높은 온도에서 끓게 된다.

이 원리를 이용한 기계가 압력솥이다. 물이 서서히 데워지면서 수증기가 점점 발생하는데, 뚜껑이 꽉 닫혀 있으니, 생겨난 수증기가 밖으로 빠져나가지 못하고 가득 차, 솥 안의 기압을 높이게 된다. 이렇게 솥 안의 수증기가 국물의 표면을 세게 누르고 있으면, 국물 속의 수증기가 쉽게 빠져나오지 못하니 100℃가 되어도 잘 끓지 않는다. 그러나 솥이 점점 더 뜨거워지면 결국엔 끓기 시작하면서, 잘 익지 않는 딱딱한 음식도 높은 온도로 인해 금세 푹 익는다.

1 이 글의 중심 화제로 적절한 것은? (　　　)

① 압력솥의 원리

② 등산 준비 도구

③ 중력과 기압의 관계

④ 끓는점과 기압의 관계

⑤ 라면 맛있게 끓이는 법

2 이 글을 통해 알 수 있는 내용이 <u>아닌</u> 것은? (　　　)

① 공기가 희박하면 중력이 작아진다.

② 기압이 낮아지면 끓는점도 낮아진다.

③ 공기도 중력의 영향을 받아 무게를 지닌다.

④ 비행기를 타고 올라갈수록 기압이 낮아진다.

⑤ 끓는점이 낮아지면 음식이 빨리 익지 않는다.

3 [A]에 사용된 논지 전개 방식을 설명한 것으로 적절한 것은? (　　　)

① 일의 순서나 과정을 차례대로 설명하였다.

② 두 사건의 장점과 단점을 서로 비교하였다.

③ 문제와 해결책을 제시하고, 그 이유를 설명하였다.

④ 어려운 단어의 뜻을 풀이하고, 구체적인 예를 제시하였다.

⑤ 질문을 던짐으로써, 독자가 스스로 그 답을 생각하게 하였다.

4 다음과 같은 현상들이 일어나는 공통된 원인을 쓰시오.

> • 높은 곳에 올라가면 숨을 쉬기가 어렵다.
> • 비행기가 이륙할 때, 하늘로 올라갈수록 생기는 기압 차 때문에 귀가 먹먹해진다.

➡ _____

5 〈보기〉는 공기 중에서 뚜껑 없이 그릇의 물을 끓이는 장면이다. 이 글을 바탕으로 〈보기〉를 이해할 때, 적절하지 <u>않은</u> 것은? (   )

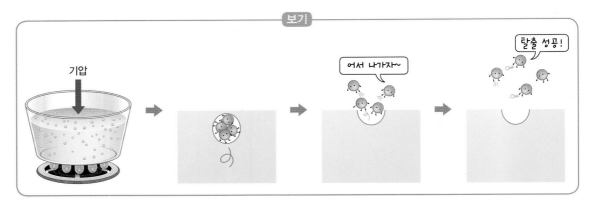

① 끓는다는 것은 물속에서 생긴 수증기가 위로 올라와 공기 중으로 빠져나가는 현상이다.
② 기압이 높은 곳에서는 기압이 낮은 곳에 비해 공기가 물 표면을 더 세게 누른다.
③ 기압이 높은 곳에서 물을 끓인다면 수증기가 물 밖으로 쉽게 탈출하지 못한다.
④ 낮은 온도에서 끓게 하려면 물 표면을 누르는 기압을 높이면 된다.
⑤ 물이 100°C에서 끓는다면 주변이 1기압임을 알 수 있다.

6 〈보기〉는 압력솥의 원리를 보여 주는 그림이다. 이에 대한 설명으로 적절하지 <u>않은</u> 것은? (   )

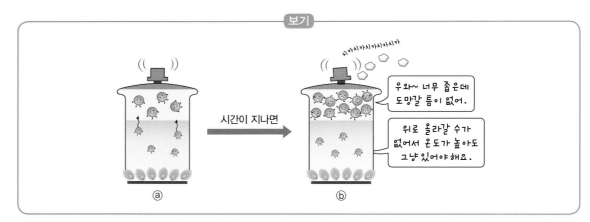

① ⓐ는 물이 끓기 시작하면서 수증기가 서서히 발생함을 보여 준다.
② ⓐ는 ⓑ보다 수증기가 적어서 솥 내부의 기압이 더 높음을 보여 준다.
③ ⓐ, ⓑ에서 압력솥의 꽉 잠긴 뚜껑은 수증기의 압력을 높이는 데 도움을 준다.
④ ⓑ에서는 수증기가 밖으로 빠져나가지 못하여 기체가 솥 내부에 꽉 차게 된다.
⑤ ⓑ에서는 끓는 온도가 높아져서 액체 속의 음식도 높은 온도에서 익게 된다.

어휘 익히기

1 단어 뜻 알기

다음 빈칸에 들어갈 알맞은 단어를 〈보기〉에서 찾아 쓰시오.

> **보기**
>
> 기압   고도   희박   압력

1. 높은 산보다 바다에서 (   )이/가 더 높다.
   뜻 | 지구를 둘러싼 공기가 누르는 힘.

2. 깊은 바닷속에는 산소가 매우 (   )하다.
   뜻 | 어떤 곳에 들어 있는 물질의 양이 몹시 적음.

3. 히말라야산맥에는 (   ) 8,000m 이상의 봉우리들이 많다.
   뜻 | 해수면을 0으로 하여 측정한 물체의 높이.

4. 이 건설사는 고층 건물의 (   )에도 견딜 수 있는 벽돌을 개발하였다.
   뜻 | 밀거나 누르는 힘.

2 관용 표현 알기

다음 빈칸에 알맞은 말을 쓰시오.

> **"□□□ 통한다"**
>
> 높은 산의 야영지에서 밥을 지으려면 기압이 낮아 밥이 잘되지 않았다. 그래서 궁리 끝에 냄비 뚜껑에 무거운 돌을 올려 이 문제를 해결했다고 한다. 이 속담은 이렇듯 매우 어려운 처지에 놓이더라도 헤어날 도리가 생긴다, 혹은 궁리하면 해결책이 생긴다는 뜻이다.

3 한자어 익히기

다음 한자어를 소리 내어 읽고 빈칸에 따라 쓰시오.

溫	度
따뜻할 온	법도 도

온도(溫度): 따뜻함과 차가움의 정도. 또는 그것을 나타내는 수치.
- 내일은 입추이지만 체감 온도는 여전히 높다.
- 여름에 실내 온도를 너무 낮게 하면 냉방병에 걸릴 위험이 있다.
- 뜨거운 물체와 찬 물체를 붙여 놓으면 열의 이동으로 온도가 같아진다.

溫	度						
따뜻할 온	법도 도						

읽기 방법 익히기

❶ 매체의 특성을 활용하여 매체 읽기

글 내용을 이해하기 위해서는 글이 실린 매체의 특성을 고려하며 읽는 것이 필요하다. 사진이나 그림은 어떤 역할을 하는지, 출처가 분명한 것인지 등을 살펴보아야 한다. 특히 인터넷 매체의 경우는 다른 사람의 댓글 반응을 보며 다른 사람과 생각을 공유할 수도 있다.

★ 매체의 특성을 활용하여 매체를 읽을 때에는,

(1) 인터넷 신문을 읽을 때는 기사를 쓴 글쓴이의 의도가 무엇인지, 출처가 믿을 만한 것인지 평가하며 읽는다.

(2) 텔레비전 광고를 볼 때는 광고의 목적이 무엇인지, 광고가 미치는 사회 문화적 효과나 영향은 무엇인지 생각하며 비판적으로 읽는다.

(3) 영화를 볼 때는 영화의 주제, 배경 음악, 동영상 제작 방법 등을 생각하며 본다.

1 다음은 인터넷 신문에 실린 기사이다. 매체의 특성을 활용하여 읽을 때, 독자의 반응으로 적절하지 <u>않은</u> 것은? ( )

> ### 꽃이 된 마그마, '꽃돌'
>
> 경상북도 청송이 제주도에 이어서 세계 지질 공원으로 지정됐다. 유네스코는 수많은 청송의 지질 자원 중 '꽃돌'을 높이 평가했다. 현장을 탐사했던 유네스코의 평가 위원들은 처음 꽃돌을 봤을 때, 감탄사만 계속 터트렸다고 한다. 그들은 '국제적으로 귀중한 지질학적 유산'이라고 보고하였다.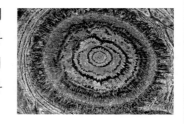
>
> └ ***msg　꽃돌을 사진으로 보니 정말 아름답구나. 지질도 귀중한 유산이야.
> └ **kim　　언제 지정됐다는 건가요?
> 　└ c**ho　유네스코 누리집에서 보고서의 출처를 찾아봐야…

① 댓글을 보니, 육하원칙 중 '언제'에 대한 내용이 모호하다는 지적이 타당하군.

② 댓글을 보니, 보고서의 출처가 어디인지 더 찾아볼 필요가 있겠군.

③ 댓글을 보니, 사진이 글 내용을 이해하는 데 도움이 되었겠군.

④ 기사를 보니, 유네스코가 꽃돌을 높이 평가했다는 걸 알겠군.

⑤ 기사를 보니, 꽃돌이 어떤 성분으로 이루어져 있는지 확실히 알겠군.

2

다음 광고를 보고 물음에 답하시오.

괜찮으시겠어요?

장면 1: (커피숍에 들어선 손님이 커피 한 잔을 주문하면서)

"포장해서 갈 거니까 일회용 컵에 담아 주세요."

(점원은 놀란 눈빛으로 손님을 바라보며 말한다.)

"플라스틱 컵을 사용하는 시간은 5분인데, 분해되는 기간은 500년입니다. 조선 왕조 500년만큼이나 긴데, 괜찮으시겠어요?"

장면 2: (당황해서 말을 못 하는 손님에게 점원은 한 번 더 묻는다.)

"일회용 컵 연간 사용량 84억 개, 당신도 모르게 먹는 미세 플라스틱이 일주일에 신용 카드 한 장만큼인데, 괜찮으시겠어요?"

장면 3: (옆의 그림이 정지 화면으로 보이며, 목소리만 나온다.)

"1인당 연간 플라스틱 사용량 세계 2위. 아직도 괜찮으시겠어요?"

– 환경부, 2019년 텔레비전 광고,
제목: '괜찮으시겠어요?' –

1인당 연간 포장용 플라스틱 사용량

단위: kg/인, 기준: 2020년, 자료: EUROMAP

벨기에 88.20

한국 67.41

미국 52.10

중국 30.86

(1) 이 광고의 주장을 쓰시오.

_____

(2) 이 광고의 매체를 고려할 때 적절하지 않은 내용은? (　　　　)

① 실제로는 동영상이므로 소리와 장면을 동시에 듣고 보아야 한다.

② 인터넷상의 댓글처럼, 광고를 보는 시청자들이 보내는 댓글이 화면에 곧바로 제시된다.

③ '장면 2'에서 당황해서 말을 못 하는 손님의 얼굴을 비출 때는 카메라의 사물 확대 기능을 썼을 것이다.

④ '장면 3'에서 1인당 연간 포장용 플라스틱 사용량을 보여 줄 때는 시청자가 찬찬히 비교할 수 있도록 화면을 정지했다.

⑤ 광고의 내용은 점원이 손님을 설득하는 것처럼 보이지만, 사실 광고의 목적은 시청자를 설득하는 데 있다.

❷ 통합적으로 읽고 내용 재구성하기

동일한 화제의 글이라도 글쓴이의 '관점'이 다를 수 있다. 예를 들어 '안락사'에 대한 화제는 같지만, 찬성이냐 반대냐에 대한 관점이 다를 수 있다.

또 글쓴이의 관점이나 글 내용이 비슷하더라도 그것을 전달하는 '형식'이 다를 수 있다. 예를 들어 '안락사'에 대해 '반대'하는 관점이라고 해도 어떤 글은 논설문으로, 어떤 글은 광고 포스터로 표현할 수 있다.

이렇듯 동일한 화제나 주제의 글을 여러 편 읽게 되면 대상을 객관적으로 파악하거나 깊이 있게 이해할 수 있다. 또한 어느 한쪽에 치우치지 않는 균형 잡힌 시각을 지닐 수 있다.

★ 통합적으로 읽고 내용을 재구성하기 위해서는,

(1) 각 글의 주제 또는 중심 내용을 파악한다.

(2) 자신이 미처 알지 못했던 새로운 정보를 파악한다.

(3) 통합한 주제나 정보를 새로운 상황에 적용하여 해석한다.

---

1 **다음 두 글을 읽고 순서에 따라 주제를 통합하여 내용을 재구성하시오.**

> **가** 사마천의 『사기』에 의하면, 중국의 진시황제는 영지버섯을 불로초라 여겼다. 또 고대 그리스에서도 야생 버섯을 캐서 먹었기 때문에 버섯 이름이 그리스어에서 유래한 것이 많다. 로마 제국의 네로 황제는 달걀버섯을 바치는 사람에게 버섯 무게만큼의 황금을 주었다고 한다. 이처럼 예부터 버섯은 동서양에서 귀한 음식으로 여겨졌다.

> **나** 버섯은 생태계의 분해자이다. 목장말똥버섯은 주로 말이나 소의 똥에서 발견되는데, 배설물의 분해를 도와준다. 또 노루궁둥이버섯, 영지버섯 등은 낙엽이 많이 쌓인 축축한 곳에서 자라는데, 낙엽의 분해를 돕는다.

▲ 영지버섯

(1) 가 , 나 각각의 중심 내용을 찾아 쓰시오.

가: _____

나: _____

(2) 두 글을 종합하여 다음과 같이 내용을 재구성하였다. 빈칸에 알맞은 단어를 쓰시오.

> 버섯은 예로부터 동양과 서양에서 (　　　　　　　)(으)로 여겨 왔다. 또한 버섯은 생태계의 (　　　　　　　)(으)로서 배설물이나 죽은 식물의 분해를 돕는다. 따라서 버섯은 인간과 (　　　　　　　)에 유익한 기능을 한다는 것을 알 수 있다.

2

다음 두 글을 읽고 순서에 따라 주제를 통합하여 내용을 재구성하시오.

가 마찰력은 두 물체가 접촉하면서 움직일 때 물체의 움직임을 방해하는 힘이다. 표면이 울퉁불퉁한 물체끼리 만나면 마찰력이 커진다. 마찰력이 있으면 물체가 쉽게 미끄러지는 것을 막아 준다.

마찰력을 이용하여 만든 물건은 생활을 편리하게 한다. 예를 들어 등산화는 가파른 산길을 걸을 때 미끄러지지 않도록 신발의 바닥을 울퉁불퉁하게 만들어서 마찰력을 크게 한 것이다. 고무장갑도 바닥이 울퉁불퉁하고 고무 재질로 되어 있는데, 이로 인해 그릇을 잡을 때 잘 미끄러지지 않는다. 또한 자동차 타이어도 바닥에 다양한 무늬를 새겨 거칠게 만든다. 도로와의 마찰력을 크게 하여 빨리 멈출 수 있도록 하기 위한 것이다.

나 마찰력을 최대한 줄이는 것이 삶에 도움이 되기도 한다. 예를 들어 마찰력을 줄여 생활에 편리한 물건을 만든다. 서랍장에 달린 슬라이드 레일은 매끄러운 재질로 만들어져 있어 마찰력이 작다. 그래서 쉽게 서랍을 여닫을 수 있다.

또한 마찰력은 스포츠에도 중요한 영향을 미친다. 스피드 스케이팅에서 더 빨리 달리려면 얼음과 스케이트 날 사이의 마찰력을 줄이는 기술이 필요하다. 그래서 스케이트 날이 얼음 바닥에 닿는 부분이 적도록 얇게 만들어져 있다.

마찰력은 바닥이나 물건에만 생기는 것이 아니다. 스피드 스케이트나 수영같이 속도가 중요한 경기에서 선수들은 대부분 매끄러운 재질의 몸에 딱 붙는 옷을 입는다. 공기와의 마찰력을 줄이기 위해서이다. 만약 헐렁한 옷을 입으면 공기나 물과의 마찰력이 커져서 빠른 속도로 나아갈 수 없다.

(1) 가의 중심 문장을 찾아 쓰시오.

_____

(2) 나의 중심 문장을 찾아 쓰시오.

_____

(3) 두 글을 종합하여 다음과 같이 내용을 재구성하였다. 빈칸에 들어갈 단어를 가와 나에서 찾아 쓰시오.

마찰력을 이용하여 만든 물건은 생활을 편리하게 한다. 예를 들면 (   ), 고무장갑, 자동차의 (   ) 같은 것들이 있다. 반면 마찰력을 최대한 줄이는 것이 생활과 (   )에 도움이 되기도 한다. 예를 들어 서랍장의 레일, (   ), 몸에 딱 붙는 선수복 같은 것이 있다. 이처럼 마찰력은 우리 생활과 밀접한 관련이 있다.

STEAM 독해

지도로 다시 만난 가족

이 글의 중심 화제는 **지리 정보**입니다. 여러 분야에 활용되는 지리 정보와 관련하여 **사회, 과학, 기술, 대중 매체**를 공부해요. 평소 일상생활에서 인터넷 전자 서비스를 활용해 보았던 경험을 떠올리며 융합적으로 생각해 보세요.

우리는 길을 찾거나 여행을 할 때 그 지역에 관한 정보가 필요하다. 실제로 우리는 일상생활 속에서 많은 지리 정보를 수집하고 이용하며 살아가고 있다. 지리 정보란 주로 학교, 아파트와 같은 건물이나 시설 등의 위치, 특징, 관계를 나타내는 정보이다.

과거에는 주로 ㉠종이 지도에서 지리 정보를 얻었지만, 최근에는 과학과 정보 통신 기술의 발달로 인터넷 전자 지도, 항공 사진, 위성 사진 등에서 지리 정보를 얻을 수 있게 되었다. 특히 컴퓨터, 스마트폰, 내비게이션과 같은 기기의 발달로 지리 정보의 활용이 늘어나면서 우리의 일상이 더욱 풍요로워지고 있다.

특히 지리 정보를 수집하여 컴퓨터에 저장하고 이를 사용자의 필요에 따라 분석 및 처리하여 다양한 방식으로 보여 주는 지리 정보 관리 체계를 지리 정보 시스템(GIS, Geography Information System)이라고 한다.

인터넷 전자 지도 서비스도 이 지리 정보 시스템을 기반으로 한다. 실제로 많은 사람이 길 찾기, 장소 검색을 목적으로 인터넷 전자 지도를 사용하고 있다. 인터넷 전자 지도를 활용하면 일반 지도뿐만 아니라 항공(위성) 사진과 거리의 모습을 나타낸 사진 자료, 지하상가의 모습까지도 검색할 수 있다.

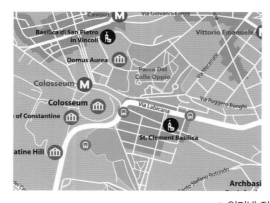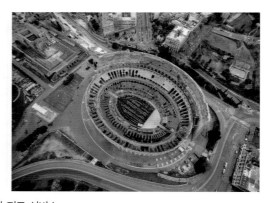

▲ 인터넷 전자 지도 서비스

게다가 인터넷 전자 지도를 활용하여 잃어버렸던 가족을 찾았다는 소식도 종종 전해진다. 실제 이런 이야기를 바탕으로 제작된 영화가 「라이언」이다. 다섯 살이던 사루는 ㉠인도 북부 칸드와 지방에서 길을 잃은 뒤 기차에 올라타 1,680km 떨어진 콜카타로 가게 되었고, 다음 해 ㉡오스트레일리아의 한 가정에 입양되었다. 그 후 성인이 된 사루는 고향을 찾기 위해 자신이 기억한 지명과 몇 가지 풍경을 맞추어 가며, 인터넷 위성 지도에서 인도 전역을 뒤지기 시작하였다. 마침내 사루는 3년 만에 자신의 집을 찾았고, 길을 잃은 뒤 25년 만에 고향을 방문해 친엄마를 만났다. 사루가 집을 찾는 데 가장 큰 역할을 한 것도 바로 인터넷 전자 지도 서비스

▲ 영화 「라이언」 포스터

였다.

ⓒ일본에서는 팬데믹 상황 속에서 외출을 못 하게 된 한 여성이 무료한 시간을 달래고자 위성 지도 프로그램으로 고향 집 주변을 찾아보다 돌아가신 아버지를 지도에서 만났다고 한다. 인터넷 전자 지도에서 제공하는 거리 뷰(스트리트 뷰) 보기 기능으로 고향 집 근처 골목골목을 돌아보다가 7년 전 돌아가신 아버지가 고향 집 대문 앞에 서 있는 모습을 발견한 것이다. 이후 이 여성은 지도 서비스 제공 업체에 사진을 바꾸지 말았으면 좋겠다는 작은 바람을 전하기도 했다. 길을 찾기 위해 만들어진 지도가 사람들의 추억까지 찾아 주고 있는 감동적인 이야기이다.

1 다양한 지리 정보를 컴퓨터에 저장하고 이를 사용자의 필요에 따라 분석 및 처리하여 다양한 방식으로 보여 주는 체계를 뜻하는 말을 쓰시오.

(   )

2 다음 지도에 ㉠~㉢의 위치를 표시하시오.

3 이 글과 〈보기〉의 내용을 바탕으로 인터넷 전자 지도에 대해 이해한 내용 중 적절하지 <u>않은</u> 것은? (　　　　)

● 보기 ●

　과거의 지도는 종이에 간단한 지형지물의 위치 및 형태 등 제한된 양의 정보만을 기록할 수 있었다. 그러나 과학 기술이 발달한 최근에는 컴퓨터를 이용한 정교한 전자 지도가 제작되면서 자연적 · 사회적 · 경제적 특성을 나타내는 다양한 속성 정보를 지도에 기록할 수 있다.

　오늘날의 인터넷 전자 지도는 종이 지도와 달리 원하는 정보를 추출하거나 통합할 수 있으며, 확대와 축소가 자유롭고 거리와 면적을 구하기 쉬워서 다양한 형태로 가공할 수 있다. 또한 인터넷이나 다양한 저장 매체를 통해 과거의 종이 지도보다 복사나 배포가 쉬워졌으며, 파일 형태로 제작되어 보관하기 편리하다. 또 원하는 지점을 검색을 통해 쉽게 찾을 수 있으며 교통수단별로 목적지까지 도달하는 최단 경로를 알 수 있어 일상생활에서 널리 이용되고 있다.

① 지도의 확대와 축소가 자유롭다.
② 소수의 사람들만 활용할 수 있다.
③ 목적지까지의 최단 경로를 검색할 수 있다.
④ 원하는 지점을 쉽게 검색하여 찾을 수 있다.
⑤ 거리의 경관이나 지하상가의 모습까지도 확인할 수 있다.

4 지리 정보 시스템은 다양한 정보 분석을 통해 의사 결정에 필요한 자료를 제공할 수 있다. 다음은 어떤 마을 주변에 새로운 도서관을 건설하기 위한 조건들이다. 조건에 적합한 입지는 몇 칸인지 쓰시오.

1. 경사도 5° 미만
2. 지가[*] 7(단위: 백만 원) 이하
3. 마을과의 거리 3km 이하

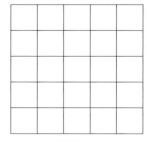

5	5	6	6	6
4	4	4	4	4
2	2	2	2	3
0	0	3	3	3
0	0	3	3	3

경사도(°)

9	9	9	9	9
8	8	8	9	8
7	8	7	9	9
7	7	7	7	7
6	7	7	6	6

지가(백만 원)

4	4	4	4	4
3	3	3	3	4
2	2	2	3	4
1	1	2	3	4
0	1	2	3	4

마을과의 거리(km)

선정된 입지

＊**지가**: 땅값.

(　　　　　　　　　　)

5 ㉮와 관련한 다음의 설명을 읽고 물음에 답하시오.

> 지표상의 실제 거리를 일정한 비율로 줄인 것을 축척이라고 한다. 지도는 축척에 따라 대축척 지도와 소축척 지도로 구분할 수 있다. 대축척 지도는 좁은 지역을 상세하게 표현한 지도로 지하철역 주변 안내도, 학교 안내도 등이 있다. 소축척 지도는 넓은 지역을 간략하게 표현한 지도로 우리나라 전도, 세계 전도 등이 있다.

(1) (가), (나)는 각각 대축척 지도와 소축척 지도 중 어느 것에 해당하는지 쓰시오.

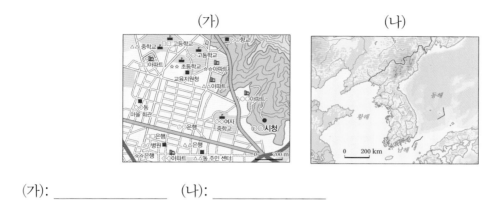

(가):＿＿＿＿＿＿＿＿＿　(나):＿＿＿＿＿＿＿＿＿

(2) 축척은 다음과 같이 비율, 분수식, 막대자로 표현된다. 만약 축척이 1 : 50,000이면 지도상의 1cm가 실제로는 50,000cm에 해당한다. 축척이 1 : 25,000인 지도는 1 : 50,000인 지도보다 ① (대, 소)축척 지도이다. 또 실제 1cm는 ② (　　　　)m에 해당한다.

비율	분수식	막대자
1 : 50,000	$\dfrac{1}{50,000}$	1　　500m

4주차

무엇을 배울까요?

회차		글의 내용	핵심 개념	읽기 방법	학습 계획일
01회		**점으로 그린 그림** 인상파 화가들의 그림 기법인 '점묘법'의 원리를 설명한 글이다.	[미술] 점묘법	추론에 대한 근거 밝히기	☐월 ☐일 (요일)
02회		**축구공의 비밀** 축구공이 '깎은 정이십면체'라는 입체 도형의 원리를 적용하여 고안되었음을 설명한 글이다.	[수학] 입체 도형 / 다면체	공감 또는 비판 할 부분 찾기	☐월 ☐일 (요일)
03회		**우리의 전통 악기, 거문고** 거문고의 유래와 중국 악기와의 차이점을 통해 거문고가 고유 악기임을 주장하는 글이다.	[음악] 국악기	문단 간 관계 파악하기	☐월 ☐일 (요일)
04회		**피타고라스와 음계** 피타고라스 음계의 발견과 기본적인 음계의 개념을 설명한 글이다.	[음악] 음계	그림으로 표현하여 이해하기	☐월 ☐일 (요일)
05회		**읽기 방법 익히기** 이 주에 공부한 중요 [읽기 방법]을 한눈에 정리하고 문제로 확인합니다. 1 공감 또는 비판할 부분 찾기 2 그림으로 표현하여 이해하기			☐월 ☐일 (요일)

어느 수준일까요?

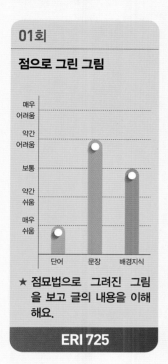

01회

점으로 그린 그림

★ 점묘법으로 그려진 그림을 보고 글의 내용을 이해해요.

ERI 725

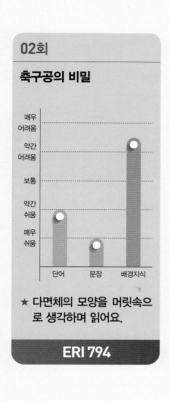

02회

축구공의 비밀

★ 다면체의 모양을 머릿속으로 생각하며 읽어요.

ERI 794

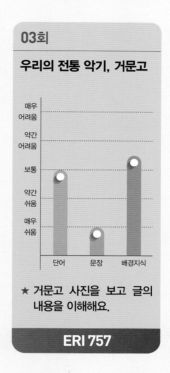

03회

우리의 전통 악기, 거문고

★ 거문고 사진을 보고 글의 내용을 이해해요.

ERI 757

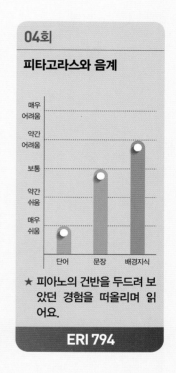

04회

피타고라스와 음계

★ 피아노의 건반을 두드려 보았던 경험을 떠올리며 읽어요.

ERI 794

이 주의 ERI 지수

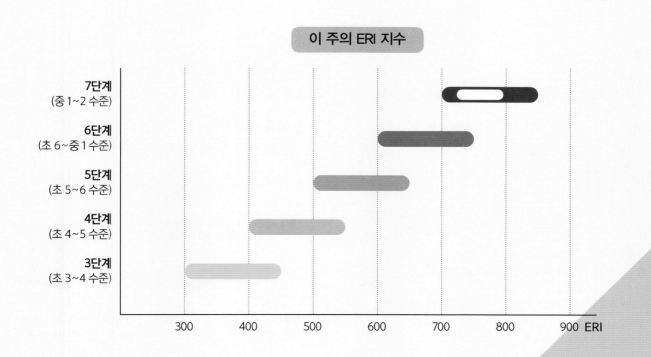

점으로 그린 그림

▲ 쇠라, 「그랑자트섬의 일요일 오후」

☑ 핵심 개념인 '점묘법'과 관련된 말들을 알아 둡시다.

→ 인상파 미술 / 점묘화 / 쇠라의 점묘법

점묘법이란 색을 만들 때 물감을 팔레트에서 혼합하지 않고 색 점을 찍어 원하는 색을 표현하는 방법으로, 프랑스의 화가 '쇠라'가 창안했어.

☑ 글을 읽고 이것만은 꼭 찾아냅시다.

→ 점묘법은 눈의 어떤 현상을 이용한 것일까?

☑ 추론에 대한 근거를 떠올리며 읽어 봅시다.

→ 글을 읽을 때는 생략된 내용을 추론하면서 읽게 되는데, 이때 추론의 근거를 생각하며 읽어야 한다.

> 글쓴이는 어떤 생각을 갖고 있을까?
>
> ↓
>
> 글쓴이는 결국 어떤 주장을 하고 싶은 것일까?
>
> ↓
>
> 이런 주장을 뒷받침하는 이유나 근거 자료는 무엇일까?

추론에 대한 근거가 글에 직접 드러나 있지 않을 때는 인터넷이나 참고 자료 등을 이용하여 근거를 찾아볼 수도 있어.

준비 학습

1
핵심 개념 미리 보기

다음 빈칸에 들어갈 단어를 〈보기〉에서 골라 쓰시오.

보기

점묘법   팔레트   인상파

(1) 미술에서 강렬한 느낌과 인상을 전달하는 것을 중시하는 화가들을 (   )(이)라고 한다. 이들은 빠르게 붓질을 하면서 아주 작은 표현은 과감히 생략하는 경우가 많다.

(2) 색을 칠하지 않고 점을 찍어서 그림을 그리는 방법을 (   )(이)라고 한다. 이 방법은 여러 가지 색의 점을 찍어 표현한 그림을 멀리서 보았을 때 혼합된 색처럼 보이는 효과를 이용한 것이다.

2
읽기 방법 미리 보기

다음 ㉠과 ㉡을 뒷받침할 수 있는 적절한 자료의 기호를 쓰시오.

㉠빛은 여러 가지 색의 빛을 합칠수록 밝아진다. 그러나 물감은 여러 가지 색을 섞을수록 어둡고 탁해진다. 만약 탁하지 않고 선명한 중간색을 만들려면 어떻게 할까? 화가들은 '점묘법'에서 답을 찾았다. 물감을 섞지 않고 두 가지 색을 번갈아 가며 나란히 칠하되, 점을 찍듯이 반복해서 칠하면 어둡거나 탁하지 않은 중간색으로 보인다. ㉡이것은 멀리서 볼수록 더욱 혼합된 색처럼 보인다. 이것을 '병치 혼합'이라고 하는데, 일종의 착시 현상이다.

A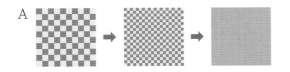

B

〈빛의 혼합: 밝아짐.〉   〈물감의 혼합: 어두워짐.〉

(1) ㉠을 뒷받침할 수 있는 자료: (   )

(2) ㉡을 뒷받침할 수 있는 자료: (   )

정답 | 1. (1) 인상파 (2) 점묘법 2. (1) B (2) A

　　19세기 후반, 프랑스의 화가인 쇠라는 점묘법을 생각해 냈다. 점묘법이란 점을 찍어 그림을 그리는 방법이다. 그때 다른 화가들은 그림을 그리려면 선을 긋고 붓으로 색을 칠해야 한다고 생각했다. 그러나 점묘법은 이런 틀에 박힌 생각을 깬 새로운 시도였다.

　　쇠라는 빛을 반사하는 아름다운 풍경을 표현하고자 했다. 그러나 물감은 색을 섞을수록 어둡고 탁해져서 밝은 빛을 표현하기 어려웠다. 그는 '㉠이것을 어떻게 해결할 수 있을까?' 하고 고민했다. 그러고는 과학에서 해결의 열쇠를 찾았다.

　　우리 눈이 서로 다른 두 색을 동시에 보게 되면, 두 색이 혼합된 중간색으로 보인다. 이를 착시 현상이라고 하는데, 눈의 망막에 두 가지 색상이 겹쳐 중간색이 보이는 것처럼 착각하는 것이다. 색들의 크기가 점처럼 작을수록, 촘촘하게 붙여 놓을수록, 또 멀리서 바라볼수록 착시 현상

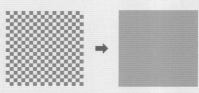

▲ 멀리서 볼 때 생기는 착시 현상

이 잘 일어난다. 예컨대 빨간색과 노란색으로 된 점들을 멀리서 보면 주황색으로 보인다. 이렇게 생긴 중간색은 물감을 섞는 것이 아니기 때문에 어둡거나 탁해 보이지 않는다.

　　쇠라는 이러한 과학적 원리를 그림에 이용했다. 그는 원하는 색이 보이도록 하기 위해, 서로 다른 색들을 어떻게 배열할지 미리 계산해야 했다. 또 여러 가지 색으로 점을 찍되, 작고 빽빽하게 채우기 위해 많은 시간을 들였다. 게다가 작업을 자주 멈추고 멀리서 바라보며 중간색이 제대로 나오는지 살펴봐야 했다. 그러다보니, 쇠라는 7점의 작품밖에 남기지 못했다. ㉡이렇듯 점묘법으로 그린 그림은 붓으로 선을 긋거나 면을 채우는 것보다 시간과 힘이 많이 든다. 그러나 색을 섞지 않고 원색만을 사용하므로 그림이 탁해 보이지 않고 환하게 표현된다. 또 몇 가지 안 되는 적은 색으로도 명암이나 사물의 그림자를 자연스럽게 표현할 수 있다.

　　이러한 시각적 혼합 효과는 오늘날 휴대폰, 컴퓨터, 텔레비전 등에도 사용되고 있다. 디지털 화면을 높은 배율로 확대하면, 수많은 사각형 모양의 색 점이 보인다. 이 작은 사각형을 '픽셀'이라고 하는데, 색깔을 나타내는 단위이다. 이 픽셀들은 화면에 따라 다양한 색의 빛을 낼 수 있다.

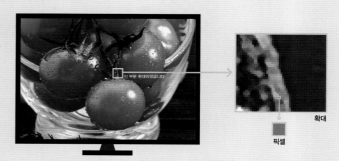

[A] 　　우리가 텔레비전 화면에서 사물을 보는 것도 점묘법의 원리와 비슷하다. 화면의 픽셀들이 빛을 내면 우리 눈에 도달하는 과정에서 혼합되어 부드러운 중간색으로 보인다. 또한 점묘법에서 점을 작게 찍을수록 사물이 더 또렷하게 보이듯이, 화면의 픽셀이 작고 많을수록 더 선명하게 보인다. 이렇듯 픽셀과 점묘법은 닮아 있다.

화제 파악하기

1 **이 글의 중심 화제로 적절한 것은? (   )**

① 화가   ② 점묘법   ③ 색의 혼합
④ 착시 현상   ⑤ 디지털 픽셀

생략된 내용 추론하기

2 **이 글에 대한 설명으로 적절하지 <u>않은</u> 것은? (   )**

① 쇠라는 점묘법을 처음 개발해 낸 화가이다.
② 쇠라는 빛에 관한 과학적 연구에 관심이 많았다.
③ 당시 화가들은 물감으로 그림을 그리는 것을 싫어했다.
④ 당시 화가들은 물감을 섞으면 색이 탁해진다는 것을 알고 있었다.
⑤ 점묘법이 나오기 이전에 화가들은 그림은 선으로 그려야 한다고 생각했다.

지시어의 내용 파악하기

3 **㉠이 가리키는 내용으로 적절한 것은? (   )**

① 쇠라가 점묘법을 새로 고안해 낸 것
② 당시 화가들이 다양한 색을 표현하고 싶어 한 것
③ 당시 화가들이 그림은 선으로 그려야 한다는 고정 관념을 가진 것
④ 물감은 섞을수록 색이 점점 탁해져서 밝은 빛을 표현하기 어려운 것
⑤ 사람의 눈이 다른 색을 동시에 보면 혼합색으로 보이는 착시 현상이 생기는 것

추론에 대한 근거 밝히기

4 **글쓴이가 ㉡과 같이 말한 이유나 근거로 적절하지 <u>않은</u> 것은? (   )**

① 그림을 그리기 전에 점들이 어떤 효과를 낼지에 대해 신중하게 계산해야 한다.
② 쇠라가 화가로 활동하는 동안 오로지 7점의 그림만 남겼다는 사실에서도 알 수 있다.
③ 물감들을 이것저것 섞어서 다양한 중간색을 내려면 색의 혼합을 수없이 시도해야 한다.
④ 색 점과 색 점 사이에 빈틈이 없도록 작은 점으로 빼곡히 채우려면 지루한 작업이 될 것이다.
⑤ 점의 색들이 멀리서 어떻게 보이는지 파악해야 하므로, 그림을 그리다가 수시로 멈춰서 봐야 한다.

글을 읽고 감상을 확장하기

5

이 글을 바탕으로 다음 그림을 감상한 내용 중 적절하지 <u>않은</u> 것은? (　　　)

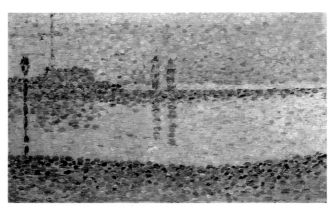

▲ 쇠라, 「저녁의 그라블린」

① 은하: 멀리 떨어져서 보면 착시 현상이 일어나서 형체를 알아볼 수 있겠군.

② 혜정: 점을 찍어서 각각의 색을 표현하기 때문에 중간색 물감들이 많이 필요하겠군.

③ 혁이: 각각 다른 색이 눈의 망막에 도달할 때 중간색으로 보이는 효과를 노린 거야.

④ 지윤: 물감을 섞어서 칠하는 방법보다 탁해 보이지 않고 물에 반사되는 빛도 훨씬 밝군.

⑤ 상호: 더 가늘고 작은 붓으로 색을 찍었더라면 사물의 경계가 훨씬 더 선명하게 나타났겠군.

세부 내용을 단서로 추론하기

6

[A]를 바탕으로 〈보기〉의 '디지털 화면'을 비교한 것으로 적절한 것은? (　　　)

보기

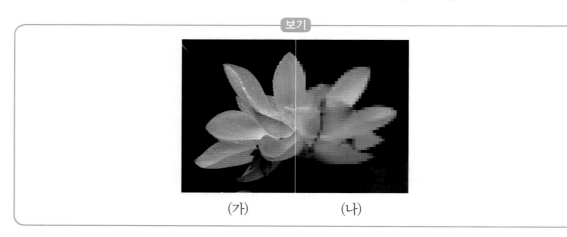

(가)　　　　　　(나)

① (가)는 (나)보다 픽셀의 수가 많다.

② (가)는 (나)보다 픽셀의 크기가 크다.

③ (가)는 점이 아니라 선으로 되어 있다.

④ (나)는 시각적 혼합 효과가 일어나지 않는다.

⑤ (나)를 높은 배율로 확대하면 이미지가 더 선명해진다.

어휘 익히기

1 — 단어 뜻 알기

다음 빈칸에 들어갈 알맞은 단어를 〈보기〉에서 찾아 쓰시오.

보기

착시   망막   명암   배율

1. 옷 가게의 거울은 날씬하게 보이는 (   ) 효과가 있다.

   뜻 | 잘못 보게 되거나 눈의 망막에서 일어나는 착각 현상.

2. 현미경 중에 (   )이/가 높은 것은 세포벽이 잘 보인다.

   뜻 | 거울, 렌즈, 망원경, 현미경 따위로 볼 때, 실제 물체와 나타난 상과의 크기 비율.

3. 흑백 사진 속의 겨울 풍경은 (   )이/가 더 뚜렷하게 드러났다.

   뜻 | 밝음과 어두움.

4. 우리 눈의 (   )에 이상이 생기면 사물이 제대로 보이지 않는 현상이 생긴다.

   뜻 | 눈알의 가장 안쪽에 있는 막으로, 빛을 감지하는 시각 신경이 모여 있는 곳.

2 — 관용 표현 알기

다음 빈칸에 알맞은 말을 쓰시오.

"☐에 박히다"

19세기 후반, 쇠라의 점묘법이 등장하기 전에, 화가들은 그림이란 당연히 선을 긋고 붓으로 색을 칠한 것이어야 한다고 생각했다. 이처럼 이 관용구는 판화를 찍어 내듯이, 말과 행동이 꼼짝없이 정해진 방식대로 반복되거나 새롭지 않다는 뜻을 가진 말이다.

3 — 한자어 익히기

다음 한자어를 소리 내어 읽고 빈칸에 따라 쓰시오.

反	射
되돌릴 **반**	쏠 **사**

반사(反射): 빛이나 파동이 다른 물체의 표면에 부딪쳐서 나아가던 방향을 반대로 바꾸는 현상.
- 앞에서 달려오는 자동차 불빛의 반사 때문에 눈이 부셨다.
- 빛이 거울에 비칠 때의 각도와 반사되는 빛의 각도는 항상 같다.
- 지구 온난화 때문에 지구가 태양 빛을 반사하던 비율도 줄어들었다.

反	射						
되돌릴 **반**	쏠 **사**						

02^회 축구공의 비밀

☑ 핵심 개념인 '다면체'와 관련된 말들을 알아 둡시다.

→ 다면체의 전개도 / 정다면체 / 입체 도형, 정이십면체

> 다면체란 평면 다각형으로 둘러싸인 입체 도형을 말해. 평면의 수에 따라 사면체, 오면체, 육면체 등이 있어.

☑ 글을 읽고 이것만은 꼭 찾아냅시다.

→ 축구공은 어떤 다면체를 활용하여 만들었을까?

☑ 공감 또는 비판할 부분을 찾으며 글을 읽어 봅시다.

→ 글쓴이의 생각이나 관점 등을 파악한 다음, 자신의 생각과 비교하여 공감되거나 반박할 부분이 있는지 살펴본다.

내용에 드러난 관점이나 글쓴이의 주장 찾기	→	자신의 생각과 비교하기	→	이유를 생각하며 공감 또는 반박하기

> 공감 또는 비판할 부분 찾기란 글 내용에 동의하거나 반박할 부분을 떠올리며 비판적으로 읽는 것을 말해.

준비 학습

1
핵심 개념 미리 보기

다음 빈칸에 들어갈 '면의 개수'를 쓰고, 각 다면체에 맞는 전개도를 찾아 연결하시오.

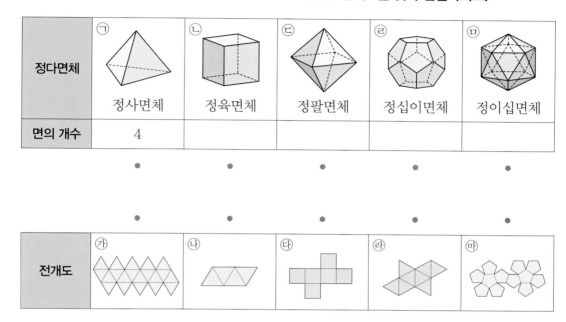

정다면체	㉠ 정사면체	㉡ 정육면체	㉢ 정팔면체	㉣ 정십이면체	㉤ 정이십면체
면의 개수	4				

전개도: ㉮ ㉯ ㉰ ㉱ ㉲

2
읽기 방법 미리 보기

다음 글에서 글쓴이의 주장에 공감하는 부분이나 비판할 부분을 찾아 밑줄 긋고, 그렇게 생각한 이유를 쓰시오.

　학교 성적이나 사회적 지위에 따라 행복의 순위가 정해지는 것이 아니다. 자기가 하는 일에 긍지가 있는 사람은 비록 작은 일을 할지라도 행복하다.

　행복한 사람은 행복해지기 위해 노력한다. 어려운 문제에 부딪쳤을 때, 해보지도 않고 좌절하거나, 높은 곳만 쳐다보며 자신의 처지를 슬퍼하지 않는다. 그것은 아무 도움이 안 된다는 것을 잘 알기 때문이다. 행복한 사람은 큰 문제를 나누어서 작은 것부터 바꾸려고 노력한다. 그래서 작은 것을 바꾸게 되면 그것에 기뻐하고 또 도전한다.

이유: _____

정답 | 1. 면의 개수: 6, 8, 12, 20 ㉠ - ㉯, ㉡ - ㉰, ㉢ - ㉱, ㉣ - ㉲, ㉤ - ㉮
2. 예 공감하는 부분: 행복한 사람은 행복해지기 위해 노력한다. / 이유: 행복은 저절로 오는 것이 아니기 때문이다.
　예 비판할 부분: 학교 성적이나 사회적 지위에 따라 행복의 순위가 정해지는 것이 아니다. / 이유: 근거가 약하다. 학생은 성적이 좋을수록 행복해 보이기 때문이다.

지금은 문방구에서 축구공을 흔히 볼 수 있다. 그러나 과거에는 축구공을 만드는 것이 쉽지 않은 일이었다. 19세기까지 축구공은 동물 가죽을 깁고 그 안에 천과 짚을 채워서 만들었다. 그래서 모양이 울퉁불퉁했다. 그래서인지 원하는 곳에 정확하게 떨어지지 않았고, 잘 튀어 오르지도 않았다. 그러다 1930년 제1회 월드컵이 열리면서, 8개의 기다란 가죽 조각을 이어 붙인 축구공이 정식 등장하였다. 그러나 쉽게 찌그러지고, 완전한 구 모양도 아니었다.

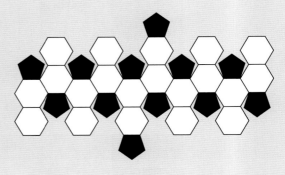

공을 만들려면 구의 전개도를 그려서 그 자른 면들을 서로 이어 붙이면 된다. 그런데 '구'는 전개도를 그릴 수 없다. 공을 만드는 기술자들은 여러 가지 시도를 했다. 처음에는 8조각이었지만, 점차 12조각, 18조각 등 공을 만드는 조각의 수를 늘리게 되었다. 그 결과 구의 모양에 가장 가까운 도형의 전개도를 그릴 수 있게 되었다. 그 전개도로 만든 것은 32개의 면으로 이루어진 다면체이다.

㉠왜 이렇게 면을 늘렸을까? 예를 들어 정사면체, 정육면체, 정팔면체, 정십이면체, 정이십면체가 있다고 하자. 이들 정다면체를 굴린다면 어느 것이 잘 굴러갈까? 아마도 정이십면체일 것이다. 축구공을 만드는 사람들은 이러한 다면체의 원리를 이용하였다.

정사면체　　　정육면체　　　정팔면체　　　정십이면체　　　정이십면체

[A] 그러나 가장 면이 많은 '정이십면체'도 뾰족한 꼭짓점이 12개나 있다. 만약 이 꼭짓점들의 뾰족한 끝부분을 모두 평평하게 자른다면, 구에 좀 더 가까운 모양이 된다. 실제로 '정이십면체'의 꼭짓점들을 잘라 내어 만든 다면체가 있는데, 이를 '깎은 정이십면체'라고 한다. '정이십면체'에 있던 12개의 뿔 모양 꼭짓점들은 오각형의 단면으로 바뀌고, 20개의 삼각형 면도 육각형의 면으로 바뀐다.

축구공을 만드는 사람들은 이 '깎은 정이십면체'가 훨씬 더 잘 굴러간다는 것을 알고 그 전개도를 사용하여 축구공을 만들기 시작했다. 이것은 꽤 오랫동안 축구공으로 사용되었다.

그러나 2000년대부터는 축구공의 조각 수가 다시 줄어들었다. 2006년 독일 월드컵 때는 14조각, 2010년 남아공 월드컵 때는 8조각, 2014년 브라질 월드컵 때는 단 6조각으로 된 공이 만들어졌다. 가죽을 대신하는 새로운 소재의 개발과 컴퓨터 그래픽 기술 덕분에 구 모양을 잘 만들 수 있게 된 것이다. 이렇게 면의 수를 줄이면 이어 붙이는 부분이 적어져서 표면이 더 매끈해지고 잘 튀어 오른다. 이처럼 축구공의 역사는 완벽한 구를 만들기 위해 노력해 온 과정이라고 할 수 있다.

중심 생각 파악하기

1 이 글의 중심 내용으로 적절한 것은? (   )

① 오늘날 축구공을 대량 생산하는 것은 쉽지 않다.

② 축구공을 완벽한 구로 만드는 것은 불가능한 일이다.

③ 축구공의 개발 과정에는 정다면체의 원리가 적용되었다.

④ 축구를 잘하려면 신소재 개발이나 컴퓨터 기술이 필요하다.

⑤ 월드컵 경기 덕분에 축구공 만드는 기술이 점점 더 발전하게 되었다.

배경지식, 맥락을 활용하여 내용 추론하기

2 ㉠의 질문에 대한 답으로 적절한 것은? (   )

① 완전한 구가 아니기 때문이다.

② 꼭짓점 부분이 뾰족하지 않기 때문이다.

③ 똑같은 면으로 이루어진 정다면체이기 때문이다.

④ 각이 많을수록 원에 가까운 모양이 되기 때문이다.

⑤ 면이 많을수록 구에 가까운 모양이 되기 때문이다.

글과 관련된 시각 자료 이해하기

3 [A]와 관련지어 〈보기〉를 이해한 내용으로 적절하지 <u>않은</u> 것은? (   )

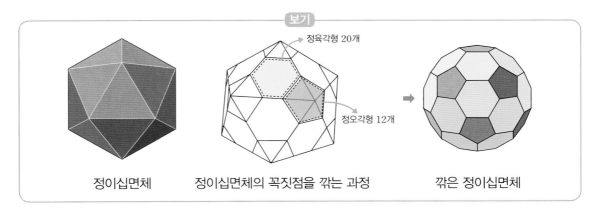

보기

정육각형 20개

정오각형 12개

정이십면체   정이십면체의 꼭짓점을 깎는 과정   깎은 정이십면체

① '깎은 정이십면체'는 '정이십면체'에 비해 구에 가깝다.

② '정이십면체'의 한 꼭짓점에서는 5개의 삼각형이 만난다.

③ '정이십면체'의 꼭짓점을 평평하게 자르면 그 자리에 정오각형이 생긴다.

④ '깎은 정이십면체'의 면은 삼각형, 오각형, 육각형 모양으로 구성되어 있다.

⑤ '깎은 정이십면체'의 전체 면의 개수는 32개이므로 '삼십이면체'라고 할 수 있다.

4 이 글을 통해 알 수 있는 내용으로 적절하지 <u>않은</u> 것은? (   )

① 새로운 소재는 가죽보다 구를 표현하기 쉬웠다.

② 초기의 축구공은 패스를 정확하게 하기 어려웠다.

③ 2000년대 이후, 월드컵 개막에 맞춰 새로운 축구공이 연달아 개발되었다.

④ 축구공의 조각 수를 줄이는 것은 정다면체의 원리를 축구공에 적용한 것이다.

⑤ 컴퓨터 그래픽 기술의 발전 덕분에 축구공의 전개도를 그리는 것이 보다 쉬워졌다.

5 다음은 축구공을 '깎은 정이십면체'로 만든 이유를 정리한 것이다. 빈칸에 들어갈 말을 쓰시오.

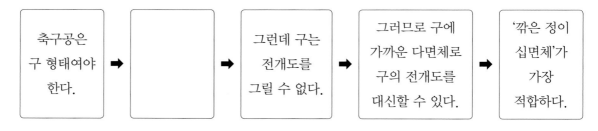

축구공은 구 형태여야 한다. ➡ [   ] ➡ 그런데 구는 전개도를 그릴 수 없다. ➡ 그러므로 구에 가까운 다면체로 구의 전개도를 대신할 수 있다. ➡ '깎은 정이십면체'가 가장 적합하다.

6 〈보기〉의 관점에서 이 글을 반박할 때, 가장 적절한 것은? (   )

> **보기**
>
> 2010년 월드컵 공식 축구공은 최첨단의 신소재 플라스틱 제품으로, 최대한 완벽한 구에 가깝게 만들어졌다. 그러나 표면이 너무 매끄럽고 너무 잘 튀는 바람에, 공이 제 마음대로 튀었다. 이 때문에 드리블과 패스, 슛 등을 할 때 어려움이 많았다. 선수들은 공을 조심조심 다루었고, 결국 수비 중심의 재미없는 축구가 되고 말았다.

① 축구공을 개발하는 시기를 월드컵 개최 시기에 맞출 필요는 없다.

② 축구 경기에 있어 축구공보다는 축구 실력이 더 중시되어야 한다.

③ 축구공을 구에 가깝게 만든다고 해서 모든 문제가 해결되는 것은 아니다.

④ 최첨단의 새로운 소재를 개발하는 데에 지나치게 많은 노력을 기울일 필요가 없다.

⑤ 축구공은 가죽으로 깁거나 천과 짚을 채워서도 충분히 잘 튀어 오르게 만들 수 있다.

어휘 익히기

1 단어 뜻 알기
다음 빈칸에 들어갈 알맞은 단어를 〈보기〉에서 찾아 쓰시오.

보기

전개도   정다면체   단면   소재

1. 나무의 (   )에는 여러 개의 나이테가 있다.
   뜻 | 물체의 잘라 낸 면.

2. 이 집의 실내 (   )에는 거실, 방, 화장실 등이 나타나 있다.
   뜻 | 입체의 표면을 한 평면 위에 펴 놓은 모양을 나타낸 그림.

3. (   )은/는 정사면체, 정육면체, 정팔면체, 정십이면체, 정이십면체뿐이다.
   뜻 | 여러 면이 모두 똑같은 모양으로 이루어진 입체 도형.

4. 비행기 부품의 (   )로 철보다 가벼우면서 단단한 플라스틱이 개발되었다.
   뜻 | 어떤 것을 만드는 데 바탕이 되는 재료.

2 관용 표현 알기
다음 빈칸에 알맞은 말을 쓰시오.

"고생 끝에 ☐이/가 온다"

　구의 전개도를 그리는 것은 불가능했기 때문에 완벽하게 둥근 축구공을 만드는 것은 어려웠다. 이를 해결하기 위해 기술자들은 여러 가지 노력을 했다. 그 결과 '깎은 정이십면체'를 찾아낼 수 있었다. 이 디자인은 상당히 오래 사용되었고, 축구공의 대표 모양이 되었다. 이처럼 이 속담은 어려운 일을 겪고 난 뒤에는 반드시 좋은 일이 생긴다는 뜻이다.

합 격

3 한자어 익히기
다음 한자어를 소리 내어 읽고 빈칸에 따라 쓰시오.

立	體
설 입(립)	몸 체

입체(立體): 삼차원의 공간에서 여러 개의 평면이나 곡면으로 둘러싸인 부분.
- 피라미드는 오면체의 입체 도형이다.
- 설치 미술은 평면이 아닌 공간에 작품을 만드는 입체 미술이다.
- 최근의 전자 현미경은 광학 현미경과 달리 영상을 입체로 볼 수 있다.

立	體						
설 입(립)	몸 체						

우리의 전통 악기, 거문고

☑ 핵심 개념인 '국악기'와 관련된 말들을 알아 둡시다.

→ 국악인 / 국립 국악원 / 전통 음악 / 서양 음악

국악기는 우리나라 고유의 음악인 국악에 사용되는 악기를 말해.

☑ 글을 읽고 이것만은 꼭 찾아냅시다.

→ 거문고는 어떤 독특한 특징을 가지고 있을까?

☑ 문단과 문단 간의 관계를 파악하며 글을 읽어 봅시다.

→ 문단 간의 관계를 알려면, 각 문단의 중심 내용을 파악하고 두 문단이 서로 반대되는 내용인지, 뒷받침하는 내용인지 등을 살핀다.

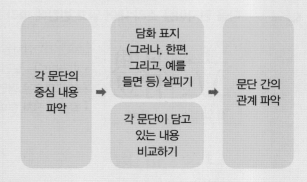

| 각 문단의 중심 내용 파악 | → | 담화 표지 (그러나, 한편, 그리고, 예를 들면 등) 살피기 | → | 문단 간의 관계 파악 |
| | | 각 문단이 담고 있는 내용 비교하기 | | |

문단 간의 관계 파악하기란 문단과 문단이 어떤 관계로 연결되어 있는지를 아는 거야. 예를 들면 인용, 부연(재설명), 예시 등이 있어.

준비 학습

1
핵심 개념 미리 보기

다음 그림을 보고 질문에 알맞은 악기의 기호를 쓰시오.

ⓐ ⓑ ⓒ ⓓ

ⓔ ⓕ ⓖ

(1) 국악기가 아닌 것은 무엇일까?: _____ , _____

(2) 국악기 중에 현악기는 무엇일까?: _____ , _____ , _____

2
읽기 방법 미리 보기

〈보기〉의 문단 관계를 설명한 것 중 적절한 것의 기호를 쓰시오.

> 보기

> **가** 실제로 일어나지도 않을 일을 지나치게 걱정하는 것은 어리석다. 쓸데없는 걱정을 기우(杞憂)라고 하는데, 이는 다음과 같은 이야기에서 나왔다.
>
> **나** 옛날 중국 기(杞)나라에 살던 어떤 사람이 '만일 하늘이 무너지면, 땅이 꺼지면 어디로 피해야 좋을 것인가?' 하고 걱정하며 끙끙 앓았다. 그러자 친구가 와서 '하늘은 공기로 꽉 차 있고, 땅은 흙으로 단단히 덮여 있어 무너지지 않는다.'라고 하였다. 그제서야 그는 안심했다고 한다. 이와 같이 쓸데없는 걱정을 기나라 사람의 근심이라는 뜻의 '기우'라고 한다.

ㄱ. **나** 문단은 **가** 문단의 내용을 뒷받침하기 위해 다양한 예시를 보여 주고 있다.

ㄴ. **나** 문단은 **가** 문단의 내용을 상세하게 설명하기 위해 이야기를 인용하고 있다.

ㄷ. **나** 문단은 **가** 문단의 내용을 반박하기 위해 반대 의견을 들어 반론을 펴고 있다.

정답 | 1. (1) ⓒ, ⓖ (2) ⓑ, ⓔ, ⓕ 2. ㄴ

1 거문고는 어느 나라의 악기일까? 중국의 『열자』라는 책에는 거문고에 얽힌 이야기가 실려 있다. 이 이야기 때문인지 거문고를 중국의 악기라고 생각하는 사람들이 있다.

2 옛날 중국 진(晉)나라에 거문고를 잘 켜는 '유백아(俞伯牙)'라는 사람이 살았다. 그에게는 자신의 음악을 알아주는 '종자기(鐘子期)'라는 둘도 없는 친구가 있었다. 백아가 연주하면, 종자기는 거문고 소리만 듣고도 백아의 마음을 알아챘다. 그만큼 서로 마음이 통하였다. 그러던 어느 날, 종자기가 병으로 세상을 떠나게 되었다. 이에 크게 절망한 백아는 연주를 해도 더 이상 알아주는 이가 없다고 생각하고, ㉠거문고 줄을 끊어 버렸다. 이후 '백아와 종자기'는 마음이 통하는 진정한 벗을 가리키는 말이 되었다.

3 이 이야기로 인해 거문고를 중국에서 온 악기로 오해하는 경우가 종종 있다. 그러나 거문고는 우리나라 전통 국악기이다. 이야기 속의 거문고는 사실 '칠현금'이다. 일곱 개의 현(絃)으로 된 악기라는 뜻인데, 오늘날의 가야금과 비슷하다. 따라서 '칠현금'이나 '옛 가야금'이라고 번역해야 할 것을 거문고로 잘못 번역한 것이다. 『삼국사기』의 기록에 따르면, 거문고는 고구려의 재상인 왕산악이 만들었다. 그가 연주할 때 검은 학이 날아와서 춤을 추었다고 한다. 이를 신기하게 여겨, 그 악기를 '**검은** 학이 춤추는 고*(악기)'라는 뜻의 '거문-고'라고 불렀다고 한다. 여기서 거문고의 '고'는 가야금을 뜻하는 순우리말이다. 그러나 이때는 한글이 창제되기 전이라, 기록에 남기려면 한자로 적을 수밖에 없었다. 그래서 악기 이름을 검을 '현(玄)', 두루미 '학(鶴)', 줄악기 '금(琴)' 자를 써서 '현학금(玄鶴琴)'이라고 했다가, '현금(玄琴)'으로 줄여서 적게 되었다고 한다. 그러니 ㉡'현금(玄琴)'은 우리말 '거문고'를 한자로 옮긴 것이다.

4 그렇다면 거문고는 중국의 칠현금과 어떻게 다를까? 얼핏 보면 비슷하게 생겼다. 둘 다 줄로 소리를 내는 현악기이다. 그러나 연주하는 방식은 다르다. 우리나라의 거문고는 '술대'라는 대나무 막대기로 현을 튕기거나 혹은 당기고 밀면서 소리를 낸다. 그러나 중국의 칠현금은 손가락으로 직접 튕겨서 소리를 낸다. 또한 연주하는 자세도 다르다. 거문고는 양반다리로 바닥에 앉은 뒤, 무릎에 악기를 올려서 연주한다. 그런데 칠현금을 연주할 때에는 탁자 위에 악기를 올려서 연주하므로 주로 의자에 앉는 경우가 많다. 또한 줄의 수도 다르다. 둘 다 명주실을 꼬아 만들지만 칠현금은 일곱 줄이고, 거문고는 여섯 줄이다.

5 거문고는 음이 깊고 웅장하며 막힘이 없다. 이로 인해 예로부터 선비의 악기라고 불릴 만큼 군자들의 사랑을 받았다. 그러나 조선 후기에 이르러서는 서민들도 거문고 연주를 즐기고 좋아하게 되었다. 이렇듯 거문고는 누구에게나 사랑받는 국악기의 으뜸이 되었다.

* **고(악기)**: 가야금을 뜻하는 순우리말. '가얏고'의 줄임말.

1 **각 문단의 제목으로 적절하지 않은 것은? (   )**

① **1**문단: 거문고의 국적에 대한 호기심

② **2**문단: 거문고에 얽힌 이야기 소개

③ **3**문단: 거문고의 유래와 이름의 뜻풀이

④ **4**문단: 거문고와 칠현금의 특징 비교

⑤ **5**문단: 양반 상류층의 악기가 된 거문고 소개

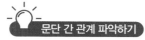

문단 간 관계 파악하기

2 **다음 문장을 넣을 위치로 적절한 것은? (   )**

> 그 이야기는 다음과 같다.

① **1**문단의 뒤   ② **2**문단의 뒤   ③ **3**문단의 뒤   ④ **4**문단의 뒤   ⑤ **5**문단의 뒤

3 **이 글을 쓰게 된 동기가 된 질문으로 적절한 것은? (   )**

① 거문고는 현악기일까?   ② 거문고는 우리 고유의 악기일까?

③ 거문고는 중국 악기보다 우수할까?   ④ 거문고에 얽힌 옛날이야기는 무엇일까?

⑤ 거문고는 어떻게 선비들의 사랑을 받았을까?

4 **이 글을 바탕으로 거문고와 칠현금을 비교한 내용으로 적절하지 않은 것은? (   )**

		거문고	칠현금
①	악기 종류	현악기	현악기
②	연주 방식	손가락 사용	술대 사용
③	연주하는 자세	양반다리로 바닥에 앉은 뒤 무릎에 악기를 올려서	의자에 앉은 뒤 탁자 위에 악기를 올려서
④	줄 수	6줄	7줄
⑤	줄의 재료	명주실	명주실

5 ㉠에 담긴 백아의 속마음으로 적절한 것은? (   )

① 평소 거문고를 싫어하는 마음

② 이 기회에 거문고 줄을 교체하려는 계획

③ 더 이상 거문고를 연주하지 않겠다는 결심

④ 거문고 소리가 마음에 들지 않아 화가 난 심정

⑤ 거문고를 버리고 다른 악기로 연주하겠다는 생각

6 〈보기〉를 참고하여 ㉡을 설명한 내용으로 적절하지 <u>않은</u> 것은? (   )

> 보기
>
>   세종 대왕께서 한글을 창제하기 전에는 한글이 없었기 때문에, 한자로 우리말을 표현할 수밖에 없었다. 당시 중국 글자인 한자로 바꿔 쓰는 방법 중에는 '소리'가 비슷한 한자로 바꾸는 방법과, '뜻'이 비슷한 한자로 바꿔 쓰는 방법이 있었다.

① '거문고'를 한자로 바꾸려면, '검다'를 뜻하는 '검은'과 악기를 뜻하는 '고'로 나눈다.

②『삼국사기』가 쓰여진 때는 고려 시대이기 때문에 한글로 '거문고'를 적을 수 없었다.

③ '玄琴(현금)'에서 '검을 玄(현)' 자는 우리말의 '검은'을 바꾼 것이다.

④ '玄琴(현금)'에서 '줄악기 琴(금)' 자는 가야금을 뜻하는 순우리말의 '고'를 바꾼 것이다.

⑤ '거문고'를 '玄琴(현금)'으로 쓴 것은 '거문고'와 '소리'가 비슷한 한자로 바꾼 것이다.

7 다음은 이 글의 중심 생각의 발전 과정을 나타낸 것이다. 빈칸에 들어갈 알맞은 내용을 쓰시오.

| 중국의 문헌에 실린 이야기로 인해 거문고를 중국 악기로 오해하는 경우가 있다. | → | 그 이야기에 등장하는 악기는 거문고가 아닌 칠현금이다. | → |『삼국사기』에 거문고의 탄생 과정과 이름의 유래가 기록되어 있다. | → | 거문고는 연주 방식, 연주 자세, 현의 수 등에서 중국의 칠현금과 다르다. | → | 그러므로 (   ) |

어휘 익히기

1 단어 뜻 알기

다음 빈칸에 들어갈 알맞은 단어를 〈보기〉에서 찾아 쓰시오.

오해   현   명주실   군자

1. 바이올린과 첼로는 (   )에서 소리가 나므로 현악기라고 한다.

   뜻 | 현악기에서 소리를 내는 가늘고 긴 줄.

2. 우리는 누에고치 전시관에서 (   )을/를 뽑는 과정을 구경하였다.

   뜻 | 누에고치에서 뽑은 가늘고 고운 실. 보통 비단실을 말함.

3. 친구의 말을 (   )하여 말다툼이 생겼지만 얼마 뒤에 화해했다.

   뜻 | 남의 말을 잘못 해석하거나, 뜻을 그릇되게 알고 있음.

4. 평생 다른 사람을 어질게 대하며 화를 내지 않으니 (   )이/가 따로 없다.

   뜻 | 행실이 점잖고 어질며 덕과 학식이 높은 사람.

2 관용 표현 알기

다음 빈칸에 알맞은 사자성어를 쓰시오.

" ☐ ☐ ☐ ☐ "

'백아'와 '종자기'는 '말하지 않아도 속마음까지 다 이해하는 벗'이다. 이와 같이, 이 사자성어는 '대나무로 만든 말을 타고 놀던 벗'이란 뜻으로, 어릴 때부터 친한 친구를 이르는 말이다.

한자	뜻	음
竹	대나무	
馬	말	
故	옛	
友	벗	

3 한자어 익히기

다음 한자어를 소리 내어 읽고 빈칸에 따라 쓰시오.

國	樂
나라 국	음악 악

국악(國樂): 우리나라 고유의 음악.
- 악기 연주뿐만 아니라 판소리도 국악이다.
- 서양 음악 혹은 양악은 국악의 상대되는 말이다.
- 국악기와 서양 악기를 모두 사용한 퓨전 국악도 등장했다.

國	樂						
나라 국	음악 악						

피타고라스와 음계

☑ 핵심 개념인 '음계'와 관련된 말들을 알아 둡시다.

→ 7음계 / (음)계이름 / 음정 / 도레미파솔라시도

음계란 음악에 쓰이는 음들을 높이 순서로 배열한 것을 말해. 음의 층계지.

☑ 글을 읽고 이것만은 꼭 찾아냅시다.

→ 서양의 7음계는 어떻게 정해졌을까?

☑ 글 내용을 그림으로 나타내며 읽어 봅시다.

→ 이해하기 어렵거나 복잡한 내용을 읽을 때는 간단한 표, 그래프, 그림 등을 그려 보면 좋다.

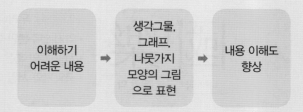

이해하기 어려운 내용 → 생각그물, 그래프, 나뭇가지 모양의 그림으로 표현 → 내용 이해도 향상

글 내용을 그림으로 표현하기란 복잡한 내용을 그래프, 표, 간단한 도식 등을 그려서 이해하는 것을 말해.

준비 학습

1

핵심 개념 미리 보기

다음 단어의 뜻을 참고하여, 단어에 맞는 그림을 찾아 연결하시오.

(1)
음정
두 음의
높이 차이

• •ㄱ

(2)
옥타브
8도 음정

• •ㄴ

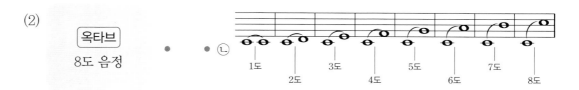

(3)
음계
음을 높이의
차례대로 배열한
음의 층계

• •ㄷ

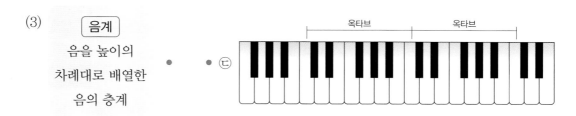

2

읽기 방법 미리 보기

다음 글의 내용을 그림으로 표현하고자 한다. '음의 높낮이'와 '현의 길이' 사이의 관계를 나타내는 그래프로 적절한 것은? ( )

　현악기에서 음의 높낮이는 현의 길이와 어떤 관계가 있을까? 현을 튕기면 현 주위의 공기가 진동하고 이것이 소리를 만들어 낸다. 이때 현의 길이가 길면 현이 천천히 진동하며, 이에 따라 공기의 진동도 천천히 파동을 일으킨다. 이것은 상대적으로 낮은음을 낸다. 반대로, 현의 길이가 짧으면 상대적으로 높은음이 난다.

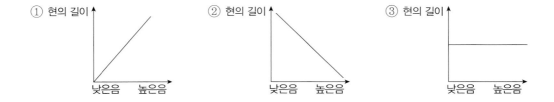

피아노에서 한 옥타브*는 7음계로 이루어져 있다. '도레미파솔라시' 다음에 다시 높은 음정의 '도레미파솔라시'가 계속 반복된다. 그런데 악기와 달리, 사람의 목소리는 높이 올라가는 것이 쉽지 않다. 그래서 두 옥타브 이상 음정이 올라가면 흔히 가수의 소질이 있다고 한다. 그렇다면 '도레미파솔라시'와 같은 7음계는 어떻게 만들어졌을까?

그리스의 위대한 수학자인 '피타고라스'는 어느 날 대장간을 지나다가 멈춰섰다. '쿵 쨍, 쿵 쨍, 쿵 쨍……', 소음처럼 들릴 수 있는 망치질 소리가 웬일인지 조화롭게 들렸기 때문이다. 이를 궁금하게 생각한 피타고라스는 대장간에 들어가 망치질을 유심히 관찰했다. 그 결과 망치의 무게에 따라 소리의 높낮이가 달라진다는 것을 알아챘다. 이후에 그는 무게의 비율이 2:1인 망치를 두드리면 높이만 다를 뿐 같은 소리가 난다는 것도 알게 되었다. 예를 들어, 무게가 12kg과 6kg인 망치가 있다고 하자. 무거운 망치가 '낮은 도' 소리를 낸다면, 무게가 절반인 가벼운 망치는 '높은 도' 소리를 낸다. 이는 한 옥타브 차이가 나지만, 같은 '도' 소리이다.

[A]
이후 피타고라스는 음의 높낮이를 현의 길이로 설명했다. 만약 하프에서 두 현의 길이가 2배 차이가 나면, 두 현은 한 옥타브의 음 차이가 난다는 것이다. 예를 들어 1m 길이의 현이 있다고 하자. 양 끝을 팽팽하게 고정시키고 현을 튕기면 어떤 소리가 날 것이다. 그 소리를 '도'라고 하자. 이번에는 이 현을 절반 잘라서, 즉 $\frac{1}{2}$ 되는 길이(50cm)로 만들어 현을 튕긴다. 그러면 길이가 1m일 때 난 소리보다 한 옥타브가 높아지지만 역시 '도'가 된다. 같은 '도'라도 길이가 절반으로 줄어드니, 높은음 '도'가 된 것이다.

이번에는 처음 1m 줄의 $\frac{1}{3}$ 되는 길이(약 33cm)로 현을 만들어 보자. 그러면 그 줄을 튕기는 소리는 '솔'이 된다. 이제 이 현의 길이를 2배로 늘여 보자. 즉 1m 줄의 $\frac{2}{3}$ 되는 길이(약 66cm)로 현을 만들면, 아까 났던 '솔' 음에서 한 옥타브 낮아지지만 역시 '솔' 음이 난다. 같은 '솔'이라도 길이가 늘어나니 낮은음 '솔'이 된 것이다. 즉 하나의 현이 그 길이가 절반으로 줄어들거나 2배로 늘어나면, 옥타브만 달라질 뿐, 같은 음이 난다. 또 1m 줄의 $\frac{3}{4}$ 되는 길이(75cm)의 현을 튕기면, 그 소리는 '파'가 된다.

이런 식으로 피타고라스는 현 길이의 비율을 이용하여, 음 사이의 높낮이인 음정을 정했다. 또한 그는 음의 높낮이를 현의 '진동수'로도 설명했다. 현의 길이는 진동수와 관련이 있기 때문이다. 현을 튕기면 현이 떨리면서 진동이 생기는데, 이 진동이 공기 중에 파동을 일으키면서 퍼져 나가면 소리가 상대방에게 전달된다. 이때 현의 길이가 짧으면 현의 진동이 빨라져서 진동하는 횟수도 많아진다. 그 결과 높은음이 난다. 반대로, 현이 길면 진동수가 적어지고 낮은음이 난다. 이런 원리로 피타고라스가 하나씩 찾아낸 음의 높낮이는 오늘날 7음계의 시작이 되었다.

높은
소리

낮은
소리

〈음의 높낮이와 진동〉

* **옥타브**: '도레미파솔라시도'와 같이, '낮은음'에서 같은 소리가 나는 '높은음'까지를 부르는 단위.

1 이 글의 중심 화제는? ( )

① 현의 진동수와 공기 파동

② 수학자 피타고라스의 위대한 일생

③ 대장간 망치질 소리가 내는 아름다운 화음

④ 음악 속에 숨어 있는 피타고라스 수학의 원리

⑤ 현의 길이 비율로 음의 높낮이를 알게 된 피타고라스

글의 단서를 이용하여 추론하기

2 이 글을 통해 알 수 있는 내용으로 적절하지 **않은** 것은? ( )

① 현의 길이가 길수록 '낮은음'이 나고, 짧을수록 '높은음'이 난다.

② 처음 현에서 길이를 절반으로 줄이면 음의 높이는 한 옥타브 높아진다.

③ '낮은음'은 '높은음'에 비해 현이 짧기 때문에 현을 튕기면 빠르게 진동한다.

④ '솔' 음을 기준으로 한다면, 낮은음 '솔'에서 높은음 '솔'까지는 한 옥타브이다.

⑤ 두 현 간의 길이의 비율을 1 : 2, 1 : 3, 2 : 3 등으로 만들면, 음의 높낮이를 알 수 있다.

글 내용을 그림으로 표현하여 이해하기

3 [A]를 잘 이해하기 위해 〈보기〉의 그림을 그려 보았다. (4)와 같이 길이 '1'이 되는 현을 튕기면 '도' 음이 난다고 할 때, (1)~(3) 지점을 누르고 현을 튕기면 어떤 음이 나오는지 계이름을 쓰시오.

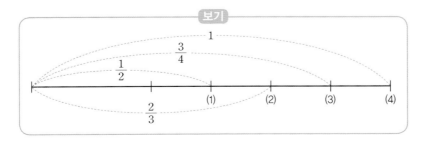

(1) _____

(2) _____

(3) _____

(4) _____도_____

4

이 글을 읽고 독서 토론을 한 내용이다. 잘못 이해한 사람은? (   )

① 지윤: 대장간의 망치질에서 소리의 높낮이를 찾아내다니 피타고라스는 대단한 것 같아.

② 희정: 맞아. 피타고라스가 음을 현의 길이의 비율로 설명하다니, 정말 놀랍지 않니?

③ 혁기: 현의 길이를 조정하여 '높은음 도와 낮은음 도', '솔', '파' 등을 하나씩 찾아냈다잖아.

④ 정혜: 현을 튕길 때 손가락으로 얼마나 세게 튕기느냐에 따라 음정이 달라진다는 것도 신기해.

⑤ 현수: 현의 길이에 따라, 현을 튕길 때 진동하는 횟수가 달라진다는 것은 또 어떻게 알았을까?

5

이 글을 읽고 〈보기〉의 시각 자료를 활용하여 설명문을 작성하였다. 적절하지 <u>않은</u> 것은? (   )

보기

왼쪽 ◀┈┈┈ 중앙 ┈┈┈▶ 오른쪽

학생 글

피아노의 원리와 구조

피아노 뒷면의 현을 보면, 하프 줄과 비슷하다. ① 건반을 누르면 건반에 연결된 작은 망치가 건반 뒤에 있는 현을 때린다. 그러면 그 현이 진동하게 되어 소리가 난다. 그래서 피아노는 건반 악기지만 현악기와 소리 나는 원리가 비슷하다.

피아노 건반과 현의 길이는 어떤 관계가 있을까? 피아노의 건반은 88개이므로 현도 88개이다. ② 왼쪽 건반 쪽으로 갈수록 현의 길이가 길어진다. 그래서 ③ 가장 왼쪽 건반을 누르면 가장 낮은음이 난다.

반대로, 오른쪽 건반 쪽으로 갈수록 현의 길이가 짧아진다. 그래서 ④ 가장 오른쪽 건반을 누르면 현의 진동수가 가장 적다.

만약 ⑤ 피아노 줄이 끊어지거나 건반에 연결된 작은 망치가 떨어지면 건반을 눌러도 소리가 나지 않는다. 현이 진동하지 못하기 때문이다.

어휘 익히기

1 ── 단어 뜻 알기
다음 빈칸에 들어갈 알맞은 단어를 〈보기〉에서 찾아 쓰시오.

보기

> 음정   진동수   파동   원리

1. 연못에 돌을 던지면 수면에 (   )이/가 일어난다.
   뜻 | 공간이나 물질의 한 부분에서 생긴 진동이 주위로 멀리 퍼져 나가는 현상.

2. 그의 노래는 (   )이/가 매우 불안해 뭔가 이상한 노래처럼 들린다.
   뜻 | 높이가 다른 두 음 사이의 간격. 음의 높낮이 차이.

3. 지난번 경주 지진은 1초에 10번 이상 땅을 흔드는 높은 (   )의 지진이었다.
   뜻 | 1초 동안 물체의 반복 운동이 일어난 횟수.

4. 냉장고의 (   )은/는 저장실 내의 프레온이 기화하면서 주변의 열을 흡수하는 것이다.
   뜻 | 사물의 근본이 되는 이치.

2 ── 관용 표현 알기
다음 빈칸에 알맞은 말을 쓰시오.

> "□□이 맞다"
>
> 대장간에서 망치질 소리가 음악 소리처럼 '쿵 쨍, 쿵 쨍, 쿵 쨍……' 리듬감 있게 들릴 때가 있다. 자칫 잘못하면 엉뚱한 곳을 쳐서 다칠 수도 있지만 서로 호흡이 맞으면 소리마저 조화롭게 들린다. 이처럼 이 관용구는 함께 일을 하는 데에 마음이나 의견, 행동 방식 따위가 서로 맞는다는 뜻이다.

3 ── 한자어 익히기
다음 한자어를 소리 내어 읽고 빈칸에 따라 쓰시오.

觀	察
볼 관	살필 찰

관찰(觀察): 사물이나 현상을 주의 깊게 살펴봄.
• 피타고라스는 관찰력이 뛰어나다.
• 실험할 때는 관찰 결과를 빠짐없이 기록해야 한다.
• 파브르는 식물을 관찰하고 『파브르 식물기』를 쓰기도 했다.

觀	察						
볼 관	살필 찰						

읽기 방법 익히기

---

❶ 공감 또는 비판할 부분 찾기

 글을 읽으면서 글 내용이나 글쓴이의 의견에 공감할 때도 있지만 다른 생각이 들 때도 있다. 그런 부분이 보이면 밑줄을 긋거나 글 옆에 메모를 달아, 그 이유를 간단히 적는 것도 좋다. 공감하거나 비판할 부분을 찾고 그 이유를 생각하며 읽으면 글을 훨씬 더 깊이 있게 이해할 수 있다.

★ 공감 또는 비판할 부분을 찾으며 읽으려면,
(1) 글 내용에 드러난 글쓴이의 관점이나 주장이 무엇인지 파악한다.
(2) 그것에 대한 자신의 생각은 어떤지 떠올려 서로 비교해 본다.
(3) 공감하거나 비판을 한다면 그 이유는 무엇인지 생각하고 타당한지 평가해 본다.

---

1 **다음 글을 읽고 물음에 답하시오.**

> 청소년들이 유행을 따르려는 것은 당연하다. 유행을 따르면 장점이 있다. 이 사회 속에서 외톨이가 되지 않고 공동체에 속해 있다는 느낌을 받는다. 그리고 다른 사람과의 공감과 소통에도 도움이 된다. 또 어떤 것을 선택해야 할지 결정이 어려울 때, 남들이 하는 대로 따라 하면 된다. 유행하는 옷을 입고, 남들이 좋아하는 음식을 먹고, 인기 있는 연예인에게 관심을 가지며, 신조어나 줄임말과 같이 유행하는 말을 사용하고, 자신의 일상을 SNS에 올려서 다른 사람들과 취미와 관심사를 나눈다.
>
> 어떤 사람들은 유행보다는 개성이 중요하다고 한다. 유행은 남을 따라 하는 것이므로 주체적이지 못하다는 것이다. 그러나 유행을 따르는 것을 크게 걱정할 필요는 없다. 왜냐하면 나이가 들면, 이런 유행에 대한 관심도 자연스럽게 사라지기 때문이다.

(1) 자신의 생각과 비교하여 공감 또는 비판할 부분이 있다면, 찾아서 밑줄을 그으시오.

(2) 〈보기〉의 관점에서 이 글을 비판하고자 한다. 반대하는 이유를 이어서 쓰시오.

보기

> 유행을 따르는 것은 환경 문제와도 관련이 있다. 현대 사회에서 유행을 따르려면 계속해서 소비를 해야 하기 때문이다. 필요하지 않아도 사고, 아직 쓸 만해도 새로 산다. 그래서 과소비가 일어난다.

 무조건 유행을 따르는 것에는 반대한다. 왜냐하면 _____

_____.

2

다음 글을 읽고 물음에 답하시오.

프랑스의 미술가인 뒤샹은 변기, 자전거 바퀴, 술병 걸이 등 실제 생활에서 사용되는 소재들을 활용해 예술품을 만들었다. 대표적으로 「샘」이라는 작품이 있다. 이것은 남자 화장실의 소변기에 뒤샹이 사인(sign)만 한 것이다. 뒤샹은 이미 만들어진 제품도 예술 작품이 될 수 있다고 생각했다.

이것이 어떻게 예술 작품이 될 수 있을까? 하고 의문이 들 수 있다. 그러나 예술가가 무언가를 꼭 새롭게 만들어야만 예술이 아니라, 사물을 새로운 눈으로 바라보고, 창의적으로 해석하면 그것으로도 충분히 예술이 될 수 있다. 그렇기 때문에 뒤샹은 예술을 '발견'이라고 했다. 이러한 생각은 중요하다. 왜냐하면 미술이란 세상을 '있는 그대로' 표현하는 것이 아니라, 보다 적극적으로 '자신의 생각'을 표현하는 것이기 때문이다.

(1) 다음은 학생들이 나눈 토론이다. 이 글의 내용에 찬성하는 의견이면 '공감' 칸에, 반대하는 의견이면 '비판' 칸에 ✔표 하시오.

토론 내용	공감	비판
① 생활용품은 실용적인 용도로 만들어진 것이므로 생활에만 사용되어야지 미술의 재료가 되어서는 안 돼.		
② 어떤 물건이라도 그것을 새로운 눈으로 바라본다면, 그것은 더 이상 생활용품이 아니라 예술이 될 수 있어.		
③ 누구든지 아무 생활용품이나 갖다 놓고서 예술품이라고 한다면, 세상 물건이 다 예술품이 되게? 그건 아니지.		
④ 뒤샹이 강조한 것은 예술은 뭔가를 '만드는 것'이 아니라, 창의적인 생각, 즉 예술적 영감이 있어야 한다는 거야.		

(2) 다음 주장에 대한 자신의 생각에 해당하는 것에 ✔표를 하고 그 이유를 쓰시오.

이미 사용되고 있는 물건도 새로운 관점으로 보면 예술 작품이 될 수 있다.	공감 ( )	비판 ( )

그렇게 생각한 이유: _____

_____

_____

 글의 구조가 복잡하거나 내용이 어려운 글을 읽을 때는 핵심어를 중심으로 다음과 같이 그림이나 표, 그래프, 마인드맵 등을 그려 보면 글을 좀 더 효과적으로 이해할 수 있다.

등장인물의 관계	생각그물(마인드맵), 화살표
분류 관계	수형도(나뭇가지 모양의 그림)
비례 관계	그래프(정비례, 반비례 등)
포함 관계	벤 다이어그램, 크기 표시 (<, >, =)

★ 글의 내용을 그림으로 표현하려면,

(1) 가장 적절한 그림의 방식을 생각해 본다.

(2) 그림에 넣을 핵심어를 글 내용에서 뽑는다.

(3) 그림의 중요한 마디에 핵심어를 배열한다.

1 다음 글의 ㉠과 ㉢을 아래와 같이 수형도로 그릴 때, 연결 관계를 선으로 표현하고 ㉡과 ㉣에 해당하는 것에 ○표 하시오.

> 예를 들어 ㉠정오각형, 정육각형, 정팔각형, 정십각형과 같은 평면 도형이 있다고 하자. 바퀴 모양으로 만들어 굴린다면 어느 것이 잘 굴러갈까? 당연히 ㉡정십각형이다. 각이 많을수록 원에 가까운 모양이 되므로, 더 잘 굴러갈 것이다. 그렇다면 다면체와 같은 입체 도형일 때는 어떨까? 만약 ㉢정사면체, 정육면체, 정팔면체, 정십이면체, 정이십면체와 같은 입체 도형이 있다고 하자. 어느 것이 가장 잘 굴러갈까? ㉣정이십면체일 것이다.

[도형]

[평면 도형]   [입체 도형]

정오각형 정육각형 정팔각형 정십각형

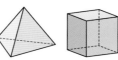

정사면체 정육면체 정팔면체 정십이면체 정이십면체

2

다음 글을 읽고 물음에 답하시오.

'홍길동'은 조선 세종 때 이조 판서 홍문의 아들이다. 그런데 길동의 어머니는 춘섬이라는 여종으로, 아버지 홍 판서의 첩이었다. 길동은 양반과 종 사이에서 태어났기 때문에 '얼자'의 신분이다. 얼자는 아버지를 '대감님'으로, 형을 '도련님'으로 불러야 하며, 양반과 함께 밥을 먹거나 방을 쓸 수 없었다.

길동은 재주와 머리가 뛰어났고, 훌륭한 인물이 될 기상을 지녔다. 그러나 얼자로 태어나 차별 대우를 받다 보니, '한'을 품게 되었다. 가족들은 길동이 마음속에 한을 품은 것을 알고 혹시 나쁜 마음을 품고 미래에 일을 벌일까 두려워하여 자객을 시켜 길동을 죽이려고 한다. 그러나 길동은 위기에서 벗어나 방랑의 길을 떠난다.

그러다가 도적의 소굴에 들어가 힘을 겨루어 두목이 된다. 기이한 계책으로 해인사 절의 보물을 훔친 뒤 자신의 무리를 '활빈당'이라 부르며, 탐관오리들의 부정한 재물을 빼앗아 가난한 사람들에게 나누어 주었다. 이에 팔도의 양반과 관리들이 홍길동을 잡으려고 했으나 실패했다. 길동은 바람을 부르고 비를 내리게 하는 도술을 마음대로 썼으며, 짚으로 만든 허수아비를 수십 명의 홍길동으로 둔갑시키는 둔갑술도 뛰어나, 누구도 길동을 당해 낼 수 없었다. 그러자 임금과 조정은 길동의 아버지를 앞세워 길동을 설득하도록 하고, 병조 판서 벼슬을 준다며 자수하도록 유도한다.

그러자 길동은 스스로 붙잡혀 잠시 병조 판서가 된다. 그 뒤 길동은 고국을 떠나 중국으로 가다가 풍경이 아름다운 '율도국'이라는 섬을 발견한다. 길동은 거기 살던 요괴를 퇴치하고, 볼모로 잡혀 온 미녀를 구해 주고 율도국의 왕이 된다.

(1) 이 글의 등장인물들을 찾아 동그라미 표시를 하시오.

(2) 홍길동의 성격, 재주, 업적 등 홍길동의 특징을 나타내는 단어들을 찾아 네모 표시를 하시오.

(3) 다음은 (1)~(2)를 바탕으로, 등장인물 간의 관계와 주요 사건을 나타낸 그림이다. 빈칸에 들어갈 말을 찾아 쓰시오.

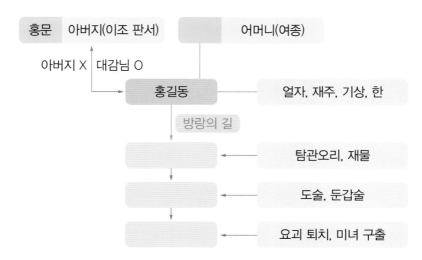

66

ERI 독해가
문해력이다

독해 학습으로
문해력 키우기

99

★ 주차별 읽기 방법을 생각하며 읽으면 더 큰 학습 효과를 얻을 수 있습니다.

7단계 기본 — ❶ 주차 학습 중 —

글의 특성에 따라 요약하기

어조를 고려하여 글쓴이의 태도와 관점 파악하기

7단계 기본 — ❷ 주차 학습 중 —

독서 목적에 따라 글 요약하기

상징적 표현의 의미 파악하기

독서 목적에 따라 글 요약하기

요약하기란 글의 주요 내용을 간추려 정리하는 것으로, 요약하는 과정에서 글의 내용을 체계적으로 정리하게 되므로 글을 오래도록 기억하는 데 효과적이다. 글을 요약할 때에는 글의 종류, 독서의 목적, 정보의 중요도 등을 고려하게 된다. 특히 독서의 목적은 정보의 중요도를 판단하는 기준이 되는 등 요약할 때 반드시 고려해야 하는 사항이다.

★ 독서의 목적에 따라 글을 요약하는 방법

❶ 정보를 얻기 위한 목적: 자신에게 필요한 정보가 나온 부분을 중심으로 요약하되, 새롭게 알게 된 내용을 강조한다.

❷ 학습 또는 연구의 목적: 글에서 설명하는 주요 개념을 명확히 정리하고, 글의 핵심 내용을 구조화한다.

❸ 감동을 얻기 위한 목적: 자신이 감동을 받은 부분을 중심으로 요약하되, 감동을 받은 이유와 해당 부분이 글 전체에서 어떤 역할을 하는지를 밝힌다.

❹ 발표 준비를 위한 목적: 발표의 목적과 발표에 사용할 매체를 고려하여 중요한 내용을 요약한다.

글의 특성에 따라 요약하기

요약하기는 글의 주요 내용을 간추려 정리하는 것이다. 이때 글의 특성을 고려하면 보다 효과적인 요약이 가능하다. 즉 글의 종류, 글의 전개 방식이나 설명 방식 등을 고려하여 요약할 수 있다.

★ 글의 특성에 따라 요약하려면,

❶ 글의 종류가 무엇인지 파악한다.

❷ 글에서 사용된 주된 전개 방식이나 설명 방식을 파악한다.

❸ 글의 종류나 주된 전개 방식, 설명 방식에 맞추어 글의 내용을 요약한다.

★ 글의 종류에 따른 요약의 방법

❶ 설명하는 글
 – 글쓴이가 주로 설명하고 있는 대상을 파악한 뒤, 세부 정보를 요약한다.
 – 글에 사용된 설명의 방법(정의, 비교·대조, 인과 관계 등)을 중심으로 요약한다.

❷ 주장하는 글: 글쓴이가 주장하고자 하는 내용과 그 근거를 중심으로 요약한다.

❸ 이야기 글: 인물, 사건, 배경과 같은 이야기의 주요 구성 요소를 파악하고 시간순으로 요약한다.

상징적 표현의 의미 파악하기

상징적 표현은 눈에 보이지 않는 사실이나 생각을 구체적인 사물로 나타내는 것을 말한다. 상징적 표현은 비유처럼 글쓴이가 표현하고자 하는 원관념을 직접 드러내지 않는다. 예를 들어 "내 마음속 무궁화는 사라지지 않는다."라고 했을 때, 무궁화의 원관념은 드러나지 않지만 사람들은 무궁화가 우리나라를 뜻한다는 것을 자연스럽게 떠올리게 된다.

상징적 표현의 의미는 이처럼 같은 문화를 공유하고 있는 사람들 사이에서 자연스럽게 이해되기도 한다. 하지만 글 속에서 반복적으로 사용되며 상징적 의미를 갖는 경우도 있다.

★ 상징적 표현의 의미를 파악하기 위해서는,

❶ 상징적 표현이 쓰인 단어가 일반적으로 어떻게 해석되는지 찾아본다.
 예 흰색–순수

❷ 상징적 표현이 쓰인 단어가 글 속에서 쓰인 맥락을 근거로 의미를 정리해 본다.

어조를 고려하여 글쓴이의 태도와 관점 파악하기

글쓴이의 특징적인 말투나 말하는 방식 등을 '어조'라고 한다. 글쓴이의 어조를 고려하면 글쓴이가 언급하는 대상에 대해 어떤 감정이나 생각을 가지고 있는지, 어떤 태도와 관점으로 그 대상을 바라보는지를 짐작할 수 있다.

★ 어조를 고려하여 글쓴이의 태도와 관점을 파악하려면,

❶ 글에서 말하고자 하는 대상이 무엇인지를 파악한다.

❷ 글쓴이가 그 대상에 대해 어떠한 어조를 취하고 있는지를 살펴본다.

❸ 글쓴이의 어조를 고려하여 그 대상에 대한 글쓴이의 태도와 관점을 파악한다.

❹ 글쓴이가 어떤 가치를 중시하는지를 파악한다.

ERI 독해가 문해력이다

7단계 기본

중학 1~2학년 권장

정답과 해설

한눈에 보는 정답
상세한 지문·문항 해설

EBS

당신의 문해력

ERI 독해가 문해력이다

7단계 · 기본
중학 1 ~ 2학년 권장

정답과 해설
한눈에 보는 정답
상세한 지문·문항 해설

🔍 한눈에 보는 정답

1주차

01회 (21쪽)
1 ④ 2 ④ 3 ② 4 ② 5 ② 6 ②
어휘 익히기 1 1 성찰 2 종결 3 해서 4 편견 2 손바닥

02회 (27쪽)
1 ② 2 ④ 3 ② 4 ② 5 ③ 6 ③
어휘 익히기 1 1 헌신 2 고하 3 각성 4 보편적 2 쥐, 고양이

03회 (33쪽)
1 생애(삶), 불행, 행복 2 ③ 3 ④ 4 ② 5 ⑤ 6 ⑤
어휘 익히기 1 1 실제 2 몰입 3 분산 4 함몰 2 교각살우

04회 (39쪽)
1 ④ 2 ④ 3 ⑤ 4 ⑤ 5 ③ 6 ⑤ 3 흥미로운 범죄자라고 하더라도, 평상시 모습에 대한 평판이 예상외로 좋은 것
어휘 익히기 1 1 하가 2 차아 3 현상 4 평판 2 견물생심

05회 (42쪽)
1 1 ④ 2 (1) ① (2) ④
2 1 (1) 비둔 (2) 회의적(혹은 부정적), 그림자 2 (1) ⑤ (2) ④

STEAM 독해 (47쪽)
1 문화 2 ② 3 해설 참조, 남서 4 해설 참조 5 ⑤

2주차

01회 (55쪽)
1 ⑤ 2 ③ 3 ① 4 ② 5 ④ 6 ④
어휘 익히기 1 1 측량도 2 통솔 3 입지 4 조난 2 호랑이

02회 (61쪽)
1 A: 참정권 B: 선거권 C: 피선거권 2 ④ 3 ④ 4 ③ 5 ① 6 ②
어휘 익히기 1 1 행사 2 하향 3 여론 4 부여 2 만시지탄

03회 (67쪽)
1 ② 2 ③ 3 ② 4 ④ 5 ④ 6 ③
어휘 익히기 1 1 낭패 2 고종 3 호칭 4 소외 2 설상가상

04회 (73쪽)
1 ② 2 ② 3 ⑤ 4 ⑤ 5 ③ 6 ⑤
어휘 익히기 1 1 재화 2 순환 3 경제 활동 4 가계 2 누이, 매부

05회 (76쪽)
1 1 (1) 폐의류가 처리되는 과정 (2) 개념, 구조화 (3) 이유, 역할 2 (1) ④ (2) ㉠ 듣음 장애 ㉡ 선천성 ㉢ 후천성 ㉣ 말소리 인식
2 1 (1) 차이 (2) 하루를 살아가기 위해 인간이 필요로 하는 에너지 2 (1) 도움, 해결 방법 (2) ③

4주차

01회 (119쪽)

1 ② 2 ③ 3 ④ 4 ③ 5 ② 6 ①
어휘 익히기 1 첫사 2 배웅 3 명암 4 명막 2 판

02회 (125쪽)

1 ③ 2 ⑤ 3 ④ 4 ④ 5 축구공을 만들려면 구의 평면 전개도가 있어야 한다. 6 ③
어휘 익히기 1 단면 2 전개도 3 정다면체 4 소재 2 낙

03회 (131쪽)

1 ⑤ 2 ① 3 ② 4 ② 5 ③ 6 ⑤ 7 가문고는 우리나라에서 만든 우리 고유의 전통 악기이다.
어휘 익히기 1 현 2 명주실 3 오해 4 군자 2 죽마고우

04회 (137쪽)

1 ⑤ 2 ③ 3 (1) 도 (2) 솔 (3) 파 4 ④ 5 ④
어휘 익히기 1 파동 2 음정 3 진동수 4 원리 2 손발

05회 (140쪽)

1 1 (1) 예 청소년들이 유행을 따르려는 것은 당연하다. (2) 유행을 따르다 보면 과소비를 하게 되고 이것은 환경 오염을 유발하기 때문이다 2 (1) ① 비판 ② 공감 ③ 비판 ④ 공감 (2) 예 비판 : 이미 만들어진 생활용품을 새롭게만 본다고 해서 예술 작품이 된다면, 예술 작품과 일상생활에서 쓰는 생활용품의 구별이 없어지게 될 것이다. / 생활용품이 모두 예술품이 될 수 있다면 굳이 돈을 내고 예술품을 사거나 가지려고 하지 않게 된다. 그렇게 되면 예술은 발달하지 않게 된다.
2 1 해설 참조 2 (1) 해설 참조 (2) 해설 참조 (3) 춘성, 홀빈당, 범조 판서, 욕도국 왕

3주차

01회 (85쪽)

1 ③ 2 (1) 나 헬멧, 장갑, 장화 다 문제 라 생명 유지 장치 (2) 복잡한 것을 구성 요소나 성질로 나누어 설명하는 방식 3 ② 4 ⑤ 5 ④ 6 ③
어휘 익히기 1 냉각수 2 고립 3 방탄복 4 무중력 2 사면초가

02회 (91쪽)

1 ② 2 ⑤ 3 ④ 4 ③ 5 ⑤ 6 (1) ㉣ (2) ㉤
어휘 익히기 1 청자색 2 자질 3 석영 4 수석 2 암묵

03회 (97쪽)

1 ④ 2 ② 3 ③ 4 ⑤ 5 요리, 영양소, 한의에 쓰이는 성분, 분해자 6 ㉠ 군사제 7 ③
㉣ 자승제
어휘 익히기 1 포자 2 기생 3 군계 4 공생 2 삼부성조

04회 (103쪽)

1 ④ 2 ① 3 ③ 4 지구 표면에서 염화칼슘, 즉 고도가 높을수록 공기의 양이 희박해지기 때문이다. 5 ⑤ 6 ②
어휘 익히기 1 기압 2 희박 3 고도 4 염막 2 공든면

05회 (106쪽)

1 1 ⑤ 2 (1) 일회용 물품(컵) 사용을 줄여야 한다. (2) ②
2 1 (1) 가 버섯은 동식물에서 기한 음식으로 여겨졌다. 나 버섯은 생태계의 분해자이다. (2) 기한 음식, 분해자, 생태계 2 (1) 마늘처럼 이용하여 만든 물건은 생활을 편리하게 한다. (2) 마늘처럼 조대해를 줄이는 것이 삶에 도움이 되기도 한다. (3) 동선화, 타이어, 스포츠, 스케이트 날

STEAM 독해 (111쪽)

1 지리 정보 시스템
2 해설 참조 3 ② 4 10간 5 (1) (가) 대축척 지도 (나) 소축척 지도 (2) ① 대 ② 250

ERI 지수 **754**

많은 사람이 역사가 단순히 과거에 있었던 사실이나 사건, 또는 그 자체를 객관적으로 기록한 것이라고 생각한다. 이러한 관점에서 바라본 역사를 '사실로서의 역사'라고 객관적으로 기록하는 것이라고 생각한다. 그런데 사실이나 사건을 객관적으로 모든 관점도 있다. 역사를 기록하는 사람이 어떤 의도를 지니고 있는가에 따라 ...

다. 역사를 기록할 때 주관적인 해석이 들어가는 것이다. 즉 역사가 단순히 생각이나 주관적인 해석이 들어가는 ... 논리적으로 밝힘. 것을 있는 그대로 기록한 것이 아니라, 기록하는 사람의 판단과 해석에 따라 어떤 것은 기록되고 어떤 것은

생략되기도 한다. 즉 ㉠역사라는 실제 있었던 사실이나 사건에 대해 이와 해석과 가지 판단에 대해서 실 다고 볼 수 있는 것이다. 이러한 관점에서 바라본 역사를 '기록으로서의 역사'라고 한다. ㉡'사실로서의 역사'의 의미 에드워드 카는 '기록으로서의 역사'를 강조한 대표적 역사학자이다. 그는 '역사란 현재와 과거의 끊임없는 대화'라고 말하였다. 이 말은 역사를 기록하는 사람이 현재의 시점에서 과거를 어떻게 이해하느냐에 따라

㉢역사는 끊임없이 새롭게 기록될 수 있다는 것을 뜻한다. 그 사람이 속한 시대나 집단에서 무엇을 중시하는
가, 그 사람이 어떤 편견을 가졌는가에 따라서 따라서 해석에 대한 해석이 역사의 의미 공정하지 못하고 한쪽으로 치우친 생각, 자의적으로 바라본 '기록으로서의 역사'의 므로 과거의 기록된 사실이라도, 사건의 재평가가 이루어지고 있는 대표적인 사

진이다. 기존의 역사는 유럽인들의 관점에서 기록되어 있었다. 그래서의 사건 은 이탈리아의 탐험가인 콜럼버스가 스페인 여왕의 지원을 받아 아메리카라는 '신대륙'을 '발견'한 것으로 앞서 있었다. 이러한 역사가 역사의 기록함으로써 콜럼버스

▲ 크리스토퍼 콜럼버스

탐험이란 초점을 맞춘 것이다. 그리고 이렇게 이룩한 문명을 이룩한 원주민들이 역사와 존재를 사람 대륙에 수권 내 동시 독자적인 문명을 이룩한 원주민들이 역사와 존재를 사람 들의 마당속에서 @지우고 만 것이다.
→ 콜럼버스의 신대륙 발견에 대한 기존의 역사적 평가

㉣이러한 역사적 기록에 대해 비판적으로
마국에 최근 미국의 여러 지역에서 나타나고 있다. 미국에서는 콜럼버스의 신대륙 발견을
기념하여 10월의 두 번째 월요일을 '콜럼버스의 날'로 지정하고 휴일로 삼고 있었다. 그런데 콜럼버스가 아메리
가 대륙을 식민지로 통치하면서 원주민을 노예로 삼고 학살하고 착취가 점차 발전되고 있다. 그리고 이 기념일이
이의 미국 각지에서 콜럼버스의 날을 반대하는 운동이 점차 늘어지고 있다.

명칭을 '원주민의 날'로 바꾸는 지역이 점차 늘어나고 있다.
→ 콜럼버스의 신대륙 발견 기록을 극복하려는 노력을 통해 인류는 보다

㉤역사가 기록된 시점에 있었던 한계를 미래로 나아가는 밑거름이 될 것이다.
→ '기록으로서의 역사'의 관점이 지닌 의의

나은 현재를 구성할 수 있다. 그리고 이러한 노력은 보다 나은 미래로 나아가는 밑거름이 될 것이다.

1

이 글의 전개 방식으로 가장 적절한 것은? (④)

① 구체적인 사례들의 공통점을 바탕으로 결론을 제시하고 있다.
② 한 대상의 특성을 부각하기 위해 유사한 대상과 비교하고 있다.
③ 여러 대상을 제시한 후 일정한 기준에 따라 구분하여 설명하고 있다.
④ 한 대상을 이해하는 관점에 대해 구체적인 사례를 들어 소개하고 있다.
⑤ 상반되는 두 입장이 지닌 한계를 설명하고 새로운 입장을 제시하고 있다.

해설 이 글은 '기록으로서의 역사'라는 관점의 의미를 보여 주기 위해 과거의 사건이 새롭게 평가되는 실제 사례를 들어 구체화하고 있다.

2

㉠~㉤ 중 나머지와 성격이 다른 하나는? (④)

① ㉠   ② ㉡   ③ ㉢   ④ ㉣   ⑤ ㉤

해설 ㉣의 관점에서 역사를 기록하는 것을 '사실로서의 역사'라고 한다. 나머지는 '기록으로서의 역사'의 관점을 보여 주는 것들이다.

3

역사를 재평가한 사례로 가장 적절한 것은? (②)

① 과거에 작성된 지도를 근거로 독도가 우리 땅이라는 사실을 입증한다.
② 폭군으로만 평가받던 광해군을 그의 정체와 업적을 중심으로 이해한다.
③ 역사적 자료를 바탕으로 광개토 대왕의 업적을 확장한 과정을 설명한다.
④ 삼국 시대에 일어나 사건은 그 당시에 기록된 내용을 가장 신뢰하도록 한다.
⑤ 조선 시대에 왕권 강성이 만들어 낸 다양한 분야의 발명 품목을 그대로 재현한다.

해설 역사를 '재평가'한다는 것은 과거에 일어난 사건의 의미를 다양한 관점에서 바라보며 새롭게 해석하는 것을 의미한다. 폭군으로만 평가받던 광해군을 그의 정책과 업적을 중심으로 이해하는 것은 새로운 해석이라고 볼 수 있다.

4

밑줄 친 @의 문맥적 의미가 @와 가장 유사한 것은? (②)

① 그가 옷에 묻어 있는 오래된 얼룩을 지우고 있었다.
② 그 신문 기사는 피해자들의 아픔을 교묘히 지우고 있었다.
③ 당시 왕은 백성들에게 과도한 세금의 부담을 지우고 있었다.
④ 그는 어느새 얼굴에서 웃음기를 지우고 냉정한 표정을 지었다.
⑤ 할아버지가 당나귀에게 무거운 짐을 지우고 떠날 준비를 하였다.

해설 @는 생각이나 기억 따위를 의식적으로 없애거나 잊어버리라는 의미
  → 묻었거나 붙어 있던 것을 닦거나 없애라는 의미
  → '책임 등을 부과하다'라는 의미
  → 감정이나 표정 따위를 사라지게 하
  → 고정된 의미
  → 물건을 나르기 위하여 어깨나 등
    에 얹게 하다라는 의미
가지고 있다. 이와 같은 의미를 지닌 것은 ②의 지우고이다.

어휘 익히기

1 ─ 단어 뜻 읽기

다음 빈칸에 들어갈 알맞은 단어를 〈보기〉에서 찾아 쓰시오.

> 보기
>
> 해석　　편견　　성찰　　종결

1. 삶을 (성찰)하는 것은 정신적 성장에 중요한 일이다.
   뜻 | 어떤 마음가짐을 지녔고 행지 또는 잘못한 일이 있는지 곰곰이 살핌.
2. 오랫동안 지속되었던 사건의 수사가 마침내 (종결)되었다.
   뜻 | 일을 끝냄.
3. 한 권의 글도 독자와 평론가에 따라 다양하게 (해석)이 될 수 있다.
   뜻 | 사물을 자세히 풀어서 논리적으로 밝힘.
4. 다양한 민족이 더불어 살아가기 위해서는 특정 민족에 대한 (편견)을 버려야 한다.
   뜻 | 공정하지 못하고 한쪽으로 치우친 생각.

2 ─ 관용 표현 읽기

다음 빈칸에 알맞은 말을 쓰시오.

"손 바 닥 으로 하늘 가리기"

콜럼버스는 아메리카 대륙을 발견한 선구자로 기록되어 있다. 그러나 이러한 기록은 당시 콜럼버스 일행이 원주민들의 문명을 파괴했음을 숨기고 있었다. 이 숨겨온 콜럼버스 일행의 야행을 숨기 것처럼 불리한 상황에 대하여 임기응변식으로 대처하는 행위를 이르는 말이다.

3 ─ 한자어 익히기

다음 한자를 소리 내어 읽고 빈칸에 따라 쓰시오.

歷	史
지날 역	역사 사

歷	史
지날 역	역사 사

역사(歷史): 나라나 민족, 한 사회가 처음 생겨나 오늘에 이르기까지 변하고 겪어 온 과정. 또는 그 과정을 적은 것.
• 우리 민족은 반만년의 역사를 가지고 있다.
• 제국의 찬란한 영광도 역사 속으로 사라졌다.
• 조선 왕조의 역사는 '조선왕조실록'에 자세히 기록되어 있다.

---

5 〈보기〉를 읽고 글쓴이가 보일 반응으로 적절한 것은? (②)

> 보기
>
> '콜럼버스의 날'은 500년이 넘도록 미국 전역에서 기념해 온 날로 역사적 의미가 있다. 특히 콜럼버스의 위대한 지성인 이탈리아계 미국인들에게 이 기념일이 주는 의미는 남다르다. 그들에게 이날은 선조들의 자랑스러운 역사를 기억함으로써 자부심을 높여 주는 계기가 되기 때문이다.
>
> 그러므로 '콜럼버스의 날'을 원주민의 날로 바꾸는 것은 이들의 입장에서는 받아들이기 힘든 일이다. '콜럼버스의 날' 기념은 앞으로도 변함없이 계속되어야 한다.

① 이미 과거에 끝나 버린 사건을 두고 갈등을 일으키는 것은 옳지 않다.
② 콜럼버스의 날'이 원주민의 주손에게 주는 아픔에 대해서도 성찰해야 한다.
③ 500년이 넘도록 기념해 온 '콜럼버스의 날'은 그 자체로 역사적 가치가 있다.
④ 이탈리아계 미국인들과 원주민의 주손들이 직접 나서서 해결 방법을 찾아야 한다.
⑤ 다양한 인종과 민족으로 이루어진 미국의 경우, 역사를 보는 입장보다 편협된 관점을 가져야 한다.

해설 글쓴이는 역사가 과거에 종결된 사건으로 끝나는 것이 아니며, 시대나 기록하는 이의 관점에 따라 다른 해석과 평가를 배경으로 재구성될 수 있다고 보고 있다. 이러한 관점에서는 '콜럼버스의 날'에 대해서도 비판적으로 성찰하는 태도가 필요함을 이야기할 수 있다.

6 이 글과 〈보기〉에서 역사를 보는 관점에 대한 의견으로 적절하지 않은 것은? (②)

> 보기
>
> 역사가는 과거를 실명하는 사람일 뿐이지, 자신의 의견을 덧붙이는 사람이 아니다. 역사가는 과거에 일어난 사실을 편견을 갖지 않고 있는 그대로 서술해야 한다.

① 나희: 이 글의 관점에서 보면 〈보기〉의 관점은 역사를 이미 종결된 과거의 사건으로만 보고 있다는 비판을 피할 수 없어.
② 지후: 이 글의 관점에 따르면 〈보기〉에서 자신의 의견을 덧붙이는 사람이야말로 역사를 이해한 사람으로 볼 수 있어.
③ 서준: 〈보기〉의 관점에서 보면 이 글에서 역사적 사실에 대한 가치 판단이나 주관적인 해석을 중시하는 것은 적절하다고 볼 수 없겠어.
④ 현아: 〈보기〉의 관점에서 보면 이 글의 관점에 따라 역사를 기록하는 것은 자칫 편견에 따라 사건의 의미를 해석하는 일이 될 수 있어.
⑤ 은우: 〈보기〉의 관점에 따르면 이 글의 관점에 따라 역사를 기록했을 때 역사를 기록하는 사람마다 서로 다른 역사 기록을 남길 수 있다고 비판할 수 있었어.

해설 이 글은 역사를 기록으로서의 역사로 바라봐야 한다고 말하고 있으며, 〈보기〉는 역사를 '사실로서의 역사로 보아야 한다고 말하고 있다. 이 글의 관점에 따르면 〈보기〉에서 과거를 설명하는 사람은 사람의 사실로서의 역사를 중시하고, 자신의 의견을 덧붙이는 사람은 기록으로서의 역사를 중시하는 것으로 볼 수 있다.

유럽에 있는 여러 나라의 국기 중에는 세 가지 색깔을 나란히 놓은 삼색기가 많다. 그 이유는 이 국가들이 프랑스 삼색기의 영향을 받아 만들어졌기 때문이다. 프랑스 삼색기가 어떤 특별한 점이 있기에 유럽 여러 나라에 영향을 미친 것일까? 프랑스 삼색기는 프랑스 혁명에서 사용된 모자에 붙인 표지 빛깔에서 유래하였다.

이 표지는 현재 프랑스 삼색기의 색깔과 같이 파란색, 하얀색, 빨간색으로 구성되어 있었느니, 각각 프랑스 혁명의 정신을 상징하고 있다.

파란색이 상징하는 것은 '자유'이다. 자유의 사전적 의미는, '자기' 이외의 무엇으로부터 얽매이거나 구속받지 않고 자기 마음대로 행동할 수 있는 상태,'를 뜻한다. 프랑스 혁명은 전 프랑스인이 제1 신분인 성직자, 제2 신분인 귀족, 제3 신분인 평민 등 세 신분으로 구성되어 있었다. 국민 대다수가 속해 있던 제3 신분 평민들은 정치 참여의 권리는 없으면서 무거운 세금을 부담 했고, 성직자와 귀족들로부터 억압받았다. 이러한 상황 속에서도 평민들에게는 신분의 고하와 상관없이 '자유'는 인간이 누려야 할 당연한 권리라는 굳은 믿음이 있었다. 그리고 그러한 믿음

▲ 프랑스 국기

이 프랑스 삼색기의 파란색에도 담겨 있음

하얀색이 상징하는 것은 '평등'이다. '평등'이란 인간 개개인이 지닌 인종, 성, 계층, 종교과 같은 다양한 '차이로 인해 '차별을 받아서는 안 된다는 것을 뜻한다. 프랑스 혁명 당시 제1 신분과 제2 신분은 프랑스 혁명 당시 전체 인구의 2%에 불과했다. 그런데 전체 인구의 40%을 소유하고 있었다. 그분 아니라 이들은 귀족은 프랑스 전체 인구의 2%에 불과했다. 그런데 전체 인구의 40%을 소유하고 있었다. 그분 아니라 이들은 세금조차 내지 않았다. 프랑스 혁명은 이러한 불평등을 더 이상 순순히 받아들이지 않겠다는 제3 신분 평민들의 의지를 담고 있다. 모두가 평등한 권리를 누려야 한다는 각성과 용기가 이전의 신분제를

빨간색이 상징하는 것은 '박애'이다. '박애'라는 단어는 일반적으로 인류 전체에 대한 사랑을 뜻한다. 그런 프랑스 상색기의 빨간색에 담긴 상징적 의미는 좀 더 특별하다. 즉 '박애'란 혁명을 함께한 이들에 대한 믿음과 사랑을 뜻한다. 또한 마음을 바쳐 이들 희생한 이들을 애써던 수많은 사람의 희생으로 이루어졌다. 프랑스 혁명은 이처럼 세로운 세상을 열기 위해 애써던 수많은 사람의 희생으로 이루어졌다. 그들이 흘린 피를 닮은 빨간색에는 이들이 보여 준 헌신의 정신이 선언에도 담겨 있다고 할 수 있다.

삼색기에 담긴 이미는 프랑스 혁명 당시 발표된 프랑스 인권 선언에도 잘 나타나 있다. '모든 인간은 자유롭고 평등한 권리를 가지고 태어난다.'로 시작하는 이 선언은 ㉮세상을 혼들는 삼색기를 국가로 정하였다. 이렇듯 삼색기에 담긴 자유와 평등, 박애의 정신은 유럽뿐 아니라 전 세계의 헌법과 정치에 영향을 미쳐 지금까지도 보편적인 것으로 프랑스 혁명이 일으킨 프랑스 국가와 비슷한 삼색기를 국가로 정하였다. 이렇듯 삼색기에 담긴 자유와 평등, 박애의 정신은 유럽뿐 아니라 전 세계의 헌법과 정치에 영향을 미쳐 지금까지도 보편적인 것으로 받아들여지고 있다.

세부 내용 파악하기

1 이 글의 내용과 일치하는 것은? (②)

① 제3 신분에 속한 사람들은 프랑스 혁명의 희생양이 되어 몰락했다.
② 평민들을 억압했던 귀족과 성직자들의 수는 당시 프랑스 인구의 2%에 불과했다.
③ 평민들은 신분의 불평등에 대해 깨달으며 일부 성직자와 함께 평등을 이룸에 있다.
④ 프랑스 혁명이 일어나기 전 성직자와 귀족, 평민들은 평등한 입장에서 정치에 참여했다.
⑤ 프랑스 혁명의 정신은 프랑스에만 적용되는 특수한 것이어서 다른 나라에서 받아들이기 어려 웠다.

해설 3문단에 따르면 프랑스 혁명 전 제 신분과 제2 신분에 속한 성직자와 귀족은 프랑스 전체 인구의 2%에 불과했다.

글의 특성에 따라 요약하기

2 다음은 이 글을 읽고 요약한 내용이다. 적절하지 않은 것은? (④)

1. 글의 종류: 설명문
2. 중심 화제: 프랑스 국기를 구성하는 세 가지 색깔이 상징하는 프랑스 혁명의 정신
3. 주요 정보
(1) 파란색: '자유'를 상징. 자유를 모든 인간이 누려야 할 당연한 권리라고 본게 믿음. ...... ①
(2) 하얀색: '평등'을 상징. 개개인의 차이를 인정하고, 이를 고려해 기회를 누리도록 해야 한다고 생각함. ...... ③
(3) 빨간색: '박애'를 상징. 혁명을 함께하며 희생한 이들에 대한 믿음과 사랑을 뜻함. ...... ⑤

해설 설명하는 글의 요약할 때에는 설명하고자 하는 대상의 세부적인 내용을 실제 정확하게 요약해야 한다. 이 글에 따르면, 하얀색이 상징하는 '평등'은 여러 사람이 가지고 있는 차이가 차별로 이어져서는 안 된다는 정신을 담고 있다. 따라서 개인의 차이를 인정하고, 차이를 고려해 기회를 누리도록 해야 한다는 것은 평등의 정신에 어긋난 것이다.

맥락을 활용하여 내용 추론하기

3 ㉮에 들어갈 내용으로 적절한 것은? (②)

① 보완할 수 있었다
② 무너뜨릴 수 있었다
③ 공고히 할 수 있었다
④ 새롭게 재정비할 수 있었다
⑤ 전 세계적으로 전파할 수 있었다

해설 앞 문장과 전체적인 문맥을 고려할 때 '신분제는 각종 불평등이 본등을 인고 있어 시민들의 분노를 불러일으켰다. 그러므로 프랑스 혁명은 신분제를 무너뜨렸을 것이라고 추론할 수 있다.

어휘 익히기

1 단어 뜻 알기
다음 빈칸에 들어갈 알맞은 단어를 <보기>에서 찾아 쓰시오.

보기
고하 각성 헌신 보편적

1. 그는 거동이 불편한 어머니를 (헌신)(으)로 훌륭하게 성장했다.
   뜻 | 몸과 마음을 바쳐 있는 힘을 다함.

2. 좌절을 겪는 신분이나 지위의 (고하)에 관계없이 동등하게 차별해야 한다.
   뜻 | 신분이나 지위의 높음과 낮음.

3. 시민들의 (각성)이/가 현실의 부조리한 문제를 해결하고 새로운 사회를 열 수 있다.
   뜻 | 깨어 정신을 차림.

4. 복지 국가는 온 국민이 의료, 교육 등 복지 혜택을 (보편적)인 권리로서 누리도록 한다.
   뜻 | 모든 것에 두루 미치거나 통하는 것.

2 관용 표현 알기
다음 빈칸에 알맞은 말을 쓰시오.

"궁지에 빠진 쥐가 고양이를 문다"

프랑스 혁명 전 제 신분과 제2 신분인 수탈 성직자와 귀족은 프랑스 전체 인구의 2%에 불과했다. 그런데 이들은 전체 땅의 40%를 소유하고 있었다. 프랑스 혁명은 이러한 불평등에 더 이상 순응하지 않겠다는 제3 신분 평민들의 의지를 담고 있다. 이 속담으로 미루어 지경에 이르게 되면 약한 자도 마지막 힘을 다하여 반항함을 비유적으로 이르는 말이다.

3 한자어 익히기
다음 한자어를 소리 내어 읽고 빈칸에 따라 쓰시오.

혁명(革命): 국가나 사회의 제도와 조직 등을 근본부터 새롭게 고치는 일.
· 미래학자들은 4차 산업 혁명이 시대가 시작되었다고 본다.
· 4·19 혁명의 민주적 정신은 영원히 기억될 것이다.
· 사회의 부정부패가 심각해지면서 혁명을 원하는 세력이 확대되었다.

革 고칠 혁	命 명령 명

---

4 ⓐ의 의미로 가장 적절한 것은? (②)
① 프랑스뿐 아니라 전 세계의 정치 구조를 뒤바꾸었다.
② 인권에 대한 새로운 인식이 전 세계에 영향을 주었다.
③ 관습적으로 받아들였던 불평등이 문제를 과격적으로 설명했다.
④ 발상의 전환으로 기존에 이루지 못했던 기술의 혁신을 이루었다.
⑤ 프랑스 혁명이 지닌 중요한 가치를 다시 일깨우는 계기가 되었다.
해설 프랑스 혁명은 현대에 보편적이고 타당한 것으로 인정된 인권을 널리 확산시켜 전 세계의 헌법과 정치에 영향을 미친 중요한 사건이었다.

5 이 글과 <보기>를 읽고 보인 반응으로 적절하지 않은 것은? (③)

보기

자신과 다른 인종을 열등하다며 함부로 대하는 것, 그들의 권리를 인정하지 않는 것은 차별이라고 한다. 사회적 지위, 빈부 등 사람이 지닌 수성의 차이를 기준으로 타인을 배척하는 것에서 차별이 시작된다. 그런데 차별은 인종, 성별 등 사회 전반에 근본적으로 되는데 근본 차이로 차별하는 사람과 차별받는 사람 모두 차별을 당연하게 여길 위험성이 있다. 오래 지속되면 차별하는 사람과 차별받는 사람 모두 차별을 당연하게 여길 위험성이 있다.

① 주희: 프랑스 혁명의 주역인 제3 신분이 귀족이나 성직자보다 신분이 낮다는 점에서 오는 사회적 차별의 부당함을 주장했어.
② 민호: 같은 사람이어도 신분이 다르다는 이유로 차별하거나 차별받는 것이 프랑스 혁명 이전에는 당연하게 여겨지고 있었겠구나.
③ 하나: 시골 성직이 높은 사람만 원하는 학교에서 교육받을 수 있었다고 하는 데 근본 차이로 차별하는 대표적 사례로 볼 수 있어.
④ 준희: 우리 사회에서도 성별에 따라 서로 다른 임금을 내세워 크고 작은 갈등을 일으키고 있느네, 프랑스 혁명의 정신을 기억해야 하는 것이 도움이 되겠어.
⑤ 유태: 요즘에도 인종이 다르다는 이유로 교육, 스포츠, 정치 등에 참여하는 것을 막는 일이 있다는데, 이게 바로 차이가 차별로 이어진 것이라 볼 수 있겠네.

해설 시골 성직을 기준으로 특정한 학교에 입학을 허가를 주는 것은 타고난 수성이 차이라기보다 보기 어려우므로, 타고난 수성의 차이로 차별을 하는 사례로 보기 어렵다.

6 이 글을 읽고 심화 학습 활동을 하기 위해 준비한 주제로 적절하지 않은 것은? (③)
① '제3 신분' 집단의 특성을 소개한다.
② 각국의 국가와 국가가 성장하는 의미를 설명한다.
③ 프랑스 혁명이 큰 희생 없이 성공할 수 있었던 이유를 밝힌다.
④ 프랑스 혁명 정신을 계승할 또 다른 역사적 혁명의 예를 찾는다.
⑤ 프랑스 혁명의 영향을 받아 삼색기를 국가로 지정한 나라들을 조사한다.

해설 프랑스 혁명은 수많은 사람의 희생으로 이루어진 것이므로 프랑스 혁명이 큰 희생 없이 성공할 수 있었던 이유를 밝히는 것은 심화 학습 활동을 위한 주제로 적절하지 않다.

1 버트런드 러셀은 영국의 철학자로, 「행복의 정복」이라는 책을 통해 행복이 무엇인지에 대해 설명하였다. 그는 세 살에 부모를 잃고 엄격한 조부모 밑에서 자랐으며, 자신의 생각을 남에게 숨기기 위해 그리스어로 비밀 일기를 쓰며 어린 시절을 보냈다. 청소년기에도 우울하게 그의 일생은 대체로 불우했다고 평가받는다. 그런 그가 58세에 이르러 「행복의 정복」이라는 책을 통해 행복해지는 방법에 대해 말하였다. 그리고 오늘날에도 많은 사람이 행복을 얻기 위해 그의 책을 펼친다. 그가 말한 행복은 무엇인가?

2 그는 행복의 비밀이란 불행의 원인을 제거하고, 행복의 원천을 수용하는 것에 있다고 보았다. 여기서 '불행의 원인'과 '행복의 원천'은 무엇일까? 그는 행복은 실제가 선명하지 않은 반면, 불행은 실제가 선명하다고 보았다. 사람을 불행하게 만드는 근본적인 원인으로 본 것은 자신의 결점에 몰입하는 태도였다. "왜 나는 불행하게 만드는 가장 근본적인 원인으로 본 것은 자신의 결점에 몰입하는 태도였다. "왜 내가 결정을 못 했을까?", "내가 정말 잘못 선택했어." 「라고 말하며 불행의 원인을 자기 자신에게서 찾는 것이 자신에 존재 자체를 고통으로 만드는 것이다.

3 ㉠그는 이와 같은 불행의 원인으로 비춰서, 사람은 행복할 수 있는 원천을 제시하였다. 사람이 행복을 얻두하는 태도를 좋지 않은 것으로 여겼다. 만약 자신의 결점에 몰두하는 것치럼 오직 한 가지에만 몰두하는 것보다는 많은 것을 있는 것보다 쉽게 경향 수 있는 것을 좋아해야 한다. 그러므로 행복해지려면 구정적 시각으로 바라보았다. 그 한 가지를 잃는다면 전부를 잃는 것과 같게 되기 때문이다. 그러므로 행복해지려면 많이 있게 되고, 쉽게 경향 수 있는 운명의 지배를 덜 받게 된다.

4 스스로 어두운 생각에 행복보지지 말고, 바깥 세계로 관심을 분산시켜 우리를 자신에게 가두지 말 것. 이것이 바로 러셀이 말한 행복을 정복하는 방법이다. 무언가 행복을 기다리거나, 행복해질 방법을 찾는 사람들이 있다면 러셀이 제시한 방법에 귀 기울여 볼 필요가 있다.

→ 러셀이 불행의 원인으로 본 것

→ 러셀이 말한 행복의 원천

글의 중심 내용 정리하기

1 다음은 이 글의 중심 내용을 문단별로 정리한 것이다. 빈칸에 적절한 말을 쓰시오.

1 문단	러셀의 (생애(삶))와/과 「행복의 정복」에 대한 소개
2 문단	러셀이 말한 (불행)의 원인
3 문단	러셀이 말한 (행복)의 원천
4 문단	러셀의 생각에 귀 기울여 볼 것을 권함.

해설 1 문단에서는 러셀의 생애와 저서를 소개하고 있고, 2 문단에서는 그가 제시한 불행의 원인을 설명하고 있고, 3 문단에서는 좋아하는 것을 많게 하고 쉽게 경할 수 있을 때 행복할 수 있다고 행복의 원천을 설명하고 있다.

글을 읽고 나의 생각 구성하기

2 이 글을 읽은 학생들의 반응으로 적절하지 않은 것은? (③)

① 내게 행복을 느끼게 하는 것들을 주변에서 하나씩 찾아보기로 했어.
② 나는 피로를 잘 느껴서 행복하기도 않은 것 같아. 앞으로 체력 관리를 잘할 거야.
③ 내가 행복하지 않은 이유를 알고 싶어서 내 결점에 대해 매일 생각해 보기로 했어.
④ 사람이 끝나고 노래방에 가서 즐겁게 놀았어. 나는 이런 소소한 것들에서 행복을 느껴.
⑤ 내가 나를 남들과 계속 비교하고 있다는 걸 깨달았어. 이제 남들과 나를 비교하지 않아.

해설 불행의 원인을 자신에게서 찾으며 지나치게 몰입하는 것은 사람을 불행하게 만드는 원인에 해당한다.

세부 내용 파악하기

3 이 글의 내용과 일치하지 않는 것은? (④)

① 러셀은 우울한 청소년기를 보냈다.
② 러셀은 「행복의 정복」을 통해 행복해지는 방법을 소개했다.
③ 러셀은 사람을 행복하게 만드는 원인은 다양하다고 말했다.
④ 러셀은 한 가지에만 몰두하는 태도를 긍정적 시각으로 바라보았다.
⑤ 러셀은 행복의 조건이 갖추어지면 운명의 지배를 덜 받게 된다고 말했다.

해설 러셀은 한 가지에만 몰두하는 태도를 부정적으로 바라보았다. 그 한 가지를 잃는 것이 전부를 잃는 것이라고 보았기 때문이다.

구절의 의미 추론하기

4 러셀이 ㉠과 같이, 불행의 원인을 바탕으로 행복의 원칙을 제시한 이유로 적절한 것은? (②)

① 사람들을 불행하게 만드는 원인이 다양하기 때문이다.
② 사람들이 느끼는 불행은 행복에 비해 실제가 분명하기 때문이다.
③ 사람들은 자신의 내면에 행복의 원인이 있다고 믿고 있기 때문이다.
④ 사람들은 다른 사람의 불행을 보면서 행복을 느끼고는 하기 때문이다.
⑤ 사람들이 행복을 느끼는 횟수보다 불행을 느끼는 횟수가 많기 때문이다.

해설 2 문단에서 러셀은 실제가 선명하지 않은 행복에 비해 불행은 실제가 분명하기 때문에, 불행의 원인에 대해서 설명할 수 있다고 하였다.

어휘 익히기

1 단어 뜻 알기

다음 빈칸에 들어갈 알맞은 단어를 〈보기〉에서 찾아 쓰시오.

보기
실제   몰입   함몰   분산

1. 그는 사건의 (실제)을/를 파악하고자 노력했다.
   뜻 | 어떤 것의 실제 모습이나 내용.

2. 책을 읽는 데 (몰입)하여 시간이 가는 줄 몰랐다.
   뜻 | 깊이 파고들거나 빠짐.

3. 마술사는 사람들이 시선을 (분산) 시킨 후에 든 카드를 숨겼다.
   뜻 | 갈라져 흩어짐. 또는 그렇게 되게 함.

4. 최근 주요 도심지에서 지반 (함몰) 사고가 빈번하게 발생하고 있다.
   뜻 | 가죽이 움푹 들어가는 것.

2 관용 표현 알기

다음 빈칸에 알맞은 사자성어를 쓰시오.

"교 각 살 우"

러셀은 사람을 불행하게 만드는 가장 근본적인 원인은 자신의 결점에 지나치게 몰입하고 배도하고 보았다. 이 사자성어는 소의 뿔을 바로잡으려다가 소를 죽인다는 뜻으로, 잘못된 점을 고치려다가 그 방법이나 정도가 지나쳐 오히려 일을 그르침을 이르는 말이다.

3 한자어 익히기

다음 한자어를 소리 내어 읽고 빈칸에 따라 쓰시오.

한자	뜻	음
矯	바로잡다	교
角	뿔	각
殺	죽이다	살
牛	소	우

행복(幸福): 생활에서 충분한 만족과 기쁨을 느끼어 흐뭇함. 또는 그러한 상태.
• 나 자신의 행복은 결국 스스로에게 달려 있는 것이다.
• 모든 사람은 행복을 추구할 수 있는 권리를 보장받아야 한다.
• 많은 연구자가 행복의 비법이 무엇인지에 대해 연구해 왔다.

幸福
다행 행 / 복 복

---

5 글쓴이의 의도와 목적 추론하기

글쓴이가 이 글을 쓴 의도로 적절한 것은? (⑤)

① 러셀의 저서를 읽은 후 자신에게 생긴 변화를 진솔하게 밝히고자 했다.
② 러셀의 견해를 바탕으로 행복에 대한 자신의 관점을 일반화하고자 했다.
③ 러셀의 『행복의 정복』을 다양한 관점에서 비교하며 이해할 수 있도록 했다.
④ 러셀과 자신이 행복에 대해 가진 생각의 차이점에 대해 독자들이 이해하길 기대했다.
⑤ 행복해질 방법을 찾는 사람들에게 러셀이 제시한 행복에 대해 소개하여 행복을 찾는 방법을 개선하고자 했다.

해설 이 글은 러셀이 제시한 행복해지는 방법에 대해 소개하여 행복을 찾는 사람들에게 필요한 정보를 제공하고자 했었다.

6 특정 관점에 따라 글의 내용 평가하기

러셀의 관점에서 〈보기〉를 평가한 내용으로 가장 적절한 것은? (⑤)

보기
여론 조사에 따르면 우리나라 국민들은 노력만으로는 타고난 환경을 개선하기 어려우며, 경제적으로 풍족한 이들을 경제적으로 어려움을 겪는 이들보다 훨씬 행복하게 산다고 생각한다고 한다. 이는 개인의 노력도 행복에 커다란 영향을 미치겠지만, 타고난 환경이 행복에 미치는 영향도 무시할 수 없음을 만큼 크다는 점을 시사한다.

① 행복을 느끼는 데 타고난 환경이 결정적인 영향을 미친다.
② 행복은 타고난 환경이 어려움을 극복하는 과정에서 더 커질 수 있다.
③ 타고난 환경이 좋은 사람은 정신적으로 느끼는 반곤함을 느끼게 될 가능성이 높다.
④ 타고난 환경에 따라 좋아하는 것의 가짓수를 늘리는 데 한계가 생길 수밖에 없다.
⑤ 타고난 환경이 좋지 않더라도 행복할 수 있는 조건을 갖춘다면 행복을 느낄 수 있을 것이다.

해설 ⑤문단에 따르면 러셀은 좋아하는 것이 가짓수가 많고, 쉽게 접할 수 있는 것을 좋아하는 등 행복하기 위한 조건을 갖출 때, 행복할 수 있는 기회를 더 많이 얻게 된다고 말하고 있다. 그러므로 러셀의 관점에 따르면 〈보기〉에서 언급되고 있는 외 같이 경제적으로 어려움을 겪는 이의 경우에도 행복할 수 있는 조건을 갖춘다면 행복을 느낄 수 있을 것이라고 평가할 것이다.

ERI 지수 773 인문 | 도덕

흉악한 범죄자라고 하더라도, 평상시 모습에 평범이 대한 평판이 예상외로 좋은 경우가 있다. 그가 어떤 범죄를 저질렀을 것이라고 상상하기에는 너무 선량하거나 상냥했다는 것이다. ㉠이러한 현상은 범죄자가 아니라 다 평범한 사람들에게서도 나타난다고 한다. 범죄자는 아니지만 비도덕적으로 보이는 사람이 때때로 도덕적인 행동을 한다. 그리고 반대로 도덕적으로 보이는 사람이 비도덕적인 행동을 하기도 한다. 이러한 현상이 일어나는 이유는 무엇일까?

캐나다 토론토 대학의 한 연구 팀은 그 이유를 밝혀내기 위해 학생들을 대상으로 두 단계의 실험을 진행하였다. 첫 번째 단계에서 연구 팀은 학생들에게 친환경 제품과 쉬운 구매 제품을 제시하였다. 학생들에게 그중 한 가지 제품을 선택하게 하였다. 그리고 나서 연구 팀은 학생들이 각자 친환경 제품과 일반 제품 중 어떤 것을 선택하느지 확인하였다. 이어지는 두 번째 단계에서 연구 팀은 학생들에게 모니터 화면을 보게 하고, 화면에서 점이 반짝일 때마다 버튼을 누르게 하였다. 그리고 버튼을 누를 때마다 실험실 안에 미리 놓인 동전을 하나씩 가져가도록 하였다. 이 과정에서 감시하는 사람은 따로 두지 않았다. 오직 학생들이 양심에 따라 도전을 가져가게 한 것이다. 과연 친환경 제품을 고른 학생과 일반 제품을 고른 학생 중 어떤 학생들이 양심에 따라 행동을 했을까?

실험 결과, 일반 제품을 고른 학생들에 비해 친환경 제품을 고른 학생들이 거짓으로 대답하고 도전을 가져간 횟수가 훨씬 높게 나타났다. 왜 이런 결과가 나온 것일까? 연구 팀은 이러한 결과를 '도덕적 허가 효과'라는 이론으로 설명하였다. '도덕적 허가'란 과거의 선행이나 도덕적인 행동을 했으면 비도덕적인 행동을 선택할 수 있는 모습을 말한다. 즉 친환경 제품을 선택한 학생들은 여겼을 가능성이 있다는 것이다.

'도덕적 허가 효과'가 일어나는 이유는 많은 사람에게 자기가 비도덕적인 기준보다 자신이 도덕적인 사람이나, 조금 비도덕적인 행동을 해도 괜찮다고 여기는 것이다. 이 기준보다 자신이 도덕적인 사람이면 자기의 도덕적 자아 기준이 있기 때문이다. 반대로 비도덕적인 행동을 많이 했을 때는 도덕적인 행동을 하여 균형을 맞추려 한다. 조금만 들어가보면 플라스틱 컵 사용을 줄여야 한다고 생각할 수 있다. 가장 "나는 비닐봉지 대신 장바구니를 사용했으니 일상생활에서 이러한 모 플라스틱 컵 경우 사용해도 괜찮 종이컵을 사용해도 괜찮아"라고 생각하는 것이다.

하지만 ㉡어무리 과거에 도덕적인 행동을 많이 했다고 해도 비도덕적인 행동을 허용해줄 수는 없다. 가장 도덕적 허가 효과를 줄 수 있는 가 큰 문제는 도덕적 허가 효과이다. 어둠이 빛을 입어 낼 수 없고, 상 같은 곳에 어둠을 묻어 두어도, 그 어둠은 언젠가 반드시 드러나게 마련이다. 비도덕적인 행동에 대한 글쓴이의 생각 낭함이 좋아함을 얻을 수 없다는 사람을 잊지 많아야 한다.

글쓴이의 견해 파악하기

1 이 글에 드러난 글쓴이의 견해로 가장 적절한 것은? (④)

① 비도덕적인 행동은 그 행동을 하게 된 상황에 따라 허용될 수 있다.
② 비도덕적인 행동을 하지 않도록 평상시에 많은 노력을 쏟아야 한다.
③ 자신만의 도덕적 기준을 구체적으로 마련하기 위해 함께야 한다.
④ 과거에 했던 도덕적인 행동이 현재 저지른 비도덕적인 행동을 정당화시킬 수 있다.
⑤ 도덕적인 행동을 하는 사람도 비도덕적인 행동을 할 수 있으므로 주위 사람들을 경계해야 한다.

해설 이 글의 마지막 문단에서 글쓴이는 과거에 도덕적인 행동을 많이 했다고 해도 비도덕적인 행동을 허용할 수는 없다고 자신의 견해를 분명하게 밝히고 있다.

세부 내용 확인하기

2 이 글에서 확인할 수 있는 내용으로 적절한 것은? (④)

① 사람들이 도덕적 자아 기준은 타인에 의해 정해진다.
② 도덕적 자아 기준은 범죄를 저지르는 이들에게서만 확인할 수 있다.
③ 주변 사람들의 평판에 나쁜 사람이 범죄 행위를 해서 화물을 일으킬 확률이 높다.
④ 사람은 비도덕적인 행동을 하면 도덕적인 행동을 해서 균형을 이루려는 경향이 있다.
⑤ 캐나다 토론토 대학의 연구 팀은 비도덕적인 사람들을 대상으로 연구를 진행하였다.

해설 4문단에서 사람들은 도덕적 자아 기준에 따라 비도덕적인 행동을 많이 했을 때는 도덕적인 행동을 함으로써 균형을 이루고자 하는 경향이 있음을 받고 있다.

지시 내용 파악하기

3 ㉠이 가리키는 바가 무엇인지 쓰시오.

해설 흉악한 범죄자라고 하더라도, 평상시 모습에 대한 평판이 예상외로 좋은 것 남 구별되는 것기.

글의 내용 적용하기

4 ㉡이 적용된 사례로 적절하지 않은 것은? (④)

① 어제 쓰레기를 주웠으니, 오늘은 분리수거를 안 해도 괜찮을 거야.
② 나는 항상 이면지를 재활용하니까, 일회용 컵은 사용해도 괜찮을 거야.
③ 친구에게 거짓말을 한 적이 없으니까, 오늘은 거짓말을 해도 괜찮을 거야.
④ 오늘 내가 몸이 아프니까, 노약자에게 자리를 양보하지 않아도 괜찮을 거야.
⑤ 평소 휴지통을 비웠으니까, 이번에는 휴지를 길에 버려도 괜찮을 거야.

해설 ㉡이 사례로 도덕적인 행동을 했을 때 비도덕적인 행동을 허용하거나, 비도덕적인 행동을 했을 때 도덕적인 행동을 하는 사람은 도덕적인 상반되는 상관없는 몸이 현재 상태로 노약자에게 자리를 양보하지 않는 것으로 보기 어렵다.

어휘 익히기

1 — 단어 뜻 읽기

다음 빈칸에 들어갈 알맞은 단어를 〈보기〉에서 찾아 쓰시오.

> **보기**
>
> 평판 허가 현상 차이

1. 이곳부터는 카메라로 촬영하는 것이 (허가)되었습니다.
   뜻 | 행동이나 일을 할 수 있게 허락함.

2. 그는 자신의 (차이)을/를 찾기 위해 길고 긴 여행을 떠났다.
   뜻 | 남과 구별되는 차이.

3. 이번 여름에도 엘니뇨 (현상)이/가 일어날 것으로 전망된다.
   뜻 | 직접 보거나 알 수 있는 모습이나 상태.

4. 그 제품은 실제 사용한 사람들에게 좋은 (평판)을/를 얻고 있다.
   뜻 | 세상 사람들의 평가.

2 — 관용 표현 읽기

다음 빈칸에 알맞은 사자성어를 쓰시오.

" 견 물 생 심 "

한자	뜻	음
見	보다	견
物	물건	물
生	생기다	생
心	마음	심

감시하는 사람 없이 양심에 따라 도둑 가져가게 하는 실험에서 사람들은 유혹을 느끼게 된다. 이 사자성어는 어떤 실험을 보게 되면 그것을 가지고 싶은 욕심이 생김을 못하는 것이다. 감시하는 사람도 없는데 도둑을 스스로 가져가도록 했으니, 실험 대상자들이 돈에 대한 욕심이 생길 만한 상황을 만든 것으로 볼 수 있다.

3 — 한자어 익히기

다음 한자어를 소리 내어 읽고 빈칸에 따라 쓰시오.

道德 道德
도덕 도덕

道德 道德
도덕 도덕

도덕(道德): 한 사회에서 길이 삶아가는 사람들이 마땅히 지켜야 한다고 여기는 행동의 김잠이.
· 도덕을 자본주의 사회에서 삶의 근간이 된다.
· 그들의 행동은 법을 어기지는 않았지만, 도덕에 어긋난다.

5

어조를 고려하여 글쓴이의 태도와 관점 파악하기

다음 설명이 글쓴이의 태도로 적절한 것은? (③)

> 이 글은 사람에게는 누구나 도덕적 차이 기준이 있어 때때로 비도덕적인 행동을 하게 됨을 설명하고 있다. 그러나 ㉠에서 ㉡에서 보듯이 글쓴이는 ( )인 어조로 비도덕적인 행동은 용납될 수 없음을 밝히고 있다.

① 관조적 ② 냉소적 ③ 단정적 ④ 호의적 ⑤ 회의적

해설 글쓴이는 이전에 행동 도덕적인 행동으로 인해 비도덕적인 행동이 용납될 수는 없음을 단정적인 어조로 말하고 있다.

6

글의 내용을 근거로 이해하기

이 글을 바탕으로 〈보기〉를 이해한 내용으로 적절한 것은? (⑤)

> **보기**
>
> 이청준의 「별」에 이야기하는 어느 유리로 없는 아내의 모습을 '나'의 시선에서 그려 낸 작품이다. 열부 부분에서 아내는 어느 없는 주인 병인을 죽이 병의 유괴하여 교도소로 그를 찾아간다. 그러나 변화를 다녀온 후, 아내는 절망감과 상실감을 느낀다. 정작 자신은 이들의 죽음으로 힘든 상을 살아오다가 이제 자주 병인을 용서할 생각을 하게 하게 되었는데, 병인이 이미 오히려 구원을 얻은 것 같아 마음 편하게 삶고 있었기 때문이다. 병인은 자신의 잘못을 순순히 인정하면서 용서를 받고, 자신의 죄에 대한 병을 달게 받겠다고, 사후에 장기를 기증할 것을 약속을 하였다. 그는 그것으로 신의 용서를 받았다고 믿으며, 평화로운 마음으로 죽을 날을 담담히 기다리고 있었던 것이다.

① 솔이: 병인이 범죄를 저지른 것으로 보아 평소에도 비도덕적인 행동을 많이 했을 가능성이 있어.

② 유성: '나'의 아내가 절망한 것은 병인을 향한 자신의 분노가 쉽사리 사그라들지 않았기 때문이야.

④ 석현: 병인도 '나'의 아내만큼 선한 사람이 있는 반면, '나'의 아내만큼 선한 사람이 존재하니까 우리 사회의 평화가 이루어지는 거야.

③ 지은: 병인만큼 악한 사람이 있는 반면, '나'의 아내가 자신의 잘못을 용서했기 때문에 적절한 도덕적 차이 기준을 정할 수 있어.

⑤ 주영: 병인은 자신의 잘못된 행동을 했던 만큼 장기 기증 약속 등 도덕적 행동을 함으로써 평형을 이루고자 했을 거야.

해설 병인이 '나'의 이들을 유괴하여 죽인 끔찍한 범죄를 저질렀는데, 자신의 잘못을 인정하고 벌을 받기를 바라며, 사후에 장기 기증을 약속하는 등 도덕적인 행위를 하고 있다. 이 글에 따르면 병인이 이러한 생전에 모습은 도덕적 차이 기준에 맞추어 평형을 이루고자 하는 것으로 평가할 수 있다.

05회 읽기 방법 익히기

❶ 글의 특성에 따라 요약하기

요약하기는 글의 주요 내용을 간추려 정리하는 것이다. 이때 글의 특성을 고려하면 보다 효과적인 요약이 가능하다. 즉 글의 종류, 글의 전개 방식이나 설명 방식 등을 고려하여 요약할 수 있다.

★ 글의 특성에 따라 요약하려면,

(1) 글의 종류가 무엇인지 파악한다.
(2) 글에서 사용된 주된 전개 방식이나 설명 방식을 파악한다.
(3) 글의 종류나 주된 전개 방식, 설명 방식에 맞추어 글의 내용을 요약한다.

★ 글의 종류에 따른 요약의 방법

(1) 설명하는 글
- 글쓴이가 주로 설명하고 있는 대상을 파악한 뒤, 세부 정보를 요약한다.
- 글에 사용된 설명의 방법(정의, 비교 · 대조, 인과 관계 등)을 중심으로 요약한다.

(2) 주장하는 글: 글쓴이가 주장하고자 하는 내용과 그 근거를 중심으로 요약한다.
(3) 이야기 글: 인물, 사건, 배경과 같은 이야기의 주요 구성 요소를 파악하고 시간순으로 요약한다.

1

글의 종류에 따라 떠올린 요약 방법으로 적절하지 않은 것은? (④)

① **우주**: 내가 오늘 읽을 글은 '전기문'이야. 이 글 속에 담긴 인물의 업적과 활동을 시간순으로 요약할 거야.
② **민하**: 나는 '기사문'을 읽을 거야. '누가, 언제, 어디서, 무엇을, 어떻게, 왜' 등 육하원칙에 따라 요약할 거야.
③ **소율**: 나는 '기행문'을 읽으려 해. 여정에 따라 느낀 감상과 새롭게 얻게 된 견문을 중심으로 요약하면 되겠지?
④ **다현**: 내가 읽을 글은 '설명문'이야. 설명 대상에 대해 글쓴이가 어떤 관점을 보이는지, 어떤 의견을 내세우는지를 중심으로 요약하려 해.
⑤ **하윤**: 나는 '논설문'을 읽을 계획이야. 글에 담긴 글쓴이의 주장과 그 주장을 뒷받침하기 위해 내세운 근거를 중심으로 요약해야겠다고 생각했어.

해설 설명하는 글을 요약할 때에는 글쓴이의 관점과 의견이 아닌, 설명 방법과 대상에 대한 세부적인 내용을 중심으로 요약해야 한다.

2

다음 글을 읽고 물음에 답하시오.

직립 보행, 즉 '똑바로 서서 걷는 것'이 가능해지면서 인류가 얻게 된 가장 큰 이득은 무엇이었을까? 그것은 다름 아닌 두 손을 자유롭게 사용하게 되었다는 점이다. 손의 정교한 움직임은 뇌의 발달을 자극하는데, 특히 이로 인해 뇌의 전전두엽 부위는 6배나 커지게 되었다. 전전두엽은 인간의 창의성과 직접적인 관련이 있는 부분으로, 인류가 '두 앞발'이 아닌 '양손'을 가지게 되면서 창의적인 사고 능력을 얻게 되었다 해도 과언이 아닐 것이다.

또한 두 손을 자유롭게 사용하게 된 인류는 불을 이용하여 고기를 익혀 먹게 되었다. 익힌 고기를 섭취하면 단백질 흡수율이 훨씬 높아지고 이 또한 뇌의 발달을 자극한다. 식량이 부드러워지자 70개가 넘던 치아의 개수가 줄어 혀가 움직일 공간이 늘었고, 이로 인해 언어가 발달할 수 있게 되었다. 바야흐로 직립 보행이 언어를 사용하고 창의적인 사고를 하는 인류를 낳은 것이다.

하지만 직립 보행에 대가가 없었던 것은 아니다. 우선 커진 뇌와 두개골의 무게는 꼿꼿한 척추에 부담을 주게 되어 척추 디스크를 유발하였다. 또한 무릎과 발목 관절을 마모시키며 하지 정맥류 등의 병도 생기게 되었다. '양손'을 얻은 대신 '네 다리'로 지탱해야 할 것들을 '두 다리'로 지탱하게 되었기 때문이다.

직립 보행은 상반신과 골반의 크기도 작아지게 만들었다. 상반신에는 위장을 비롯한 장기가 들어가는데, 이 공간이 줄어들면서 조금만 과식해도 소화 불량이 일어나게 된다. 분만의 고통과 위험 또한 엄청나게 커졌다. 산모의 골반은 좁아지고 태아의 두개골은 커진 사실을 생각하면 그 이유를 쉽게 짐작해 볼 수 있다.

(1) 이 글에 사용된 설명 방식으로 적절한 것은? (①)

① 하나의 현상으로부터 일어난 여러 결과를 나열하고 있다.
② 중심 화제의 변천 과정을 시간 순서에 따라 제시하고 있다.
③ 설명하고자 하는 대상을 특정한 기준에 따라 분류하고 있다.
④ 문제가 일어나게 된 원인을 밝히고 해결 방안을 모색하고 있다.
⑤ 사람들의 통념을 제시하고 이를 반박하는 근거를 나열하고 있다.

해설 이 글은 인류가 직립 보행을 하게 된 결과 인류에게 나타난 여러 변화에 대해 설명하고 있다.

(2) ㉠~㉤ 중 이 글을 요약하기 위해 메모한 내용으로 적절하지 않은 것은? (④)

㉠ **글의 중심 화제**: 직립 보행이 인류의 진화에 미친 영향
㉡ **긍정적 영향 1**: 손의 자유로운 사용으로 인해 뇌의 전전두엽 부위가 발달함.
㉢ **긍정적 영향 2**: 불을 사용하여 음식을 익혀 먹게 됨으로써 뇌가 발달하고 언어도 발달함.
㉣ **부정적 영향 1**: 커진 뇌와 두개골의 무게가 척추에 부담을 주어 양손의 움직임을 방해함.
㉤ **부정적 영향 2**: 직립 보행으로 인해 상반신과 골반이 줄어 소화 불량이 생기고, 출산 과정이 어려워짐.

① ㉠ ② ㉡ ③ ㉢ ④ ㉣ ⑤ ㉤

해설 커진 뇌와 두개골의 무게가 척추에 부담을 주어 디스크나 하지 정맥류 등의 병이 생기게 되었다는 내용은 있으나, 양손의 움직임을 방해한다는 내용은 확인할 수 없다.

② 어조를 고려하여 글쓴이의 태도와 관점 파악하기

글쓴이의 특징적인 말투나 말하는 방식 등을 '어조'라고 한다. 글쓴이의 어조를 고려하면 글쓴이가 언급하는 대상에 대해 어떤 감정이나 생각을 가지고 있는지, 어떤 태도와 관점으로 그 대상을 바라보는지를 짐작할 수 있다.

★ 어조를 고려하여 글쓴이의 태도와 관점을 파악하려면,

(1) 글쓴이가 말하고자 하는 대상이 무엇인지를 파악한다.
(2) 글쓴이가 그 대상에 대하여 어떤 어조를 취하고 있는지를 살펴본다.
(3) 글쓴이의 어조를 고려하여 그 대상에 대한 글쓴이의 태도와 관점을 파악한다.
(4) 글쓴이가 어떤 가치를 중시하는지를 파악한다.

1 다음 글을 읽고 물음에 답하시오.

최근 비혼 선언, 즉 결혼을 하지 않겠다고 선언하는 사람이 늘어나고 있다. 이러한 현상이 일어나는 원인으로 다양하게 분석할 수 있다. 우선 취업이 어려움 등 경제적인 이유로 소득이 많지 않은 상태에서 결혼을 하는 것을 부담스럽게 여기는 사람들이 생겨났다. 한때는 으레 여성의 몫인 후에 제자리에 살 만하지 않는 문제가 지속되면서 아이를 낳는 것을 꺼리는 경향이 생겼고, 아이를 낳지 않는다면 굳이 결혼할 필요가 없다고 생각하는 이들도 늘어나고 있다. 또한 가족을 만들어 사는 삶보다 혼자 사는 삶을 추구하는 이들도 많아졌다. 이러한 경향이 확산되면서 혼인율과 출산율은 급격히 감소하고 있다.

ⓒ과연 이러한 상황을 그대로 지켜만 보아도 괜찮은 것일까? 이런 암울한 상황을 해결하기 위해서는 가장 먼저 청년들의 경제 상황이 더 나아지도록 하는 제도가 마련되어야 한다. 결혼할 때 가장 많은 돈이 들어가는 주택 상황을 해결할 수 있는 제도도 필요하다. 또한 아이를 낳은 후 아이를 키우고 돌보는 데 도움을 주는 정책도 다양화되어야 한다. 여성이 출산 후에 직장을 다녔더라면 아이를 낳고 난 후 직장에 다시 돌아갈 수 있도록, 마음 놓고 육아를 할 수 있도록 해 주어야 한다. 이를 통해 비혼의 확산을 막지 못한다면 인구가 줄어들면서 우리 사회에는 분명히 좋지 않은 그림자가 드리우게 될 것이다.

(1) 이 글에서 이야기하고 있는 대상이 무엇인지 한 단어로 쓰시오. (**비혼**)

> 해설 이 글에서 이야기하고 있는 대상으로 '비혼'으로 1문단에서는 비혼이 확산되는 추세에 대해, 2문단에서는 이에 대한 대응 방안에 대해 설명하고 있다.

(2) 다음은 이 글에 나타난 글쓴이의 태도에 관한 설명이다. 빈칸에 알맞은 말을 쓰시오.

> ⊙에서 글쓴이는 (**회의적**)인 어조로 현상에 대한 질문을 던지고 있다. 또한 (**부정적**)
> (**그림자**)라는 비유적인 표현을 통해서도 비혼의 확산을 바라보는 글쓴이의 태도를 확인할
> 수 있다.

> 해설 ⊙은 질문의 형식을 취하고 있지만 실제로는 비혼 현상을 그대로 지켜만 볼 수 없다는 의미를 담고 있다. 즉 글쓴이는 회의적인 어조로 비혼 현상에 대해 부정적인 입장을 받고 있는 것이다. 비혼 현상에 대한 글쓴이의 입장은 '그림자'와 같은 비유적인 표현을 통해 매우 강조된다.

---

2 다음을 읽고 물음에 답하시오.

영가: 의료 사고의 발생 위험이 높을 경우, 환자의 동의를 얻어 수술 장면의 촬영을 의무화해야 한다는 의료법에 대한 이견이 강하게 대립하고 있습니다. 이에 대한 양측의 의견을 들어 보겠습니다.

A: 수술실 안에서 벌어지는 일에 대해 환자가 불안감을 느끼는 일이 매우 많아졌습니다. 환자들이 안심하고 수술을 받을 수 있도록 해야 한다는 점에서 저는 CCTV 설치가 꼭 필요하다고 봅니다. 또한 의료 사고가 발생했을 때 병원에서 이를 숨길 가능성이 높습니다. 이러한 점에서 저는 CCTV 설치가 필요하다고 봅니다.

B: 병원에서 의료인들은 투철한 직업의식으로 환자를 대합니다. CCTV가 있을 때만 있음 때나 항상 그러합니다. CCTV가 있더라도 생길 의료 사고의 원인을 밝히기는 어렵습니다. 그러므로 의사와 환자에게 신뢰가 더욱 중요한 것입니다.

C: 말씀하신 내용에 대해 반박하고자 합니다. 많은 사람이 이미 CCTV가 설치되어 있는 곳에서 여러 업무를 수행하고 있습니다. 그들은 개인의 안전이나 반대들이고 있습니다. 왜 의사들만 예외가 되어야 하는지 동의하기 힘듭니다.

D: 방금 말씀 주신 부분에 대해 동의하는 부분도 있습니다. 그러나 CCTV 잇다면 의사가 의료 행위에 집중하지 못할 가능성이 생기고, 이로 인한 피해는 고스란히 환자에게 가게 됩니다. 의료 문제는 CCTV 설치가 아니라 다른 방법으로 해결하는 것이 바람직합니다.

(1) 토론 참여자들에 대한 설명으로 적절하지 않은 것은? (⑤)

① 영가: 여러 사람의 견해를 절충해야 한다는 점에서 중립적 태도를 취하고 있다.
② A: 단호한 어조로 자신의 견해를 드러내면서, 자신의 주장을 확신하게 밝히고 있다.
③ B: 자신의 견해를 명시적으로 드러내기보다 이를 일방적으로 근거를 나열하고 있다.
④ C: B의 견해를 반박할 수 있는 사례를 제시하여 자기 의 입장을 더 확고히 드러내려 했다.
⑤ D: C의 견해에 공감하면서 두 입장을 절충할 수 있는 방안을 찾을 것을 제안하고 있다.

> 해설 '수술실 CCTV 설치'에 대해 영가는 중립적 태도를, A와 C는 찬성 입장을, B와 D는 반대 입장을 보이고 있다. D는 C의 견해에 공감하고 있으나 절충할 수 있는 방안을 제시하는 것이 아니라, 반대 입장을 고수하고 있다.

(2) '수술실 CCTV 설치'에 대한 토론 참여자들의 생각에 대한 설명으로 적절하지 않은 것은? (④)

① A는 CCTV 설치로 병원이 의료 사고를 숨기는 것을 방지할 수 있다고 생각하고 있다.
② B는 CCTV가 없어도 의사들이 환자를 투철한 직업의식으로 대한다고 생각하고 있다.
③ B는 CCTV의 설치가 의사와 의사와 환자의 신뢰 형성이 더욱 중요하다고 생각하고 있다.
④ C는 CCTV 설치가 필요하다고 생각하지만 의사들이 동의하지 꼭 필요하다고 생각하고 있다.
⑤ D는 CCTV 의사의 의료 행위를 방해할 가능성이 있다고 생각하고 있다.

> 해설 C는 CCTV의 설치가 필요한 것이라면 직업에 따라 예외 없이 CCTV가 설치되어야 한다고 말하고 있다. 다른 직업군의 사람들이 CCTV에 대한 존재를 자연스럽게 받아들이고 있음을 설명하고 의사들이 이것만 동의로 필요하다는 말은 하지 않고 있다.

문화를 알아야 팔린다

STEAM 독해

이 글의 중심 화제는 **문화**입니다. 여러 분야에 두루 영향을 미치는 문화와 관련하여 **사회, 역사, 미술, 도덕**을 고루해요. 우리가 이용하는 상품 중 현지화 전략이 성공한 사례를 찾아봅시다.

인간과 환경이 상호 작용하는 과정에서 형성된 의식주, 종교, 언어 등에서 나타나는 공통된 생활 양식을 '문화'라고 한다. 세계 여러 지역은 자연환경과 경제·사회적 환경이 다르기 때문에 지역마다 서로 다른 다양한 문화가 나타난다. 경제의 세계화 속에서 많은 다국적 기업*이 국경을 뛰어넘어 생산 및 판매 활동을 하고 있다. 특히 제품을 다국적 기업이 보다 다른 지역에서 성공적으로 판매하기 위해서는 그 지역의 문화를 철저히 분석하여 그에 맞는 제품을 만들어야 한다. 이렇듯 세계화를 추구하면서도 각 지역의 고유한 의식, 문화, 기호, 행동 양식 등을 존중하는 전략을 '현지화* 전략'이라고 한다.

▶ 현지화 전략의 의미

대표적인 현지화 성공 사례에는 몇 해 전 한 전 세계 식음료가 중국 매출 1조 원을 달성한 것이다. 이 기업의 중국 매출 1조 원 돌파는 초코파이로만 단순 환산하면 50억 개로, 중국 국민 13억 명이 1인당 약 4개씩 초코파이를 먹은 셈이다. 이 회사의 현지화 전략이는 초코파이의 '정(情)'에서 '인(仁)*'으로 바꾼 것이다. 그 곁과 중국인들이 중시하는 가치인 '인(仁)'으로 중시하는 초코파이 브랜드를 '하오리유(好麗友, 좋은 친구)'로 변경하고 이 회사를 중국 회사로 알 정도였다.

▶ 상품에서의 현지화 전략 성공 사례

예술 분야에서도 인상적인 사례가 있다. 세계적으로 유명한 우리나라 아이돌 가수 최조로 사우디아라비아 수도 ⊙리야드음에서 콘서트를 진행하면서 이슬람 문화권에 대한 세심한 배려를 보였다. 공연장 일부에는 하루 5번 ⊙메카를 향해 기도하는 이슬람 신도들을 위한 카펫이 깔려 있었다. 네 번째 기도 시간인 5시 3분이 되자 음향 리허설도 중단됐고, 공연 시작 시간이 기도 마지막 기도 시간도 이후로 정했다.

▶ 문화 예술에서의 현지화 전략 성공 사례

▲ 사우디아라비아 리야드 스타디움 공연에서 BTS 공연을 보기 위해 입장을 기다리는 사람들

반면 문화권에 대한 이해가 부족하여 큰 실수를 하는 경우도 있다. 2011년 독일의 유명한 스포츠용품 기업은 이랍 에미리트의 독립 40주년을 맞이하여 ⓒ이랍 에미리트 국기의 색상인 빨간색, 하얀색, 초록색이 들어간 운동화를 출시했다. 그런데 신발이나 발을 천한 것으로 여기는 문화가 있는 이랍 에미리트의 국민들은 신성한 국기를 신발 디자인에 넣은 것에 대해 모두 회수하고 공식적으로 사과했다.

▶ 문화적인 이해가 부족하여 현지화 전략에 실패한 사례

* 다국적 기업: 지원 개발, 생산 활동, 상품 판매, 연구 개발 등이 여러 나라에서 이루어져 국제적인 규모로 활동하는 기업.
* 현지화: 일반적으로 생산, 판매, 인력, 연구개발, 금융, 마케팅, 금융, 연구 개발 등 기업 활동의 중요한 부분을 현지에서 수행하면서 현지 기업으로 정착되어 가는 과정.
* 인(仁): 공자가 주창한 유교의 도덕 또는 정치 이념으로, 남을 사랑하고 어질게 행동하는 일.

1 인간과 환경이 상호 작용하는 과정에서 형성된 의식주, 종교, 언어 등에서 나타나는 공통된 생활 양식을 통하는 말을 쓰시오. (**문화**)

해설 문화란 인간이 자연환경을 극복하고 자연과 상호 작용하는 과정에서 만들어 낸 사고방식이나 생활 양식을 말한다.

2 이 글을 통해 알 수 있는 '현지화 전략'에 대한 설명으로 적절하지 않은 것은? (②)
① 철저 작용하면 오히려 부정적인 결과를 가져올 수 있다.
② 사람들이 실생활에 사용하는 물건만을 대상으로 이루어진다.
③ 판매 전략을 세울 때에는 그 나라의 문화에 대한 이해를 바탕으로 해야 한다.
④ 해외 시장에 진출할 때, 제품을 현지 조건이나 욕구에 맞게 변경하는 것을 말한다.
⑤ 판매할 지역의 기후와 그에 따른 그 지역 사람들의 행동 양식도 고려의 대상이 된다.

해설 현지화 전략이 판매되는 판매 전략이 반드시 물건만을 대상으로 하는 것은 아니다. 우리나라 아이돌 그룹이 사우디아라비아 공연 사례에서 알 수 있듯이 공연 예술에도 현지화 전략이 이용될 수 있다.

3

<보기>는 현지화 전략을 제품에 적용한 예이다. 인터넷 지도 검색을 통해 ㉠과 ㉡의 위치를 아래 지도에 표시하고, <보기>의 '메카폰'을 이용한다면 공원 장소인 ㉠에서 어떤 방향을 바라보며 기도하도록 알려 줄 것인지 방위표를 참고하여 쓰시오.

보기

몇 해 전 우리나라 ○○ 전자가 출시한 '메카폰'은 이슬람의 성지인 '메카'의 방향을 지시해 주는 기능으로 화제를 모았다. 우선 방위 표시 및 나침반 기능을 탑재해 전세계 어디에서나 메카의 방향을 알려 주며, 이슬람 경전 음성을 음성과 문자로 제공한다. 또 하루에 5번 기도할 시간을 알려 주고 기도 중 전화가 울릴 경우 수신 거절과 함께 자동으로 문자 메시지를 발송해 주는 기능도 내장했다. 이슬람 고유의 달력을 내장해 이슬람 종교와 관련한 행사 일정을 앞면 주며 기부금을 계산해 주는 메뉴까지 탑재하는 세심함을 기울였다.

사우디아라비아 / 이란 / 이집트 / ㉠ / ㉡

▲ 방위표

북 / 북동 / 동 / 남동 / 남 / 남서 / 서 / 북서

남서 - 방향

해설 라이드에서 메카를 바라볼 때는 남서 방향으로 바라보아야 한다.

4

㉢은 '이랑의 새'이라고 불리는 색으로 구성되어 있다. <보기>를 읽고 국기를 완성해 보시오.

보기

아랍에미리트의 국기는 1971년 12월 2일에 제정되었다. 깃대 쪽의 빨간색 세로 줄무늬와 초록색, 하얀색, 검은색의 가로 줄무늬로 구성되어 있다. 빨간색은 단결을, 초록색은 풍요로움을, 하얀색은 중립을, 검은색은 이슬람교의 엄격이나 무함마드를 의미한다.

빨간색	초록색
	하얀색
	검은색

5

<보기>는 ㉮와 관련된 자료이다. <보기>를 통해 알 수 있는 내용으로 적절하지 않은 것은? (⑤)

보기

중국인들에게 최고의 스승으로 여겨지는 '공자'는 춘추 전국 시대에 활동했던 사상가이다. 춘추 전국 시대는 기원전 770년부터 진나라가 중국을 통일한 기원전 221년까지의 매우 혼란했던 시기이다. 이 시기에는 여러 나라가 중국을 차지하고자 치열하게 다퉜다. 끊임없는 전쟁으로 인해 당시 정치 상황은 매우 혼란했지만, 혼란한 만큼 많은 분야에서 큰 발전을 이루었다. 특히 제후국들이 부국강병을 추진하는 과정에서 '제자백가'라고 불리는 사상가들과 학파가 등장하여 새로운 사회 질서를 수립하고자 다양한 방법을 제시하였다. 이때 유가, 법가, 도가 등 다양한 사상이 등장하였는데 그중 유가 사상인 공자는 '인(仁)'을 강조하여 지금까지 중국인들에게 큰 영향을 미치고 있다.

① 공자는 유가 사상가이다.
② 공자는 춘추 전국 시대의 인물이다.
③ '제자백가'는 여러 사상가와 학파를 말한다.
④ 춘추 전국 시대에 여러 사상가가 등장하였다.
⑤ 춘추 전국 시대는 정치 상황이 안정적이었던 시기이다.

해설 춘추 전국 시대는 여러 나라가 중국을 차지하고자 치열하게 다투며 전쟁을 하던 혼란한 시기였다.

사회 | 지리

ERI 지수 **763**

가 2018년 6월, 태국의 한 유소년 축구단의 동굴 관광을 갔다가 조난을 당한 사건이 발생했다. 감독스러운 산사태나 사고를 당하거나 위험에 빠지는 것은 순식간에 동굴 내에 물이 급격히 차오른 것이 다.

나 축구단을 통솔한 지도자와 축구단원들이 동굴 이 깊은 사람들 가늠케 힘이끄는 다. 다행히 간혹 있었는지, 얼마나 많은 인원을 살아 있는 지 알 수 없었다. 그러나 이들은 기적적으로 전원 구조될 수 있었다. 그것은 동굴 내부 상황을 파악하여 생존자들의 위치를 예측할 수 있게 한 '지리 정보 시스템' 덕분이었다.

다 지리 정보 시스템은 우리가 살아가는 공간에 대한 다양한 정보를 컴퓨터에 입력해서 저장하고 이용 하는 기술을 뜻한다. 지리 정보를 널리 사용할 수도 있다. 그뿐만 아니라 지리 정보를 종이 지도로도 하기 어려운 작업을 순식간에 신속하게 새로 운 지도로 만들어 낼 수도 있다.

라 이러한 지리 정보 시스템의 이로움은 적극적으로 활용되었다. 우선 태국 유소년 축구단의 구조를 위해 기본이 되는 새로운 지도가 필요했다. 축구단이 동굴 속으로 들어간 위치, 동굴 내부 각종 지형 정보를 바탕으로 지도가 새롭게 제작되었다. 그래서 구조대는 기존의 종이 지도 안에 묻어 있었다. 그래서 구조대는 새로운 지도로 표현하여 신속하게 이해해야 했기 때문이다. 리고 축구단의 위치를 탐색할 수 있도록 동굴의 지형과 지질 자료를 모아 보여 주는 3차원 지도를 제작했다. 전 기를 지나 우기가 시작되었기 때문에 동굴 속에 물이 차오르면 축구단의 생존이 어려워질 수 있는 상황이 었다. 3차원 지도는 동굴 속의 주요 통로를 입체 차단할 수 있게 도와 주는 주요 기준이 된다.

마 동굴 내에 살아 있다는 사실이 조난 9일 만에 밝혀졌다. 이에 지리 정보 시스템을 이용하여 구조 되는 것이 동굴 속의 산소량이 신소량을 실시간으로 보여 주는 지도가 제작되어 구조되는 것이 전체적인 지리 정보 시스템을 통해 동굴 내의 공기와 물의 같이, 도왔다. 동시에 지형도와 항공 사진을 대신하여 구조 를 파악하여 동굴 주변의 전체적인 지리 정보를 실시간으로 확보해 나갔다. 신물이나 나무가 도시 제작을 하거나 각종 동물이나 위치를 선정하였다. 그러나 위 사례에 서 보듯이, 지리 정보 시스템도 인류의 안전을 위해서도 활용되는 쓸모 있는 기술이다.

▲ 태국 북부 치안라이주 탐 루엉 동굴에 고립되었던 유소년 축구단원들이 구조되는 모습

논지 전개 방식 파악하기

1 이 글의 내용 전개 방식에 대한 설명으로 적절한 것은? (⑤)

① 지리 정보 시스템이 지닌 장점과 단점을 나열하고 있다.
② 지리 정보 시스템에 대한 일반적인 생각을 비판하고 있다.
③ 지리 정보 시스템의 발전 과정을 시간 순서대로 보여 주고 있다.
④ 지리 정보 시스템의 다양한 종류를 분류의 방법으로 설명하고 있다.
⑤ 지리 정보 시스템의 활용되는 예시의 방법으로 소개하고 있다.

해설 이 글은 가에서 지리 정보 시스템을 이용했던 사례인 태국 유소년 축구단 구조 작전을 소개한 뒤, 지리 정보 시스템의 개념과 이용 사이 장점을 소개하고 이후 문단에서 구체적으로 지리 정보 시스템 이 어떻게 활용되었는지 설명하는 방식을 취하고 있다.

세부 내용 파악하기

2 이 글을 통해 알 수 있는 '지리 정보 시스템'에 대한 설명으로 적절하지 않은 것은? (③)

① 생활 속 편의를 위해서 널리 사용되고 있다.
② 인류의 안전을 위해 유용하게 쓰일 수 있는 기술이다.
③ 지리 정보 시스템으로 지도를 만들기 위해서는 종이 지도가 필요하다.
④ 우리가 살아가는 공간에 대한 정보를 수집하고 저장하며, 분석할 수 있다.
⑤ 지리 정보를 컴퓨터에 입력하고 저장한 뒤, 필요에 맞게 응용하여 사용할 수 있다.

해설 다를 통해 다양한 지리 정보를 컴퓨터에 입력해서 저장하고 이용하는 것이 지리 정보 시스템이며 이것을 통해 새로 운 지도를 만들 수 있음을 알 수 있다. 따라서 지리 정보 시스템으로 지도를 만들기 위해 종이 지도는 필요하지 않다.

독서 목적에 따라 글 요약하기

3 〈보기〉의 학생이 쓸 요약문에 들어갈 내용으로 적절하지 않은 것은? (①)

보기

나는 동굴 속에 조난을 당한 태국 유소년 축구단을 구조하는 과정에서 어떤 어려움이 있었는지 요약해서 친구들에게 소개하려고 해.

① 태국 유소년 축구단의 우기에 동굴 관광을 간 것은 무모한 것이었다.
② 태국 유소년 축구단이 살아 있다는 사실조차 조난 9일 만에 밝혀졌다.
③ 조난 소식이 알려졌을 때 태국 유소년 축구단의 생존 여부가 파악되지 않았다.
④ 동굴 내에서는 태국 유소년 축구단의 생존에 필요한 산소량이 부족해질 수 있다.
⑤ 조난 소식이 알려졌을 때 태국 유소년 축구단의 동굴 속 어디에 있는지 알 수 없었다.

해설 태국 유소년 축구단이 우기에 동굴 관광을 간 것은 다소 위험하고도 무모한 행위였을 수는 있지만, 그러한 행위에 대한 비판은 구조하는 과정에서 어려움에 대해 요약할 때 들어가기에 적절한 내용이 아니다.

어휘 익히기

1 단어 뜻 알기

다음 빈칸에 들어갈 알맞은 단어를 <보기>에서 찾아 쓰시오.

<보기>
조난   통솔   축량도   임지

1. 그곳의 땅의 형태를 알리기 위해 (축량도)를(을) 작성했다.
   뜻 땅 위의 위치, 거리, 방향 따위를 기계로 재어서 만든 지도.
2. 현장 실습에 참여한 모든 학생을 교사이 (통솔)에 잘 따랐다.
   뜻 많은 사람을 거느려 잘 이끄는 것.
3. 식당을 차리기 위해 (임지) 조건이 좋은 곳을 찾고 있는 중이다.
   뜻 식당이나 가게, 공장 등이 자리 잡는 데 필요한 자연환경이나 교통 환경.
4. 검각스러운 폭설에 (조난)를(을) 당한 등산객들이 구조대를 기다리고 있다.
   뜻 산이나 바다에서 사고를 당하거나 위험에 빠지는 것.

2 관용 표현 알기

다음 빈칸에 알맞은 말을 쓰시오.

> 홍 랑 이 에게 물려 가도 정신만 차리면 산다"
>
> 태국 유소년 축구단 실종 사태는 비교적 깊숙한 지역이었다. 그러나 모두가 희망을 버리지 않고 집중하여 어려운 고비를 넘기고 한 사람도 빠짐없이 전원 구조되었다. 이 속담은 이처럼 아무리 헤어나기 어려운 처지에 놓이더라도 정신만 똑바로 차리고 있으면 반드시 극복해 낼 수 있다는 뜻이다.

3 한자어 익히기

다음 한자어를 소리 내어 읽고 빈칸에 따라 쓰시오.

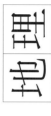

地 理
땅 지 / 다스릴 리

지리(地理): 어떤 곳의 지형이나 길 따위의 형편.
• 나는 이 산에 자주 올라서 이 산의 지리에 밝다.
• 우리는 어제 도착해서 이 동네의 지리에 익숙하지 않다.
• 부산의 지리를 잘 아는 사람이 함께 있어서 부산 여행이 수월했다.

세부 내용 추론하기

4 ㉮에 들어갈 내용으로 가장 적절한 것은? (②)

① 동굴의 입구를 찾을 수 있었다
② 동굴 속 물의 높이를 낮출 수 있었다
③ 동굴 내부의 상황을 파악할 수 있었다
④ 동굴 내부의 지도를 제작할 수 있었다
⑤ 동굴 속의 산소량을 증가시킬 수 있었다

해설 ㉮ 앞의 내용에서 구조 작전의 첫 번째 목표가 동굴에 물이 차오르지 않게 하는 것이었으며, 3차원 지도를 활용하여 동굴로 흘러들는 주요 물줄기를 차단하였음을 알 수 있다. 따라서 ②가 가장 적절함을 알 수 있다.

중심 내용 파악하기

5 ㉮~㉲의 핵심 내용으로 적절하지 않은 것은? (④)

① ㉮: 지리 정보 시스템 덕분에 구조된 태국 유소년 축구단
② ㉯: 지리 정보 시스템의 개념과 지리 정보 시스템 이용의 장점
③ ㉰: 태국 유소년 축구단의 구조 과정에서 지리 정보 시스템이 역할
④ ㉱: 태국 유소년 축구단의 동굴 내 위치를 파악하게 된 과정
⑤ ㉲: 재난 구조에 활용되는 지리 정보 시스템의 의의

해설 ㉱에서는 태국 유소년 축구단의 동굴 내 위치를 파악한 이후의 과정을 보여 주고 있다.

다른 매체로 표현하기

6 이 글을 읽고 '지리 정보 시스템의 힘으로 태국 유소년 축구단을 구하다'라는 제목으로 동영상을 제작하기 위해 학생들이 논의한 내용이다. 적절하지 않은 것은? (④)

① 동영상의 도입부에 조난 사건과 구조 과정을 담은 뉴스 화면을 담아서 시청자의 관심을 끌면 좋겠어.
② 지리 정보 시스템이 실제 구조에 어떤 도움이 되었다고 생각하는지 말한 구조대원들의 인터뷰를 찾아봐야겠어.
③ 지리 정보 시스템으로 만든 3차원 동굴 지도를 보여 주어 종이 지도보다 활용도가 높다는 사실을 강조해야겠어.
④ 지리 정보 시스템을 위해에 처한 사람들을 구조하기 위해 특별히 만들어진 것이라는 사실을 강조에서 보여 주어야겠어.
⑤ 지리 정보 시스템을 활용한 지도를 보고 있는 구조대의 모습을 보여 주면 실제 구조에 쓸모가 있다는 것을 보여 줄 수 있어.

1 (왼쪽 지문)

우리나라 헌법 제조 제2항은 '대한민국의 주권은 국민에게 있고, 모든 권력은 국민으로부터 나온다.'라고 규정하고 있다. 이는 대한민국은 민주주의 국가로서 국가의 의사를 결정하는 최고 권력인 주권이 국민의 것임을 밝힌 것이다. 그래서 우리나라 국민들은 국가의 정치적 의사 결정 행위에 참여할 수 있는 권리를 갖는데, 이를 '참정권'이라고 한다.
↑ '참정권'의 의미

참정권은 직접 행사할 수도 있지만, 국민이 뽑은 대표들을 통하여 간접적으로 행사할 수 있다. 이때 국민이 자신의 권리를 뽑을 수 있는 권리를 '선거권', 대표로 뽑힐 수 있는 권리를 '피선거권'이라고 한다. 우리나라에서는 18세부터 대통령, 국회 의원, 지방 자치 단체의 장 등에 대한 선거권을 가진다. 그리고 40세 이상의 국민은 대통령, 25세 이상의 국민은 국회 의원이나 지방 의회 의원에 대한 피선거권을 갖는다.
↑ '선거권'과 '피선거권'의 의미

㉠그런데 17세 이하인 청소년들은 대한민국의 주인으로서 선거권을 할 수 없는가? 선거권을 갖는 나이는 공직 선거법으로 정하고 있다. 우리나라 국회는 2019년 12월, 선거권 개시 연령을 19세에서 18세로 하향하는 공직 선거법 개정안을 통과시켰다. 독일은 이미 1970년대부터 18세에게 선거권을 부여한 것과 비교하면 늦은 감이 있었다. 다만다나 경제 협력 개발 기구(OECD)에 가입한 나라 가운데에는 선거권 개시 연령을 16세로 정하고 있는 나라도 있다. 이렇게 선거권 개시 연령이 점차적인 것이 아니다. 그래서 선거권 개시 연령을 앞으로도 지속될 가능성이 높다.
↑ 선거권 개시 연령에 대한 논쟁

㉡선거권 개시 연령의 하향을 지지하는 입장에서는, 청소년들이 이미 정치적인 목소리를 내며 정치적 주체로서 구조의 활동이 있음을 강조한다. 인터넷과 사회 관계망 서비스(SNS)의 발달로 인해 청소년들의 정치 참여는 더욱 두드러지고 있다. 그래서 이를 개선하기 위한 청소년들의 선거권 확대는 바람직한 방향이라는 것이다.

㉢선거권 연령의 하향을 반대하는 입장도 여전히 존재한다. 청소년들은 아직 미성숙하기에 정치적 판단을 하기 어렵다는 것이다. 헌법 재판소는 2013년에 미성년자들을 부모나 교사 등에게 의존할 수밖에 없는 상황이므로 정치적 판단을 할 수 있을 정도로 자율성을 갖추었다고 보기 어렵다는 견해를 밝히기도 하였다. 그러므로 미성년자들이 스스로 정치적 판단을 하기 위한 성장이 시간이 더 필요하다는 것이 이들의 입장이다.
↑ 선거권 개시 연령 하향을 반대하는 입장의 근거

(오른쪽 정답 해설)

핵심 개념 파악하기

1 다음은 이 글에 나타난 주요 개념과 그 뜻을 정리한 것이다. A~C에 들어갈 단어를 이 글에서 찾아 쓰시오.

(A　): 민주주의 국가의 주인인 국민이 직간접적으로 정치 활동에 참여할 수 있는 권리.
(B　): 국민이 대표를 뽑을 수 있는 권리.
(C　): 국민의 대표로 뽑힐 수 있는 권리.

A: 참정권
B: 선거권
C: 피선거권

해설 1문단에서 '참정권'의 개념에 대해, 2문단에서 '선거권'과 '피선거권'의 개념에 대해 설명하고 있다.

세부 내용 파악하기

2 이 글의 내용과 일치하는 것은?(④)
① 우리나라는 18세부터 국가의 대표로 뽑힐 수 있는 권리를 준다.
② 우리나라의 선거권 개시 연령은 2020년 기준으로 19세 이상이다.
③ 선거권 개시 연령을 바꾸기 어려운 것은 절대적 투표 기준이 있기 때문이다.
④ 우리나라는 2019년에 선거법이 개정되어 투표 가능 연령이 한 살 낮아졌다.
⑤ 경제 협력 개발 기구에 속한 국가들은 모두 16세부터 선거권을 부여하고 있다.

해설 3문단에 따르면 우리나라는 2019년 12월에 공직 선거법이 개정되어 19세에서 18세로 선거권 개시 연령이 한 살 하향되었다.

설명 방식 파악하기

3 이 글의 설명 방식으로 적절한 것은?(④)
① 선거권 개시 연령을 둘러싼 논쟁 과정을 시간 순서로 나열하고 있다.
② 선거권 개시 연령 하향의 현황에 대해 특정 입장을 중심으로 설명하고 있다.
③ 선거권에 관한 통념을 제시하고 이에 대해 반박하는 내용을 제시하고 있다.
④ 선거권 개시 연령과 관련하여 우리나라와 다른 국가의 상황을 대조하고 있다.
⑤ 선거권 개시 연령 하향에 대한 찬반 입장을 절충하여 새로운 이견을 제시하고 있다.

해설 3문단에서 우리나라의 선거권 개시 연령에 대해 설명하면서 경제 협력 개발 기구 가입국 등 우리나라보다 선거권 개시 연령이 낮은 국가들과 우리나라를 대조하고 있다.

어휘 익히기

1 — 단어 뜻 알기

다음 빈칸에 들어갈 알맞은 단어를 〈보기〉에서 찾아 쓰시오.

보기

행사   하향   부여   여론

1. 모든 응의자는 묵비권을 (행사)할 수 있다.
   뜻 힘이나 권리 같은 것을 행동으로 나타내는 것.
2. 경제가 어려워지면서 소비 그래프가 주춤히 (하향) 곡선을 그리고 있다.
   뜻 아래로 향하는 것.
3. 정부는 배들 시일 내에 (여론)을/를 수렴하여 대안을 내놓기로 하였다.
   뜻 어떤 일에 관하여 세상 사람들이 두루 지닌 생각이나 의견.
4. 스스로 공부를 하는 학생들은 공부에 대한 동기 (부여)이/가 잘되어 있다.
   뜻 권리나 임무 주는 것. 또는 사물이나 일에 가치나 의의를 붙여 주는 것.

2 — 관용 표현 알기

다음 빈칸에 알맞은 말을 쓰시오.

"만 시 지 탄"

독일이 이미 1970년대부터 18세에 선거권을 부여한 것과 비교하면 우리나라가 2019년부터 18세에 선거권을 부여하기로 한 것이 늦은 결정이었다는 비판도 나온다. 이 사자성어는 이처럼 시기가 늦어 기회를 놓친 것이 안타깝게 탄식하며, '때 늦은 한탄'이라는 뜻으로 쓰는 말이다.

한자	뜻	음
晚	늦다	만
時	때	시
之	어조사	지
歎	탄식하다	탄

3 — 한자어 익히기

다음 한자어를 소리 내어 읽고 빈칸에 따라 쓰시오.

主權 주인 주 / 권세 권

主權 주인 주 / 권세 권

주권(主權): 나라의 주인으로서 가지는 권리. 또는 한 나라가 다른 나라의 간섭을 받지 않고 나라 안의 일을 스스로 결정하는 권리.
• 한국은 1910년 일본에 의해 주권을 강탈당했다.
• 세계화 시대에는 다양한 국가가 공존하기 위해 서로의 주권을 존중해야 한다.

글의 정보를 중심으로 질문하고 예측하며 읽기

4 이 글을 읽고 더 알아보기 위한 질문을 하였다. 적절하지 않은 질문을 한 학생은? (③)

① 서준: 피선거권이 주어지는 연령도 선거별에 의해 결정될까?
② 예원: 우리나라 청소년들이 정치에 참여한 사례로는 무엇이 있을까?
③ 은우: 선거권 개시 연령이 낮아지는 것을 우려하는 이유는 무엇일까?
④ 성준: 독일이 1970년대부터 18세에게 선거권을 부여한 이유는 무엇이었을까?
⑤ 지현: 우리나라에서 선거별 개시 연령이 통과되었을 때, 언론에서는 어떤 반응을 보였을까?

해설 선거권 개시 연령이 낮아지는 것을 우려하는 이유는 5문단에서 설명하고 있으므로, 더 알아보기 위한 질문으로 적절하지 않다.

문맥을 통해 문장의 의미 추론하기

5 이 글의 문맥을 고려할 때, ㉠의 의미로 가장 적절한 것은? (①)

① 왜 17세 이하의 청소년들은 선거권을 갖지 못할까?
② 왜 17세 이하를 선거별 개시 연령으로 삼았을까?
③ 왜 17세 이하의 청소년들도 선거권을 요구하지 않았을까?
④ 왜 17세 이하의 사람을 대한민국의 국민으로 인정하지 않을까?
⑤ 왜 17세 이하의 사람이 대한민국의 주역이 되어야 한다고 생각할까?

해설 2문단에서 선거권을 가지는 나이에 대해 설명하고 있고, 3문단에서는 선거권 개시 연령에 대해 설명하고 있으므로 '대한민국의 주인으로서 가지는 권리'인 선거권에 관한 것임을 알 수 있다.

글에 나타난 서로 다른 관점 비교하기

6 이 글에 드러난 ㉮와 ㉯의 관점에 대해 토론한 내용으로 적절하지 않은 것은? (②)

① ㉮는 과거부터 현재까지 일어나고 있는 사회적 변화를 근거로 제시하고 있어.
② ㉯는 투표권이 없으면 청소년들이 정치적 주체로 자리매김할 수 없다고 보고 있어.
③ ㉮는 청소년들이 목소리를 정당하는 것이 우리 사회에 필요한 일이라고 여기고 있어.
④ ㉯는 청소년들의 정치적 판단에 있어 주변인의 영향을 크게 받는 존재라고 생각하고 있어.
⑤ ㉯는 선거권을 갖기 위한 조건으로 정치적 문제에 대해 스스로 판단하는 능력의 여부를 여기고 있어.

해설 ㉮는 투표권이 주어지지 않은 상황에서도 청소년들이 정치적 목소리를 내고 다양한 활동을 하면서 정치적 주체로 자리매김했다고 보고 있으며, 이러한 점을 근거로 들어 청소년들에게 투표권을 줄 것이 타당하다고 하였다.

ERI 지수 **711**　사회 | 사회

진행자: 안녕하세요, 시시○○ 시간입니다. 여러분은 '투명 인간'이라는 말을 아시나요? '투명 인간'은 말 그대로 상상 속의 인간으로, 몸이 투명해서 보이지 않는 인간을 가리키죠. 그런데 이 말은 때로 상징적인 의미로 쓰이기도 해요. 오늘은 우리 사회에서 ⓐ'투명 인간'으로 살아가고 있는 두 사람을 모시고 이야기를 들어 보고자 합니다. 첫 번째 만날 '투명 인간'은 ○○ 식당에서 종업원으로 일하시는 김연미 씨입니다.

→ 인터뷰 주제 제시

ON AIR

김연미: 안녕하세요. ⓑ종업원 김연미입니다. 여러분은 학교에서 혹은 직장에서 어떤 호칭으로 불리시나요? 사람이나 사물을 부르는 말, 또는 그 이름을 부르기도 함. 저는 부를 때 어떤 이름은 '이모', 또 어떤 이름은 '이줌마'라고 부르지요. 저는 여러 형제도 없고, 결혼을 하지도 않았지만 이모도, 아줌마도 아니지만요. 때로 사람들은 저를 이렇게 부르기도 하지요. ⓒ'저기요.' 하고 말입니다. 국립 국어원에서 저 같은 서비스직 종사자를 대상으로 설문 조사를 했는데, 손님이 '여기요. / 저기요. / 등으로 부르는 경우 응답률을 기준으로 보듬이 34%나 되었다고 해요. 적잖이 되었지만 우리에게 제대로 된 이름을 불러 주지 않았어요. 좋은 이름이 있어야 소외감이 기본에서 벗어날 것 같아요.

→ 우리 사회의 투명 인간의 사례 ①

진행자: 고충이 크시겠어요. 한 전문가가 이렇게 말씀하시더군요. 두 번째 만날 '투명 인간'은 박경민 씨입니다.

박경민: 안녕하십니까. 올해 73세가 된 박경민입니다. 엄마 전에 손네한테 햄버거나 사 주려 하고 가게에 갔다가 아주 낭패를 봤어요. 햄버거 가게에 들어갔더니, 주문받는 사람도 없고 웹 기계가 서서 주문을 받습습이 잘못되고 않고 꺼어서 관련해지는 것 니다. 놀란 마음을 다잡고 기계 앞에 섰는데, 노안 때문에 뭐라고 쓰여 있는지 알 수가 없어요. 마침 주머니에 돋보기가 있었나 봅니다. 열돈 쓰고 메뉴를 봤는데 음식 이름도 오롱 영어로 되어 있어서 노돈장님이 되앉 담았더니다. 그냥 제일 위에 있는 것을 담고 결제를 하려는데, 헐겔, 이번에는 신용 카드를 넣으라는 데 어디에 넣는지 투입구를 찾을 수가 없어요. 뒤에 있던 청년이 손사 앞에서 아주 망신을 당할 뻔했습니다. 사람 대신 기계가 쓰이면서 세상이 편리하게 변하다는데, 나는 잘 모르겠습니다. 나 같은 노인들도 이런 변화에서 소외되고 있어요. 점점 사회 밖으로 말려나는 것 같아요.

→ 우리 사회의 투명 인간의 사례 ②

진행자: 그러셨군요. 어르신들의 어려움이 충분히 이해가 됩니다. 오늘은 두 분의 '투명 인간'을 만나 보았습니다. 오늘 두 분, 감사합니다. 앞으로도 우리 사회가 '투명 인간'을 찾아 어떤 어려움을 겪는지 들어 보도록 하겠습니다.

→ 인터뷰 마무리

글의 구조 파악하기

1 이 글에 대한 설명으로 적절한 것은? (②)

① 서로 공감하고 있는 인물들과 토론하고 있다.
② 공통된 어려움이 있는 인물들을 면담하고 있다.
③ 각계의 전문가와 함께 문제 해결 방안을 토의하고 있다.
④ 논제에 대해 찬성 측과 반대 측의 패널이 모여 토론하고 있다.
⑤ 동일한 사건에 대해 다른 관점을 가진 인물들과 소외감을 반단하고 있다.

해설 이 글은 라디오 연담을 읽기 것으로, 우리 사회에서 소외감을 느끼는 두 인물의 면담 내용을 담고 있다.

세부 내용 파악하기

2 이 글의 내용과 일치하지 않는 것은? (③)

① 식당에서 종업원을 '이모'나 '이줌마'라고 부르는 사람들이 있다.
② 식당에서 일하는 노동자의 수가 2020년 기준 34만 명을 넘어섰다.
③ '여기요. / 저기요.'라는 호칭을 불쾌히 여기는 종업원은 전체의 절반이 넘는다.
④ 박경민 씨는 최근 손네에게 햄버거를 사 주기 위해 햄버거를 파는 가게에 방문했다.
⑤ 박경민 씨는 주문받는 사람 대신 음식을 주문하면서 큰 보람을 얻었다.

해설 '여기요. / 저기요.'라는 호칭을 불쾌하게 여기는 종업원의 비율은 34%로, 적지 않은 비율이지만 전체의 절반을 넘는 것은 아니다.

상징적 표현의 의미 파악하기

3 ⓐ에 대한 설명으로 가장 적절한 것은? (②)

① 경제적으로 어렵게 살아가고 있는 사람을 의미해.
② 우리 사회에서 소외감을 느끼고 있는 사람을 의미해.
③ 법의 보호를 제대로 받지 못하고 있는 사람을 의미해.
④ 우리 사회의 발전을 위해 노력하고 있는 사람을 의미해.
⑤ 제대로 된 이름으로 불리지 못하고 있는 사람을 의미해.

해설 김연미 씨는 제대로 된 호칭으로 불리지 못하여 소외감을 느끼고, 박경민 씨는 변화하는 사회에 빠르게 적응하지 못해 소외감을 느끼고 있다.

어휘 익히기

1 단어 뜻 읽기

다음 빈칸에 들어갈 알맞은 단어를 〈보기〉에서 찾아 쓰시오.

보기
홍정   소외   고충   냉대

1. 교통 카드를 두고 나와서 크게 (냉대)을/를 당했다.
   뜻 일이 잘 풀리지 않고 꼬여서 곤란해지는 것.

2. 나는 선생님께 어린 동생을 찾아야 하는 (고충)을/를 털어놓았다.
   뜻 힘들고 괴로운 사정이나 속내.

3. 그는 유명해지자 바사님이라더는 (홍정)(으)로 불러 달라고 요구했다.
   뜻 사람이나 사물을 부르는 말. 본디 이름을 부르기도 하고, 다른 이름을 붙여서 부르기도 함.

4. 우리 사회에서 아는 누구도 (소외)을/를 당하는 사람이 없어야 한다.
   뜻 남을 따돌리는 것. 또는 남에게 따돌림을 받는 것.

2 관용 표현 읽기

다음 빈칸에 알맞은 말을 쓰시오.

"설 상 가 상"

키오스크에서 난생처음 음식을 주문하는 할아버지는 음식 이름이 온통 영어라서 당황스러운데, 신용 카드를 넣는 곳까지 찾을 수가 없어 더욱 곤란한 상황에 처해 있다. 이 사자성어는 이렇듯 안 좋은 상황이 겹치는 것을 눈 위에 서리가 앉은 상황에 빗대어 이르는 말이다.

한자	뜻	음
雪	눈	설
上	위	상
加	더하다	가
霜	서리	상

3 한자어 익히기

다음 한자어를 소리 내어 읽고 빈칸에 따라 쓰시오.

늙을 로(노)

눈 안

노안(老眼): 나이가 들어 시력이 나빠짐. 혹은 그런 눈.
• 할머니는 노안에 더 이상 책을 읽지 못하셨다.
• 노안은 나이가 들어 눈의 수정체의 조절력이 감퇴하면서 생긴다.
• 신문의 활자가 흐려 보이면서 나도 노안이 왔거나 생각하니 슬퍼졌다.

늙을 로(노)

눈 안

4

관점 파악하기

⓵의 관점으로 볼 수 있는 것은? (④)

① 사람은 자신의 삶에 감사하며 살 줄 알아야 한다.
② 사람은 직업에 따라 귀천을 따질 수 없는 존재이다.
③ 사람은 자신의 능력을 인정해 주는 누군가가 필요하다.
④ 사람은 적절한 호칭으로 불리어 존중받는 느낌을 받는다.
⑤ 사람은 주변 사람들과 원만한 관계를 유지하려 노력해야 한다.

해설 검면에 쓰는 자신을 부르는 호칭이 적절하지 않다고 생각하면, 이로 인해 소외되는 기분을 느낀다고 말하고 있다. 그러므로 적절한 호칭을 존중하는 마음을 표현하는 데 중요한 요소라고 생각할 것이다.

표현의 의도 파악하기

5

〈보기〉를 고려할 때, ⓵의 문제점으로 가장 적절한 것은? (④)

보기
자기: 말하는 이나 듣는 이로부터 멀리 있는 곳을 가리키는 지시 대명사.

① '자기'는 듣는 이의 부담을 덜어 주는 말이다.
② '자기'는 듣는 이가 가까이 있으면 쓸 수 없다.
③ '자기'는 멀리 있는 사람을 부를 때 쓰는 말이다.
④ '자기'는 사람이 아니라 장소를 가리키는 말이다.
⑤ '자기'보다 '여기'라는 표현이 듣는 이에게 친숙하다.

해설 〈보기〉에서는 '자기'의 의미를 설명하고 있다. 〈보기〉에 따르면 '자기'는 멀리 있는 곳을 가리키는 말이므로, 사람을 부를 때 사용하는 말로는 적절하지 않음을 알 수 있다.

내용 적용하기

6

해설

⓵과 같은 입장에 있는 사람으로 가장 적절한 것은? (③)

① 뛰어난 능력을 갖추었지만 그 능력을 인정받지 못해 일자리를 구하지 못한 사람들
② 컴퓨터로 글을 쓰는 것이 보편화되었으나 여전히 손으로 글쓰기를 더 즐기는 사람들
③ 가차표를 온라인으로 판매하기 시작하자 예매하는 방법을 몰라 매표에 실패한 사람들
④ 퇴직이 얼마 남지 않아 퇴직 이후의 삶을 심각한 상태없이 고민하는 사람들
⑤ 4차 산업 혁명 시대가 도래했다는 뉴스가 무엇인지 알기 위해 노력하는 사람들

ERI 지수 **759**

1 사람들은 살아가면서 다양한 제화나 서비스를 필요로 한다. 제화는 사람이 바라는 바를 충족시켜 주는 모든 물건을, 서비스는 다른 사람들을 만족시키기 위해 하는 활동을 가리키는데, 예를 들어 의사가 진료를 하는 일, 택배 기사가 물건을 배달하는 일 등이 바로 서비스에 해당한다.

2 '경제' 활동이란 이러한 제화나 서비스를 생산, 분배, 소비하는 모든 활동을 말한다. ㉠'생산'은 제화와 서비스를 새롭게 만드는 모든 활동을 말한다. 소비하는 모든 활동을 가리킨다. 세상에 존재하는 자원은 우리가 필요로 하는 형태 그대로 존재하지 않는 경우가 대부분이다. 따라서 이것을 필요한 형태로 바꾸어야 한다. 무언가를 새로 만들거나 누예고치로 실을 만드는 것, 가사 노동을 통해 참여하거나 교육 활동을 하는 것 등이 생산 활동에 포함된다.

3 ㉡'분배'는 생산물을 나누어 갖거나, 생산 활동을 통해 얻은 이익을 나누어 갖는 것을 말한다. 예를 들어 자동차 공장에서 자동차를 만들어 판매하면 이익이 발생한다. 그러면 노동력을 제공한 노동자, 공장을 가동한 공장주 등 생산에 참여한 이들이 각각 그 이익을 나누어 갖는 것이다. ㉢'소비'는 자신에게 필요한 제화와 서비스를 구입하거나 사용하는 활동이다. 소비는 주로 기본적인 의식주를 해결하기 위해서 필요하다. 하지만 또 다른 생산을 준비하기 위해 소비를 하기도 한다.

4 생산, 분배, 소비 등 경제 활동에 참여하는 주체는 가계, 기업, 정부로 나뉜다. 가계는 우리 사회를 구성하는 각각의 가정을 말하는데, 주로 노동을 제공하고 도와주고 감독하며, 가계와 기업이 내 세금으로 국가가 운영될 필요한 제화나 서비스를 구매하거나 사용한다.

5 시장에서 거래가 활발할수록 소비도 늘어나게 되며, 늘어나는 소비에 맞춰 생산도 증가한다. 또한 생산이 늘어난 만큼 분배를 통해 사람들의 소득이 증가하고, 이는 다시 소비의 기반이 된다. 이렇게 생산, 분배, 소비가 서로 긴밀하게 연결되어 순환하게 된다. 그리고 생산, 분배, 소비의 순환이 원활하게 이루어질 때 경제가 발전한다. 그러므로 경제가 원활히 순환하기 위해 각 경제의 주체가 할 일이 무엇인지를 고려하며 경제 활동에 참여해야 한다.

→ 제화와 서비스의 의미

→ '경제 활동'에서 '생산'의 의미

→ '경제 활동'에서 '분배'와 '소비'의 의미

→ 경제 활동의 주체인 '가계', '기업', '정부'의 역할

→ 원활한 경제 순환을 고려한 경제 활동의 필요성

세부 내용 이해하기

1 이 글의 내용과 일치하지 않는 것은? (②)

① 가사 노동은 생산 활동에 포함된다.
② '경제' 활동은 생산과 소비로 구분된다.
③ 가계와 기업은 정부에 세금을 내야 한다.
④ 정제 활동의 주체는 가계와 정부, 기업이다.
⑤ 정부는 국가에 필요한 제화와 서비스를 구매한다.

해설 ② 문단에서 알 수 있듯이 경제 활동은 생산, 분배, 소비의 3가지 활동으로 나누어진다. 따라서 ②는 적절하지 않다.

문단 간의 관계 파악하기

2 이 글의 문단 간의 관계에 대한 설명으로 가장 적절한 것은? (②)

① 문단과 2 문단은 정제 활동에 대해 상반된 입장을 소개하고 있다.
② 2 문단은 정제 활동의 구성 요소를 대등하게 나열하고 있다.
③ 문단은 1, 2 문단에서 설명한 정제 활동의 내용에 대해 부연하고 있다.
④ 문단에서 설명한 정제 활동의 문제에 대해서 4 문단에서는 해결 방안을 제시하고 있다.
⑤ 4 문단에서는 정제 활동에서 발생하는 문제의 원인을, 5 문단에서는 그 결과를 제시하고 있다.

해설 ② 문단과 ⑤ 문단은 모든으로 생산과 분배, 소비 활동으로 이루어지는 '경제 활동'에 대해 구분하여 각각 설명하고 있다. 따라서 ②가 가장 적절한 설명이다.

내용 적용하기

3 ㉠~㉢의 사례로 적절하지 않은 것은? (⑤)

① ㉠: 뜨개질을 해서 탁자감을 만들었다.
② ㉠: 선생님이 학교에서 시험 문제를 출제하였다.
③ ㉡: 식당에 요리사로 한 달간 일한 후 월급을 받았다.
④ ㉢: 양말에 구멍이 나서 상점에 찾아가 새로운 양말을 샀다.
⑤ ㉢: 기업의 영업 이익이 매우 높게 나와 직원들의 급여를 인상했다.

해설 ⑤ 기업이 직원들에게 급여를 지급하는 것은 '분배'에 해당한다.

어휘 익히기

1 ─ 단어 뜻 알기

다음 빈칸에 들어갈 알맞은 단어를 〈보기〉에서 찾아 쓰시오.

보기

제화   경제 활동   가계   순환

1. 편의점에서 파는 도시락이나 음료수는 (   )에 속한다.
   뜻 | 사람이 바라는 바를 충족시켜 주는 모든 물건.

2. 물은 지구의 표면 위아래에 존재하며 끊임없이 (순환   )한다.
   뜻 | 되풀이하여 도는 것.

3. 코로나-19 사태는 세계 각국의 (경제 활동)에 큰 영향을 미쳤다.
   뜻 | 인간의 생활에 필요한 재화나 용역을 생산·분배·소비하는 모든 활동.

4. 대출 금리가 올라가면서 각 (가계   )이/가 부담해야 하는 이자가 급격하게 늘어나고 있다.
   뜻 | 한 집안 살림의 수입과 지출의 상태 혹은 소비의 주체로 '가정'을 이르는 말.

2 ─ 관용 표현 알기

다음 빈칸에 알맞은 말을 쓰시오.

"누 이 좋고 매 부 좋다"

디지털 기술이 발달하면서 공유 경제가 활성화되고 있다. 공유 경제는 자신이 가지고 있는 재화나 공간, 제능이나 경험을 다른 사람들에게 빌려주고 나눠 쓰는 경제 활동이다. 이는 생산자와 소비자 모두에게 이로운 경제 활동이라고 할 수 있다. 이 속담은 이렇게 어떤 일에 있어 서로 다 이롭고 좋다는 뜻을 표현하는 말이다.

3 ─ 한자어 익히기

다음 한자어를 소리 내어 읽고 빈칸에 따라 쓰시오.

所得

소득(所得): 일정 기간 동안에 정해진 일을 하고 그 대가로 받는 수입.
• 이번에 승진한 직원들은 앞으로 더 많은 소득을 얻게 된다.
• 이 직업은 대부분이 직업에 비해 소득이 높은 편이라고 한다.
• 우리나라 국민들의 소득 수준이 작년에 비해 올해 크게 올랐다고 한다.

所	得
바 소	얻을 득

所	得
바 소	얻을 득

글쓴이의 의도 파악하기

4 글쓴이가 이 글을 쓴 목적으로 적절한 것은? (⑤)

① 경제 활동에서 판매의 중요성을 강조하려 하였다.
② 경제 활동에 대한 자신의 주장을 제시하려 하였다.
③ 경제 활동이 변화하며 성장해 온 과정을 알리려 하였다.
④ 경제 활동이 최근에 어려움에 빠져 있는 이유를 밝히려 하였다.
⑤ 경제 활동을 구성하는 요소와 요소들의 관계를 설명하려 하였다.

해설 | 이 글은 경제 활동을 구성하는 요소로서 생산, 분배, 소비를 제시하고, 이들이 서로 어떤 영향을 미치는지 설명하고 있다.

글의 내용 적용하기

5 이 글의 내용을 고려할 때, 소비의 성격이 다른 것은? (③)

① 농부가 밭에 줄 비료를 구입하였다.
② 식당 주인이 재료인 고기를 주문하였다.
③ 회사원이 가족과 먹을 송주 요리를 시켰다.
④ 연구원이 연구에 필요한 도서를 구입하였다.
⑤ 운전기사가 주유소에 들러 차에 기름을 채웠다.

해설 | ③문에 따르면 소비는 ③과 같이 기본적인 의식주를 해결하기 위해서 필요하기도 하고, ①, ②, ④, ⑤와 같이 또 다른 생산을 준비하기 위해 필요하기도 하다.

해설 | ⑤문에 따르면 생산, 분배, 소비는 서로 긴밀하게 연결되어 순환한다. 그러므로 소비가 이루어지지 않고 사장의 생산만이 상승한다면 직원들의 소비가 위축될 것이다. 또한 소비는 생산과 밀접해야 되므로 소비가 잘 이루어지지 않으면 기업의 생산에도 부정적인 영향을 미치게 된다고 평가할 수 있다.

글을 바탕으로 구체적인 사례 이해하기

6 이 글을 바탕으로 〈보기〉를 이해한 내용으로 가장 적절한 것은? (⑤)

보기

A사는 생활용품을 생산하여 판매하는 기업이다. A사에서는 이번 연말에 직원들의 임금을 인상하기 위한 임금 협상이 진행될 계획이었으나, A사는 내년에 각종 물가가 인상되어 수익이 악화될 전망이라며 이를 거부하고 내년에도 동일한 임금을 지급하겠다고 통보하였다. 또한 A사는 올해 실적이 악화되어 판매 이익이 크게 줄어 다음 중에 일부 인상된 임금을 지급하기 어렵다고 발표하였다. 대신 A사가 판매하는 생필품의 가격은 그리 크지 않을 것이며, 내 년 말에는 임금을 꼭 인상할 것이라고 약속하였다.

① A사는 다양한 서비스를 제공함으로써 이익을 얻는 경제의 주체이다.
② A사의 직원들이 A사로부터 임금을 받는 것은 경제 활동 중 생산 활동에 해당한다.
③ A사가 임금 협상을 중단한 것은 A사의 내년 수익에도 긍정적 영향을 미칠 것이다.
④ A사 직원들의 개별 가계에 시장의 물가 상승이 미치는 영향은 그리 크지 않을 것이다.
⑤ A사가 판매를 소홀히 하여 직원들의 소비가 줄어드는 것은 경제의 순환에 비춰 볼 때 부정적이다.

2 다음 글을 읽고 물음에 답하시오.

1 난독증이란 지능은 정상이지만 글을 읽고 쓰는 데 어려움을 겪는 증상으로, 학습 장애의 한 유형이다. 난독증의 증상은 난독증의 정도와 양상에 따라 다양하다. 전혀 읽거나 쓰기를 못 하기도 하고, 읽더라도 아주 느리게 읽거나 글자를 거꾸로 적는 경우도 있다. 또한 글자를 거꾸로 쓰는 경우가 많다.

2 난독증은 그 원인에 따라 선천성 난독증과 후천성 난독증으로 나뉜다. 선천성 난독증은 태어날 때부터 장애가 된 유전적 문제로 인해 발생하는 경우가 많다. 선천성 난독증을 가진 아동은 많은 양을 배우는 속도가 더디고 맞춤법을 자주 틀린다. 후천성 난독증은 성장하면서 사고 등의 원인으로 뇌신경에 손상을 입었을 경우 발생할 수 있다.

3 난독증 증상을 가진 환자들 중에는 남들이 소리 단어를 인식하지 못하는 경우가 많다. 난독증을 앓고 있는 사람은 세계 어느 나라에나 있고, 우리나라에도 인구의 5%가 난독증 증상을 보이는 것으로 나타났다. 그러나 발음 체계가 복잡하고 최소의 소리 단어 구별이 어려운 영어권에서 난독증 발생 비율이 높게 나타나는 것으로 알려졌다.

4 난독증은 진단이 어렵고 아직 치료가 불가능하다. 하지만 꾸준한 입소리 인식 훈련과 읽기 연습으로 증상이 상당 부분을 좋아지게 할 수가 있다. 특히 선천성 난독증의 경우, 읽기 능력이 발달하는 5~7세 시기를 놓치지 않는 것이 중요하다.

(1) '난독증'에 관한 정보를 얻기 위해 이 글의 요약할 계획을 세웠다. 적절하지 않은 것은? (④)

① 문단을 요약할 때는 난독증의 뜻과 난독증 증상이 글에서 새로 알게 될 내용을 찾아야겠어.
② 문단을 요약할 때는 난독증의 종류를 발생 원인에 따라 두 가지로 정리해야겠어.
③ 문단을 요약할 때는 난독증이 우리나라에의 난독증 발생 비율을 중심으로 정리해야겠어.
④ 문단을 요약할 때는 난독증의 지료 방향과 시기를 중심으로 정리해야겠어.
⑤ 문단을 요약할 때는 난독증의 지료 방향과 시기를 중심으로 정리해야겠어.

[해설] 3문단의 해심 내용은 난독증 환자들 중에는 남들이 소리 단어를 인식하지 못하는 경우가 많은 난독증 증상이 특성상 영어권에서 난독증이 발생한다. 따라서 우리나라의 난독증 발생 비율 3문단의 해당 내용이라고 보기 어렵다.

(2) 다음은 이 글을 읽고 요약한 것이다. ⑦~ⓔ에 알맞은 내용을 쓰시오.

난독증은 지능은 정상이지만 글을 읽고 쓰는 데 어려움을 겪는 (⑦)의 한 유형을 일컫는다. 난독증은 (ⓒ) 난독증과 (ⓔ) 난독증으로 나눌 수 있다. 난독증은 특히 최소의 소리 단어 구별이 어려운 영어권에서 발생 비율이 높다. 난독증은 구준한 (ⓔ)과 읽기 연습을 통해 상당 부분 지료가 가능하다.

⑦: (학습 장애)   ⓒ: (선천성)   ⓔ: (후천성)   ⓔ: (말소리 인식)

[해설] 이 글의 난독증의 의미, 종류, 특징, 지료 방향에 대해 설명하고 있다. 글에 제시된 설명을 살펴보면 ⑦~ⓔ에 들어갈 답을 찾을 수 있다.

읽기 방법 이해하기

❶ 독서 목적에 따라 글을 요약하기

요약하기란 글의 주요 내용을 간추려 정리하는 것으로, 요약하는 과정에서 글의 내용을 체계적으로 정리하게 되므로 글을 오래도록 기억하는 데 효과적이다. 글을 요약할 때에는 글의 종류, 독서의 목적, 정보의 중요도 등을 고려하게 된다. 특히 독서의 목적은 정보의 중요도를 판단하는 기준이 되므로 요약할 때에는 반드시 고려해야 하는 사항이다.

★ 독서의 목적에 따라 글을 요약하는 방법

(1) 정보를 얻기 위한 목적: 자신에게 필요한 부분을 중심으로 요약하되, 새롭게 알게 될 내용을 강조한다.

(2) 학습이나 연구의 목적: 글에서 설명하는 주요 개념을 명확히 정리하고, 글의 해심 내용을 구조화한다.

(3) 감동을 얻기 위한 목적: 자신이 감동을 받은 부분을 중심으로 요약하되, 감동을 받은 이유와 해당 부분이 글 전체에서 어떤 역할을 하는지 정리한다.

(4) 발표를 위한 목적: 발표의 목적과 발표에 사용할 매체를 고려하여 중요한 내용을 요약한다.

1

다음의 학생들에게 독서의 목적에 따라 필요한 요약 방법에 대해 조언하려 한다. 빈칸에 알맞은 내용을 쓰시오.

(1)	준우: 요즘 쓰레기 분리수거를 하다 보니, 배출자가 처리되는 과정이 궁금해져서 도서관에서 쓰레기 처리에 관한 책을 빌려 왔어. 이 책을 읽고 요약해 보려고 해. → 쓰레기 처리에 관한 책을 읽으려고 하는구나. 그 책에서 (매출자가 처리되는 과정)이/가 설명된 부분을 중심으로 내용을 요약해 보도록 해!
(2)	하은: 오늘 사회 수업에서 기후 체제와 지질 체제에 대해 배웠어. 배운 내용을 동생에게 설명해 주려는데 잘 기억이 안 났어. 교과서의 내용을 다시 정리해 보려고 해. → 기후 체제와 지질 체제가 무엇인지 있는지 표로 (개념)을/를 먼저 정리하고, 기후 체제와 지질 체제에 숙하는 체제에는 무엇이 (구조화)해 보면 좋겠다.
(3)	다인: 지난 주말에 소설책을 한 권 읽었어. 이 감동을 잊기 전에 글로 남겨 두려고 해. → 정말 재미있었나 보구나. 네가 감동을 받은 부분을 중심으로 감동을 받은 (이유)을/를 쓰고, 그 부분이 작품 전체에서 정리해 보도록 해.

[해설] (1) 준우는 해에서 필요한 정보를 찾는 상황으로 매출자가 처리되는 과정을 중심으로 요약할 수 있다. (2) 하은은 학습한 내용을 정리하는 상황으로 각 제재의 개념을 정리하고 관련 내용을 구조화하는 것이 적절하다. (3) 다인은 감동을 얻기 위한 목적으로 감동을 받은 부분, 그 부분에서 감동을 받은 이유 등을 요약할 수 있다.

❷ 상징적 표현의 의미 파악하기

상징적 표현은 눈에 보이지 않는 사실이나 생각을 구체적인 사물로 나타내는 것을 말한다. 상징적 표현은 눈에 보이게 표현하고자 하는 관념이나 직접 드러내지 않는다. 예를 들어 "내 마음속 무궁화가 우리나라를 뜻한다면 것을 자연스럽게 떠올리게 된다.

상징적 표현의 의미는 이처럼 같은 문화를 공유하고 있는 사람들 사이에서 자연스럽게 이해되기도 한다. 하지만 글 속에서 반복적으로 사용되며 상징적 의미를 갖는 경우도 있다.

★ 상징적 표현의 의미를 파악하기 위해서는,
(1) 상징적 표현이 쓰인 단어가 일반적으로 어떻게 해석되는지 찾아본다. (예) 현세 - 순수
(2) 상징적 표현이 쓰인 단어가 글 속에서 쓰인 맥락을 근거로 의미를 정리해 본다.

1 다음 글을 읽고 물음에 답하시오.

크리스틴은 우울증과 극심한 피로감, 피부 발진 등을 유발하는 병인 루푸스를 앓는 환자였다. 어느 날, 그녀와 함께 식당에서 식사를 하던 친구가 "이건 무슨 음으로 살아간다는 건 어떤 기분이야?"라고 그녀에게 물었다.

이에 크리스틴은 식탁 위에 있던 스푼을 한 움큼 집어 들며 이야기를 시작했다. 크리스틴은 "넌 아침에 일어나면 무슨 일을 하나?"라고 물었고, 친구는 "샤워를 해."라고 답했다. 그러자 크리스틴은 들고 있던 스푼 하나를 치우며 "그 전에 침대에서 나와야겠지. 자기에도 많은 힘이 필요해."라고 말했다.

다시 크리스틴이 "샤워를 한 다음엔?"이라고 묻자, 친구는 "간단하게 아침을 먹어."라고 답했다. 그러자 크리스틴은 "설로 간단히 먹을 수 없어. 아이 바쁘면 뭐든 음식 및 먹는 음식이 생각기도," "이라고 생각하며 스푼을 또하나 치웠다.

친구는 "이제 웃음 같아입어야 해."라고 말했다. 크리스틴은 "땅"라고 말했다. 하든 날에 단추가 있는 옷을 입었다면 그 생겼다면 단추를 골라야 하고, 핀드 날에 이만은 음식이기 위해 두 시간 남게 걸린 결정 안 돼...... 그리고 겨우 이만은 음식이기 위해 또 힘을 써야 할 자야."라고 답하며 몇 개의 스푼을 치웠다. 이제 크리스틴의 손에는 한데 있던 스푼이 절반만이 남아 있었다.

그리고 크리스틴은 친구에게 이렇게 물었다.
"이 남은 스푼을 살아야 하는 내 기분을 알겠어?"

(1) 다음 빈칸에 알맞은 단어를 쓰시오.

크리스틴은 친구와 자신이 아침 일상에서 드러나는 (차이)을/를 통해 질문에 답하고자 했다.

해설 크리스틴은 친구가 자신의 아픔 일상에 대해 질문하자, 그와 다른 자신의 아침 일상을 말하며 질문에 답하고 있다.

---

(2) 이 글에서 '스푼'은 무엇을 의미하는지 쓰시오.

하루를 살아가기 위해 인간이 필요로 하는 에너지

해설 크리스틴은 자신이 일상생활에서 신경 써야 하는 일에 대해 하나하나 언급하며 숨기려을 몇 개씩 치우고 있다. 이를 통해 '스푼'은 하루를 살아가기 위해 사용해야 하는 힘을 상징적으로 표현한 것임을 알 수 있다.

---

2 다음 글을 읽고 물음에 답하시오.

코로나-19 감염증 사태로 인하여 각종 소비 활동에서 판매자와의 접촉 없이 상품을 주문하는 온라인 주문 판매가 활발하게 진행되고 있다. 이처럼 소비의 형태가 변화가 생겼다. 구매 후기에 나타난 ㉠별점을 통해 소비자 간의 소통이 활발히 이루어지기 시작한 것이다.

별점은 어떤 상품이 자신에게 꼭 맞는 상품인지 알 수 없어 고민에 빠진 소비자들에게 ㉠한 줄기 빛이 되어 주곤 한다. 먼저 구매를 해 본 소비자들이 별점을 통해 구매를 결정하면 된다는 믿음 때문이다. 그래서 소비자들은 판매자가 올린 정보보다 먼저 구매한 소비자들의 별점을 중요하게 여기게 되었다.

그러나 온라인에서 상품을 판매하는 판매자들에게는 별점이 두려운 존재가 되기도 한다. 자신이 판매하는 상품에 대한 만족도가 구체적인 점수로 나타나고 그 점수가 향후 자신의 판매 수익을 가늠해 볼 수 있는 가늠자 역할을 하기 때문이다. 일부 소비자들이 상품이 상태와 무관하게 낮은 별점을 주면 매출에 영향을 줄 수 있기 때문이다. 이는 좋은 상품을 구매하고자 하는 또 다른 소비자들에게 부정확한 정보로 작용하여 불편을 가지게 만들기도 한다.

무소리와 얼굴 없이 이루어지는 비대면 소비는 앞으로도 확산될 전망이며, 별점에 대한 사람들의 관심도 지속될 것이다. 그러므로 우리는 별점이 건전한 소비 활동에 함께 노력해야 할 것이다.

(1) 이 글에서 ㉠은 무엇을 의미하는지 쓰시오.

도움, 해결 방법

해설 별점이 소비자들에게 숨겨하고 믿음 수 있는 정보를 제공하며 믿음 수 있는 정보를 제공해 주어 도움을 주고 있으므로 한 줄기 빛인 도움 혹은 해결 방법을 의미한다고 볼 수 있다.

---

(2) ㉠별점에 대한 글쓴이의 생각으로 적절하지 않은 것은? (③)

① 온라인 주문 판매가 활발해지면서 중요성이 높아졌다.
② 소비자 간의 소통이 가능하도록 만들어 주는 도구이다.
③ 상품에 대해 전문적이고 믿을 수 있는 정보를 제공해 주고 있다.
④ 상품의 상태와 무관한 별점을 줄 수 있다는 점에서 한계가 있다.
⑤ 별점을 통한 소통은 일시적 현상이 아니라 앞으로도 지속될 것이다.

해설 별점은 별점은 어떤 상품을 먼저 구매한 일반 소비자들이 주는 것이므로 숨겨하고 믿을 수 있는 정보라고 보기는 어렵다. 판매자가 제공하는 정보보다 믿을 수 있는 정보를 제공함 수 있으나 전문적인 정보라고 평가할 수는 없다.

ERI 지수 795

가 우주 탐사에 꼭 필요한 것이 우주복이다. 우주복이 없다면 우주선 밖으로 나갈 수 없다. 우주에는 공기도 없고, 무중력 상태이기 때문이다. 이러한 우주복은 크게 헬멧, 장갑, 장화, 몸체, 생명 유지 장치 등으로 구성된다. 마치 중력이 없는 것처럼 느끼게 된다.

↑ 우주복의 구성

나 헬멧은 엄청나게 빠른 속도로 날아다니는 작은 우성 덩어리가 얼굴에 부딪히지 않도록 해 준다. 앞부분의 창은 금속으로 도금되어 있어 자외선이나 적외선과 같은 강렬한 태양 빛으로부터 눈을 보호하는 기능을 한다. 또한 장갑은 우주에서 장비를 조립할 때 정비가 손에 잘 잡히도록 하기 위해 고무장갑과 같은 실리콘 고무로 만들어져 있다. 그뿐 아니라, 장화는 걸음을 바깥 온도의 영향을 차단하는 금속 섬유로 되어 있다.

다 우주복의 몸체는 최첨단 소재로 만든 여러 층으로 되어 있다. 옷이 꽤 두꺼워 보이지만 여러 가지의 기능을 가지고 있다. 잘 움직일 수 있도록 제작되어 있고, 우주복 내부의 온도 상승을 막기 위해 내구수를 흘려보낼 수 있도록 되어 있는 층, 지구와 비슷한 기압을 유지하기 위해 공기를 품고 있는 층, 우주로 이루어진 인해 우주복 안이 뜨거워진 기계를 차게 식히는 데 쓰는 물들이 부풀어 있다. 그래서 어마어마한 우주 먼지들이 통로 들어오지 못한다. 또한 우주 바깥의 층은 잘 찢어지지 않는 방탄복 소재로 만들어져 있다. 가장 바깥의 층은 우주복 몸체와 헬멧 사이에는 음식과 물이 들어 있다. 혹시 고립되어 구조를 기다릴 경우를 대비하여, 손을 대지 않고도 마대기 형태의 음식물을 쉽게 마실 수 있게 되어 있다.

↑ 우주복의 몸체 구성과 기능

라 우주복 뒤쪽에는 배낭 모양의 생명 유지 장치가 붙어 있다. 우주복에 산소를 공급하고 온도와 습도를 조절하고 기압을 유지한다. 또 다른 우주인이나 지구와의 통신에 필요한 전기 배터리도 들어 있다.

↑ 우주복의 생명 유지 장치의 기능

마 이렇듯 우주복에는 최첨단 장비들이 모두 모여 있다. 그래서 무게도 약 100kg 정도로 상당히 무겁다. 그러나 우주복을 입고 임무를 수행하는 데 큰 어려움은 없다. 우주 공간에서는 무중력 상태이므로, 달에서는 몸무게가 가벼워지며, ㉠달의 중력은 지구의 1/6 밖에 되지 않으므로 30kg 정도로밖에 느껴지지 않아 가볍게 느끼거나 생각보다 많이 앞으로 넘어지게 된다고 해도 우주복을 입어도 몸무게가 가벼워서 공중에 둥둥 뜨거나 생각보다 많이 앞으로 가게 되는 것이다. 우리 몸이 지구의 중력에 익숙해져 있기 때문이다.

↑ 무거운 우주복이 우주에서의 활동에 방해가 되지 않는 까닭

세부 내용 파악하기

1 이 글의 내용으로 적절한 것은? (③)

① 달에 가면 인간의 몸무게는 더 무거워진다.
② 우주복의 몸체는 몸에 붙지 않고 헐렁헐렁하다.
③ 지구 중력에 익숙한 우주인이 달에서 전기란 쉽지 않다.
④ 헬멧은 얼굴에 모양에는 배낭 모양에 헬멧 사이에 붙어 있다.
⑤ 우주복의 장갑은 금속으로 도금되어 있어서 가장이 비싸다.

해설 마에서 우주복을 입어도 우주복의 장감이 → 라에서 우주복의 장감은 실리콘 고무로 되어 있다고 했으므로 우주복을 입고 걸어보면 도금된 것이 아니며 가격도 나와 있지 않다.
→ 마에서 '달이 중력이 지구의 1/6 밖에 되지 않는다.'라고 했음으로 인간의 몸무게는 1/6로 줄어든다.
→ 다에서 '바깥쪽들의 몸에 우주복을 딱 붙여 맞추시기는 중이이라고 한 것으로 보아 적절하지 않다.

논지 전개 방식 파악하기

2 다음은 이 글의 내용 구조이다. 물음에 답하시오.

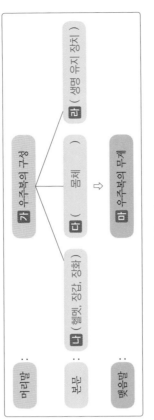

가 우주복의 구성
나 (헬멧, 장갑, 장화)   다 (몸체)   라 (생명 유지 장치)
⇩
마 우주복의 무게

머리말 : 가
본문 : 나, 다, 라
맺음말 : 마

(1) 빈칸에 들어갈 핵심어를 각 문단에서 찾아 쓰시오.

해설 나~라에서 '우주복'을 구성하는 요소인 헬멧, 장갑, 장화, 몸체, 생명 유지 장치 등으로 구성된다.'라고 했으므로, 단에서는 모두 다 마에서는 '헬멧, 장갑, 장화, 몸체, 생명 유지 장치 나누어 각 문단 에서는 '헬멧', 장갑, 장화'를, 다에서는 '몸체'를, 라에서는 '생명 유지 장치'를 설명하고 있다.

(2) 다음 중 이 글에 쓰인 주된 논지 전개 방식을 찾아 V표 하시오.

문제를 나열하고 해결책을 제시하는 방식   ( )

복잡한 것을 구성 요소나 성질로 나누어 설명하는 방식   (V)

두 가지 대상의 공통점을 중심으로 설명하는 방식   ( )

해설 이 글은 가에서 설명한 우주복의 구성을 헬멧, 장갑, 장화, 생명 유지 장치로 나누어 각 단락에서 설명하고 있다.

글에 나타난 단서를 활용하여 내용 예측하기

3 다음의 빈칸에 들어갈 내용을 ㉠을 통해 추론한 것으로 적절한 것은? (②)

지구에서 몸무게가 80kg인 우주인이 무게가 100kg인 우주복을 입었다면, 달에서는 모두 다 합쳐서 약 ( )kg의 무게로만 느껴질 것이다.

① 18   ② 30   ③ 60   ④ 100   ⑤ 180

해설 80kg과 100kg을 합치면 180kg이지만, 달은 지구 중력의 1/6 밖에 되지 않으므로 30kg 정도로밖에 느껴지지 않음에서 각기 설명하고 있다. 마에서는 '헬멧, 장갑, 장화, 몸체, '생명 유지 장치'를 설명하고 있다. 것임을 추론할 수 있다.

어휘 익히기

1 단어 뜻 알기

다음 빈칸에 들어갈 알맞은 단어를 〈보기〉에서 찾아 쓰시오.

〈보기〉
무중력   냉각수   방탄복   고립

1. 자동차 엔진의 과열을 막으려면 (냉각수)을/를 뿌려야 한다.
   뜻 | 뜨거워진 기계를 차게 식히는 데 쓰는 물.

2. 로빈슨 크루소는 포풍우에 배가 위험해 무인도에 (고립)되었다.
   뜻 | 길이 끊겨서 어떤 곳을 벗어날 수 없게 되는 것.

3. 군인이나 경찰이 위험한 곳에 갈 때는 (방탄복)을/를 입는 게 좋다.
   뜻 | 날아오는 탄알을 막기 위하여 입는 옷.

4. 우주인이 우주 공간에 나가면 (무중력) 상태 때문에 멀미를 느낀다.
   뜻 | 마치 중력이 없는 것처럼 느끼는 현상.

2 관용 표현 알기

다음 빈칸에 알맞은 말을 쓰시오.

"사 면 초 가"

우주복이 없다면 우주선 밖으로 나갈 수 없다. 우주에는 공기도 없고, 무중력 상태이기 때문이다. 이 사자성어는 '사방에서 초나라의 노랫소리가 들린다. 라는 의미로, 꼼짝할 수 없는 방법이 없거나 포위당할 수 없는 상황을 못한다.

한자	뜻	음
四	넷	사
面	방면	면
楚	초나라	초
歌	노래	가

3 한자어 익히기

다음 한자어를 소리 내어 읽고 빈칸에 따라 쓰시오.

重力 (무거울 중, 힘 력)

重力 (무거울 중, 힘 력)

중력(重力): 지구 위의 물체가 지구로부터 받는 힘.
- 중력은 만유인력 중의 하나이다.
- 고드름이 아래로 자라는 것도 중력 때문이다.
- 달에 가면 달의 중력에 의해 영향을 받는다.

글과 관련하여 시각 정보 자료 이해하기

4 글을 읽고 다음과 같이 우주복의 특징을 분석하는 보고서를 작성하였다. 적절하지 않은 것은? (⑤)

① 헬멧 ☞ 머리 보호, 시력 보호

② 장갑 ☞ 물건이 손에 잘 잡히도록 하는 기능

③ 정화 ☞ 미끄럼 방지, 열과 냉기로부터 발 보호

④ 몸체 ☞ 여러 층이 겹, 방탄복 소재, 공기층, 냉각수층, 입력 차이 조절용 등 몸 보호 기능

⑤ 생명 유지 장치 ☞ 긴급 재난 시 사용할 음식과 물 보관

해설 | ⑤의 본문에서 '옷'처럼 고립되어 유시 고립되어 구조를 기억할 경우를 대비해서, 손을 대지 않고도 먹대기 형태의 음식물을 쉽게 먹을 수 있고, 빨대를 이용해 물을 마실 수도 있게 되어 있다. 라고 하였으므로 ⑤의 설명은 생명 유지 장치에 관한 설명이 아니라, 우주복 몸체에 대한 설명이다.

글에 나타난 단어나 구의 전문적 의미 결정하기

5 〈보기〉의 설명과 관계있는 우주복 몸체의 기능으로 적절한 것은? (④)

〈보기〉
우주는 진공 상태이다. 공기가 없으므로 기압(공기 압력)이 0에 가까울 정도로 낮다. 우주복 없이 우주 공간으로 그냥 나갔다가는 마치 풍선의 바람이 빠져나가는 것처럼 몸이 밖으로 터지게 된다. 기압이 높은 곳에서 낮은 곳으로 흐르는데, 몸속의 기압은 높고 바깥의 공기는 기압이 낮기 때문이다.

① 몸과 우주복을 딱 붙여 밀착시키는 층
② 냉각수를 흘려보내는 층
③ 공기를 품고 있는 층
④ 공기가 부풀어 오르는 것을 막는 층
⑤ 우주 먼지들로부터 보호하는 층

해설 | 우주 공간은 기압이 0에 가까우므로, 우주복에는 우주 바깥과의 압력 차이로 인해 우주복 안의 공기가 부풀어 올라 터지게 되는 것을 막는 기능이 있다. 우주복 안의 공기가 밖으로 터지게 된다. 에서 심마름을 얻을 수 있다.

글에 나타나지 않은 부분 생성하기

6 이 글을 읽고 난 뒤의 반응으로 적절하지 않은 것은? (③)

① 중력을 막는 방탄복 소재가 우주복에도 쓰이는군.
② 우주에서는 우주 옷성 덩어리가 낮아와 바로 열과 바로 ...
③ 달에서는 지구에서보다 빨리 걸어야 목표 지점에 정확히 가 닿겠군.
④ 달 탐사를 하기 전에 달의 중력에 익숙해지도록 하는 훈련이 필요하겠군.
⑤ 달 표면의 일부 신발을 신고 내딛기 어려운 정도로 또 ...

중심 내용 파악하기

1 이 글의 중심 내용으로 적절한 것은? (②)

① 청송 지역의 자연
② 청송 꽃돌의 가치
③ 화산 활동과 광물
④ 유네스코 지질 보고서
⑤ 청송 지역 환경 보호 단계의 활동

해설 이 글은 처음에는 청송 지역의 꽃돌(구과상 유문암)이 지질학적 가치가 높음을 말하고, 다음으로는 꽃돌의 뜻과 형성 과정, 크기, 모양 등을 순서대로 설명한 뒤, 크기와 모양 면에서 꽃돌이 세계 최고 수준임을 말하고 있다. 따라서 중심 화제는 '청송 꽃돌의 가치'이다.

세부 내용 단서로 추론하기

2 이 글을 읽고 추론한 내용으로 적절하지 않은 것은? (⑤)

① 과거에는 꽃돌을 마구 캐다 팔았다는 것에서, 꽃돌이 상품으로서 비싸게 팔렸음을 짐작할 수 있다.
② 마그마가 암석 틈으로 들어가 식으면서 꽃돌이 생겼다는 것에서, '꽃돌'이라는 돈은 한은적인 명칭이 막혔음을 짐작할 수 있다.
③ 유네스코 평가 위원들이 간단하지만 비트봤다는 것에서, 꽃돌을 캐는 것은 고도의 기술이 필요한 어려운 작업임을 짐작할 수 있다.
④ 꽃돌을 함부로이로는 '구과상 유문암'이라고 하는 것에서, '꽃돌'이라는 말은 한은적인 명칭이 아님을 짐작할 수 있다.
⑤ 꽃돌이 세계 배의 곳에서만 발견된다는 것에서, 꽃돌을 캐는 것은 고도의 기술이 필요한 어려운 작업임을 짐작할 수 있다.

해설 2문단의 '꽃무늬가 있는 화산암을 발견할 수 있는 곳은 세계적으로 백여 곳밖에 되지 않아'에서 꽃돌이 희귀함을 짐작할 수 있을 뿐, 그것을 캐는 데에 고도의 기술이 필요한지는 알 수 없다.

매체의 특성을 활용하여 매체 읽기

3 〈보기〉의 기사문의 형식을 참고할 때, [A]의 명칭과 [A]에 들어갈 내용으로 가장 적절한 것은? (④)

보기

산송 초등학교 신문 ……○…○…

산송 초등학교의 마지막 **졸업식**
—졸업생 3명과 가족을 눈물바다—

3월 12일로 폐교를 맞
이하는 산송 초등학교
졸업생 3명은 2월 27일
졸업식을 가졌다.

이날 졸업식에는 졸업생과 이들 졸업생의 가족들,
그리고 동네 주민들을 찾아와 50여 년간 마을에
있던 초등학교의 폐교를 슬퍼했다.

표제 – 기사의 제목(제일 큰 글씨)
부제 – 표제를 보충하는 작은 글씨
전문 – 기사의 목적이나 배경, 또는 내용 요약
본문 – 육하원칙에 따라 작성

① 표제: 광산 채굴 허가와 꽃돌 시장
② 부제: 유네스코 평가단 보고서 작성
③ 전문: 7천만 년 전 화산 활동과 마그마 분출
④ 부제: 꽃돌의 아름다움과 희귀함, 세계 최고 수준
⑤ 전문: 꽃돌의 종류 – 국화 · 민들레 · 매화 · 가네이션 · 목단 · 장미 · 해바라기

해설 [A]는 '부제'가 있을 자리이다. 따라서 ②와 ④ 중에서 고르면 된다. 그런데 ②는 핵심 내용이 아니고 ④의 꽃돌의 아름다움과 희귀함, 세계 최고 수준은 기사문의 핵심 내용이라고 할 수 있으므로 가장 적절하다.

과학 | 지구 과학

청송 신문

꽃이 된 마그마, '꽃돌'

2000년 7월 ○○일

[A]

경상북도 청송이 제주도에 이어서 세계 지질 공원으로 지정됐다. 특히 꽃돌을 '국제적으로 보기 드문 귀중한 지질학적 유산'이라고 보고하였다.

유네스코는 수많은 청송의 지질 자연 중 '꽃돌'을 높이 평가했다. 현장을 탐사했던 유네스코의 평가 위원들은 지질을 이루는 돌과 지각을 이루는 여러 가지 암석이나 지층의 성질 또는 상태, 꽃돌을 보았을 때, 간단하지만 계속 비트렀다고 한다.

꽃돌이란 꽃무늬가 있는 암석을 부르는 말이다. 학문적으로는 '구과상 유문암'이라고 한다. 또 '유문암'이란 지닌 암석이라는 뜻으로, 석영과 구리처럼 반짝이는 안경이의 ...

이처럼 가까운 곳에서 꽃돌을 보호하려는 환경 단계의 ⓐ비판에의 일부에서 광물을 금지되었다. 만약 꽃돌을 구경하고 싶다면, 수석 꽃돌 바물관을 방문하면 된다.

주로 실내에서 보고 즐기는 관상용의 자연석, 꽃돌에서 최소성과 전시 정보

김□□ 기자 Kim@◇◇.co.kr

어휘 익히기

1 단어 뜻 알기

다음 빈칸에 들어갈 알맞은 단어를 〈보기〉에서 찾아 쓰시오.

보기
석영   지질   청자색   수석

1. 고려 시대의 도자기는 (청자색)을 띤 것이 많다.
   뜻 청자의 빛깔과 같은 푸른색.

2. 지구의 (지질)은 방향기에 큰 변화를 겪는다.
   뜻 지각을 이루는 물질. 지각을 이루는 여러 가지 암석이나 지층이 성질 또는 상태.

3. 화성암에 많이 드는 (석영)은 유리와 도기의 재료로 쓰인다.
   뜻 유리 광택이 있는 광물. 화강암, 유문암, 변성암, 퇴적암 등에 들어 있으며 유리, 도기의 재료로 씀.

4. 아름다운 돌은 (수석)으로 비싸게 팔린다.
   뜻 주로 실내에서 보고 즐기는 관상용의 자연석.

2 관용 표현 알기

다음 빈칸에 알맞은 말을 쓰시오.

"말 [문]이 막히다"

당시에 청송 꽃돌이 있는 현장을 답사하던 유네스코의 평가 위원들은 처음 꽃돌을 봤을 때 꽃돌의 이름다움에 놀라 감탄사만 터트렸다고 한다. 이 관용어는 이처럼 말이 많이 입 밖으로 나오지 않게 되는 것을 의미한다.

3 한자어 익히기

다음 한자어를 소리 내어 읽고 빈칸에 따라 쓰시오.

火山 화산

화산(火山): 땅속에 있는 가스와 마그마 등이 땅거죽을 뚫고 나와서 터지는 곳 또는 그렇게 해서 생긴 산.

· 화산암에는 유문암과 현무암이 속한다.
· 울릉도는 화산 폭발에 의해 생긴 화산섬이다.
· 한국에는 활화산이 없어서 화산 활동을 관찰할 수 없다.

火山 화산

생각하며 내용 추론하기

4 글의 흐름상 ㉠의 내용으로 가장 적절한 것은? (③)

① 구경 오는 사람이 많아지면 마을의 평화가 깨진다.
② 꽃돌을 판매할 수 있도록 정부는 광산을 허가해야 한다.
③ 세계적으로 희귀한 꽃돌 지형이 훼손되거나 사라질 수 있다.
④ 광산 허가를 둘러싸고 마을 사람들이 서로 다툼을 보려고 한다.
⑤ 광산 제당으로 산을 자주 관찰 되면 가뭄과 홍수 피해를 입게 된다.

해설 ㉠의 앞에 나오는 "고려에는 광산 허가만 받으면 돈을 마구 캐 갈 수 있었다. 그러나 지질 자원을 보존하려는 환경 단체에서 추측하고 있다. '마구도 '함부로'라는 뜻인데, 마구 캐내다 보면 귀한 꽃돌이 없어질 것을 우려하여 희귀한 지질 자원의 훼손을 막고 보호하려는 환경 단체가 비판적 비판의 내용으로 볼 수 있다.

글쓴이의 의도나 목적 추론하기

5 을 통해 짐작할 수 있는 이 글의 숨겨진 의도로 가장 적절한 것은? (⑤)

① 꽃돌의 아름다움을 자랑하려고 한다.
② 수석 꽃돌의 규모를 소개하려고 한다.
③ 정부부터 광산 제당 허가를 받으려고 한다.
④ 수석 꽃돌 박물관에서 꽃돌을 판매하려고 한다.
⑤ 수석 꽃돌 박물관을 방문하도록 홍보하려고 한다.

해설 가서 내용은 꽃돌의 이름다움을 소개하는 것이지만, 끝에 수석 꽃돌 박물관을 방문하면 된다, 에서 박물관을 홍보하려는 의도로 쓰였음을 미루어 짐작할 수 있다.

내용 상세화하기

6 다음은 청송 꽃돌의 생성 과정이다. 물음에 답하시오.

㉮	㉯	㉰	㉱	㉲
7천만 년 전, 화산 조짐	마그마가 지표면으로 분출	지표면의 암석 틈에 마그마 침투	지표면에서 가까운 곳에 암석이 빠르게 식음.	지표면에서 깊은 곳에 암석이 서서히 식음.

(1) 꽃돌마다 꽃 모양이 다양하게 되 원인과 관련 있는 과정의 기호를 쓰시오. (㉱)
해설 3문단에 '꽃돌은 꽃 모양은 암석 사이에 들어간 마그마의 냉각 속도가 달라 생기는 현상이다. 지구 표면 가까이에서 생긴 꽃돌은 그 모양이 크고 다양함을 나타낸다.에서 알 수 있듯이 꽃 모양과 색의 다양함은 ㉱의 단계에서 주로 나타난다.

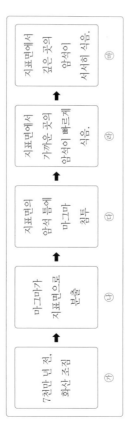

암석 / 마그마 흔적

(2) 지질 조사 중에 다음과 같은 암석층을 발견하였다. 다음과 관련 깊은 과정의 기호를 쓰시오. (㉰)
해설 사진을 보면, 마그마가 주변의 암석을 뚫고 들어가 굳은 흔적임을 알 수 있다. 이는 지표면의 암석 틈에 마그마가 침투해 굳은 모양이다. 따라서 ㉰의 단계에 해당한다.

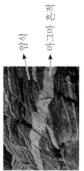

과학 | 생명

ERI 지수 **800**

가 버섯은 식물일까요? 버섯은 식물처럼 보이지만 식물이 아니다. 식물이라면 광합성을 하여 스스로 필요한 양분을 만들 수 있어야 한다. 그러나 버섯은 광합성을 하지 않기 때문에 스스로 양분을 만들지 못한다. 그렇다면 버섯은 동물일까? 스스로 움직여 이동할 수 없기 때문이다.

나 그렇다면 버섯은 무엇일까? 버섯은 곰팡이, 효모 등과 함께 균계에 속한 균류로 이루어진 생물이다. 균류는 '균사'라고 하는 실 모양의 세포로 이루어져 있다. 버섯도 균사로 이루어진 일종의 곰팡이이다. 그래서 습하고 어두운 곳에서 자라며, 다

다 버섯은 균사체와 자실체로 이루어져 있다. 균사체는 식물의 뿌리에 해당하는 영양 기관이다. 그 안에 있던 수백

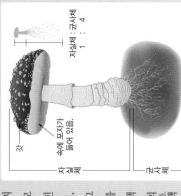

▲ 버섯의 구조

라 버섯은 자연에 이롭다. 인간에게 요리로 쓰이나 소의 죽음 통해서 자라는 버섯을 두루 이르는 말.

* **동충하초:** 곤충의 죽은 몸이나 번데기에서 자라는 버섯을 두루 이르는 말.

세부 내용 파악하기

1 이 글의 내용으로 적절한 것은? (④)

① 버섯은 스스로 양분을 만든다.
② 버섯의 자실체는 영양 기관이다.
③ 버섯은 모두 식물에만 기생한다.
④ 균계는 생물로 몸이 균사로 되어 있다.
⑤ 버섯은 식물과 동물의 특징을 모두 갖고 있다.

[해설] ...

문장 간의 관계 파악하기

2 ㉠에 들어갈 말로 적절한 것은? (②)

① 왜냐하면　② 예컨대　③ 그래서　④ 그러나　⑤ 또는

[해설] ...

문장 간의 관계 파악하기

3 글쓴이가 **가**를 제시한 이유를 추론한 것으로 적절한 것은? (③)

① 버섯의 일생을 설명하기 위해서
② 버섯의 특이한 모양을 설명하기 위해서
③ 버섯이 속한 생물 분류를 설명하기 위해서
④ 버섯에 든 영양소가 얼마나 많은지를 설명하기 위해서
⑤ 버섯의 종류에는 어떤 것이 있는지를 일찍 주기 위해서

[해설] ...

논지 전개 방식 파악하기

4 이 글의 논지 전개 방식에 대한 설명으로 적절하지 않은 것은? (⑤)

① **가**는 물음으로 설명문에 대해 이유를 제시하며 반박하고 있다.
② **나**는 문답 방식으로 설명하며 독자의 호기심을 유발하고 있다.
③ **다**는 버섯이 자라는 환경을 예를 들어 설명하고 있다.
④ **다**는 버섯의 구조를 분석하여 생김새와 기능을 설명하고 있다.
⑤ **라**는 버섯이 이로운 점을 인간과 대조하여 설명하고 있다.

1 단어 뜻 알기

다음 빈칸에 들어갈 알맞은 단어를 <보기>에서 찾아 쓰시오.

<보기>
균계   기생   공생   포자

1. 버섯의 자실체는 (포자)을/를 만들어 퍼뜨리는 기능을 한다.
   뜻 꽃을 피우지 않는 식물이나 균류에서 생겨나 번식을 하려고 만드는 세포. 암수 경합 없이 스스로 싹이 틈.

2. 하천수 등 속에서 사는 (기생) 생물로서, 인간을 숙주로 하여 번식한다.
   뜻 서로 다른 종류의 생물이 함께 생활하며, 한쪽이 이익을 얻고 다른 쪽이 해를 입고 있는 일. 또는 그런 생활 형태.

3. 빵이나 떡을 만들 때 반죽을 부풀리기 위해 쓰이는 (균계) 생물이다.
   뜻 곰팡이, 효모 버섯류를 가리킴.

4. 곰과 식물과 뿌리혹박테리아는 서로 양분을 제공하기 때문에 (공생) 관계이다.
   뜻 서로 다른 종류의 생물이 같은 곳에서 살며 서로에게 이익을 주며 함께 사는 일.

2 관용 표현 알기

다음 빈칸에 알맞은 음을 쓰시오.

" 상 부 상 조 "

버섯은 균계 생물로서, 생태계 순환에서 양분을 얻지만 생태계 중요한 역할을 한다. 버섯은 죽은 동식물의 사체를 분해하여 양분을 얻지만, 그로 인해 생태계에도 깨끗하게 청소가 되기 때문이다. 이 서사상서는 이처럼 서로 도와 이롭게 되는 것을 이르는 말이는 말이다.

3 한자어 익히기

다음 한자어를 소리 내어 읽고 빈칸에 따라 쓰시오.

共生(공생)
- 뿌리혹박테리아는 콩과(科) 식물과 서로 공생한다.
- 흙 속에는 식물과 공생 관계에 있는 세균이 많이 있다.
- 콩목 시장과 대기업이 서로 공생하는 관계라면 경제가 발전한다.

共 함께 공   生 날 생

한자	뜻	음
相	서로	상
扶	돕다	부
相	서로	상
助	돕다	조

추론에 대한 근거 밝히기

5 다음 주장에 대한 3가지 근거를 이 글에서 찾아, 빈칸에 알맞은 단어를 쓰시오.

주장: 버섯은 인간과 자연에 이롭다.

근거 1: 버섯의 자실체는 (요리)의 재료로 쓰인다.
근거 2: 버섯의 균사체에도 (영양소)와/과 (약)이/가 많다.
근거 3: 버섯은 생태계의 (분해자)(으)로서 중요한 역할을 한다.

해설 글쓴이는 버섯이 인간과 자연에 이롭다는 주장의 근거로, ⓐ에서 버섯에 영양소와 약이 쓰이는 성분이 많음을 제시하였고, ⓑ에서는 버섯의 요리와 약이 되어 생태계의 분해자로서의 역할을 하고 있음을 제시하였다.

글의 내용을 그림으로 표현하기

6 다음 버섯의 한살이이다. ㉮~㉱에 들어갈 적절한 명칭을 이 글에서 찾아 쓰시오.

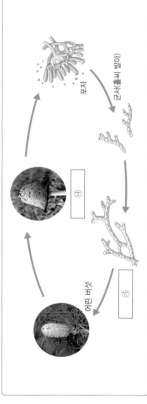

포자
균사(홀씨 발아)
어린 버섯
자실체

㉮: (균사체)   ㉯: (자실체)

해설 ⓐ를 보면, 포자 → 균사 → 자실체 → 포자 순으로 반복된다는 것을 알 수 있다.

통합적으로 읽고 내용 재구성하기

7 이 글을 바탕으로 <보기>를 이해한 것으로 적절하지 않은 것은? (③)

<보기>
최근 느타리버섯 균사를 이용하여 폐수를 거르는 방식이 연구되고 있다. 먼저 균사가 번식한 볏짚 가마니를 실개천에 넣어 둔다. 그러면 흐르는 물이 가마니를 통과하면서 오염 물질이 균사에 의해 분해되어 수질이 정화된다. 이 방법은 완전하지는 않지만, 축산 농가에서 나오는 폐수를 1차적으로 정화할 수 있다. 또 깨끗한 윗부분에서는 느타리버섯을 수확할 수도 있다. 균사를 이용한 폐수 여과를 시작하기 전에, 버섯의 균사를 볏짚 가마니에 미리 심어 놓아야 한다.

① 물속의 오염 물질이 버섯의 양분으로 작용하겠군.
② 버섯의 균사체가 볏짚 가마니에 뿌리를 내리겠군.
③ 버섯이 지닌 약용 성분을 이용하여 오염 물질을 정화할 수 있겠군.
④ 느타리버섯을 수확하게 된다면, 먹는 부분은 버섯의 자실체에 해당하겠군.
⑤ 균사를 이용한 폐수 여과를 시작하기 전에, 버섯의 균사를 볏짚 가마니에 미리 심어 놓아야겠군.

해설 <보기>는 균기는 지닌 물질 분해 능력을 문제 해결에 이용하는 원리를 설명한 것이다. 따라서 ③과 같이 '약용 성분을 이용하는' 것과는 관련이 없다.

ERI 지수 **765** 과학 | 화학

지구의 모든 물체에는 중력이 작용한다. 공기도 마찬가지로 중력의 영향을 받아 지구 중심으로 끌어당겨지고 있다. 따라서 지구 가까이에는 많은 양의 공기가 쌓여 있다. 공기가 켜켜이 쌓여 누르는 힘을 '기압'이라고 한다. 보통 우리가 생활하는 지구 표면은 1기압이다. 그러나 지구 표면에서 멀어질수록, 즉 고도가 높은 산일수록 공기의 양이 희박해진다. 공기의 양이 적으니 물체에 영향을 미친다. ▶기압의 의미와 특징

이러한 기압은 끓는점에 영향을 미친다. 끓는다는 것은 온도를 높임으로써 액체가 기체로 변하는 현상이다. 끓는점이란 1기압일 때 물을이 끓이 끓기 시작하는 온도이다. 예를 들어 물을 17기압일 때 물은 100°C에서 끓는다. ▶끓는점과 기압의 관계

반대로 기압이 낮아지면 끓는점도 낮아진다. 그러나 기압이 달라지면 끓는점도 달라진다. 즉 기압이 높아지면 끓는점이 높아지고, 반대로 기압이 낮아지면 끓는점이 낮아진다.

예를 들어 산 정상의 기압이 0.1밖에 되지 않는 높은 산이 있다고 하자. 그 경우 물은 50°C에서도 끓게 된다. 물이 끓고 있는 높은 산에서 맛있는 차 온도에는 되지 않는다. 낮은 온도에서도 끓기 때문이다.

그래서 높은 산에 올라가서는 냄비 속의 물이 끓을 때, 라면을 넣으니다니고 해도, 라면은 잘 익지 않는다. 왜냐하면 실제로는 물의 온도가 100°C가 안 되기 때문이다. 그렇다면 높은 산에서 라면을 잘 끓일, 라면을 잘 익게 하려면 어떻게 하면 될까? 냄비 속의 기압을 높여야 한다. 이를 위해서 물을 끓이는 냄비 뚜껑이나 솥뚜껑 위에 무거운 돌을 얹으면 된다. 돌이 냄비

[A] 뚜껑을 누르고 있기 때문에, 냄비 안의 기압이 높아지고 끓는점이 더 높은 온도로 맞게 된다. 이렇게 되면, 이처럼 압력의 높아질수록 끓는점도 더 높은 곳에서 끓게 된다.

이 원리를 이용한 요긴한 기계가 생겨난 수증기가 점점 방출해나가는데, 뚜껑이 꽉 단혀 있으니, 생겨난 수증기가 밖으로 빠져나가지 못하고 솥 안의 기압을 높이게 되다. 이렇게 솥 안의 수증기가 국물이 표면을 세게 누르고 있으면, 국물 속의 수증기가 쉽게 빠져나오지 못하니 100°C가 되어도 잘 끊지 않는다. 그러나 솥이 점점 더 뜨거워지면 결국에 끓기 시작하면서, 잘 익지 않는 딱딱한 음식도 높은 온도로 푹 익는다.

▶압력솥의 원리

---

1 이 글의 중심 화제로 적절한 것은? (④)

① 압력솥의 원리
② 등산 준비 도구
③ 중력과 기압의 관계
④ 끓는점과 기압의 관계
⑤ 라면 맛있게 끓는 법

해설 이 글은 전체적으로 끓는점에 대해 말하고 있다. 특히 2문단을 보면, '이러한 기압은 끓는점에 영향을 미친다.'라고 하여, 끓는점이 기압과 관련됨을 상세히 설명하고 있다.

2 이 글을 통해 알 수 있는 내용이 아닌 것은? (①)

① 공기가 희박하면 중력이 작아진다.
② 기압이 낮아지면 끓는점도 낮아진다.
③ 공기도 중력의 영향을 받아 무게를 지닌다.
④ 비행기를 타고 올라갈수록 기압이 낮아진다.
⑤ 끓는점이 낮아지면 음식이 빨리 익지 않는다.

해설 1문단에서 '고도가 높은 산일수록 공기의 양이 희박해진다. 공기의 양이 적으니 공기가 누르는 힘도 약해서 기압이 낮아진다.'라고 했으므로 공기가 희박해지면 기압이 낮아진다는 것을 알 수 있다. 하지만 공기의 양도와 중력은 관련이 없으므로 ①은 적절하지 않다.

→ 2문단의 '기압이 높아지면 끓는점이 높아지고, 반대로 기압이 낮아지면 끓는점이 낮아진다.'에서 알 수 있다.

→ 1문단의 '공기도 마찬가지로 중력의 영향을 받아 지구 중심으로 끌어당겨지고 있다.'에서 알 수 있다.

→ 1문단에서 고도가 높을수록 기압이 낮다는 것을 알 수 있다.

3 [A]에 사용된 논지 전개 방식을 설명한 것으로 적절한 것은? (③)

① 일어 순서나 과정을 차례대로 설명하였다.
② 두 사건의 장점과 단점을 서로 비교하였다.
③ 문제와 해결책을 제시하고, 그 이유를 설명하였다.
④ 어려운 단어의 뜻을 풀이하고, 구체적인 예를 제시하였다.
⑤ 질문을 던지는 으로써, 독자가 스스로 그 답을 생각하게 하였다.

해설 [A]에서는 높은 산에서 라면을 끓일 때 라면을 잘 익게 하려면 어떻게 해야 하는지를 문제로 제시하고 이에 '물을 끓이는 냄비 뚜껑이나 솥뚜껑 위에 무거운 돌을 얹으면 된다.'라는 해결책을 제시한 뒤, 그 이유에 해당하는 과학적 원리를 설명하고 있다.

4 다음과 같은 현상들이 일어나는 공통된 원인을 쓰시오.

> • 높은 곳에 올라가면 숨을 쉬기가 어렵다.
> • 비행기가 이륙할 때, 하늘로 올라가서 기압 차 때문에 귀가 먹먹해진다.

해설 1문단에서 '고도가 높은 산일수록 공기의 양이 희박해진다.'라고 하였다. 따라서 고도가 높을수록 공기의 양이 희박해지므로 숨 쉬기가 어려운, 기압이 낮아져서 귀도 먹먹해지는 현상이 발생함을 알 수 있다.

지구 표면에서 멀어질수록, 즉 고도가 높은 산일수록 공기의 양이 적은

간단히 기본 3주차 103

어휘 익히기

1 ── 단어 뜻 알기

다음 빈칸에 들어갈 알맞은 단어를 〈보기〉에서 찾아 쓰시오.

〈보기〉

기압	고도	하박	압력

1. 높은 산보다 바다에서 (기압)이/가 더 높다.
   뜻 | 지구를 둘러싼 공기가 누르는 힘.

2. 깊은 바닷속에는 산소가 매우 (하박)하다.
   뜻 | 어떤 곳에 들어 있는 물질의 양이 적음.

3. 히말라야산맥에는 (고도) 8,000m 이상의 봉우리들이 많다.
   뜻 | 해수면을 0으로 해서 측정한 물체의 높이.

4. 이 건설사는 고층 건물이 (압력)에도 견딜 수 있는 벽돌을 개발하였다.
   뜻 | 밀거나 누르는 힘.

2 ── 관용 표현 알기

다음 빈칸에 알맞은 말을 쓰시오.

"궁 하 면 통한다"

높은 산의 야영지에서 밥을 지으려면 기압이 낮아 밥이 질퍽거리지 않았다. 그래서 궁리 끝에 냄비 뚜껑에 무거운 돌을 올려 이 문제를 해결했다. 이 속담은 이렇듯 매우 어려운 처지에 놓이더라도 헤어날 도리가 생긴다, 혹은 궁리하면 해결책이 생긴다는 뜻이다.

3 ── 한자어 익히기

다음 한자어를 소리 내어 읽고 빈칸에 따라 쓰시오.

온도(溫度): 따뜻함과 차가움의 정도, 또는 그것을 나타내는 수치.
- 내일은 습도이지만 체감 온도는 여전히 높다.
- 여름에 실내 온도를 너무 낮게 하면 냉방병에 걸릴 위험이 있다.
- 뜨거운 물체와 찬 물체를 붙여 놓으면 열이 이동으로 온도가 같아진다.

溫 따뜻할 온   度 법도 도

溫 따뜻할 온   度 법도 도

시각 자료와 글을 관련지어 해석하기

5

〈보기〉는 공기 중에서 무엇 없이 그릇의 물을 끓이는 장면이다. 이 글을 바탕으로 〈보기〉를 이해할 때, 적절하지 않은 것은? (④)

〈보기〉

① 끓는다는 것은 물속에서 생긴 수증기가 위로 올라와 공기 중으로 빠져나가는 현상이다.

② 기압이 높은 곳에서는 기압이 낮은 곳에 비해 공기가 물 표면을 더 세게 누른다.

③ 기압이 높은 곳에서 물을 끓인다면 수증기가 물 밖으로 쉽게 탈출하지 못한다.

④ 낮은 온도에서 물게 하려면 물 표면을 누르는 기압을 높이면 된다.

⑤ 물이 100℃에서 끓는다면 주변이 1기압임을 알 수 있다.

해설 물이 끓는다는 것은 수증기(기포)가 올라와 공기 중으로 빠져나가는 현상이다. 낮은 온도에서도 물게 하려면 공기를 이 물 표면을 약하게 생성 누르면, 물속에 생긴 수증기 쉽게 물 밖으로 빠져나갈 수 있다. 즉 기압이 낮으면 끓는점도 낮아지므로, 낮은 온도에서 물게 하려면 물게 낮추어 한다. 따라서 ④는 적절하지 않다.

교과서 주요 개념 이해하기

6

〈보기〉는 압력솥의 원리를 보여 주는 그림이다. 이에 대한 설명으로 적절하지 않은 것은? (②)

〈보기〉

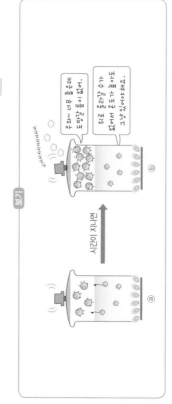

① ⓐ는 물이 끓기 시작하면서 수증기가 서서히 발생함을 보여 준다.

② ⓐ보다 ⓑ에서 수증기가 적어서 솥 내부의 기압이 더 높음을 보여 준다.

③ ⓐ, ⓑ에서는 솥의 꽉 잠긴 뚜껑은 수증기의 압력을 높이는 데 도움을 준다.

④ ⓑ에서는 수증기가 밖으로 빠져나가지 못하여 기체가 내부에 꽉 차게 된다.

⑤ ⓑ에서는 끓는 온도가 높아져서 액체 속의 음식도 높은 온도에서 익게 된다.

05 호 매체 읽기 이해하기

● 매체의 특성을 활용하여 매체 읽기

글 내용을 이해하기 위해서는 글이 실린 매체의 특성을 고려하며 읽는 것이 필요하다. 사진이나 그림은 어떤 역할을 하는지, 출처가 분명한 것인지 등을 실펴보아야 한다. 특히 인터넷 매체의 경우는 다른 사람의 댓글의 반응을 보며 다른 사람들의 생각을 공유할 수도 있다.

★ 매체의 특성을 활용하여 매체를 읽을 때에는,
(1) 인터넷 신문을 읽음을 때는 기사를 쓴 글쓴이의 의도가 무엇인지, 출처가 믿을 만한 것인지 평가하며 읽는다.
(2) 텔레비전 광고를 볼 때는 광고의 목적이 무엇인지, 광고가 미치는 사회 문화적 효과나 영향은 무엇인지 생각하며 비판적으로 본다.
(3) 영화를 볼 때는 영화의 주제, 배경 음악, 동영상 제작 방법 등을 생각하며 본다.

---

1 다음은 인터넷 신문에 실린 기사이다. 매체의 특성을 활용하여 읽을 때, 독자의 반응으로 적절하지 않은 것은?(⑤)

꽃이 된 마그마, '꽃돌'

경상북도 청송이 청송의 이어서 세계 지질 공원으로 지정됐다. 유네스코는 수많은 청송의 지질 자원 중 '꽃돌'을 높이 평가했다. 현장을 탐사했던 유네스코의 평가 위원들은 처음 꽃돌을 봤을 때, 감탄사만 계속 터뜨렸다고 한다. 그들은 '국제적으로 귀중한 지질학적 유산이라고 보고하였다.

└ ***msg 꽃돌을 사진으로 보니 정말 아름답구나. 지질도 귀중한 유산이야.
└ **kim   언제 지정됐다는 건가요?
└ c**no   유네스코 누리집에서 보고서의 출처를 찾아봐…

① 댓글을 보니, 유허원회 중 '언제'에 대한 내용이 모호하다는 지적이 타당하군.
② 댓글을 보니, 보고서의 출처가 어디인지 더 찾아볼 필요가 있겠군.
③ 댓글을 보니, 사진이 글 내용을 이해하는 데 도움이 되었군.
④ 기사를 보니, 유네스코가 꽃돌을 높이 평가했다는 걸 안겠군.
⑤ 기사를 보니, 꽃돌이 어떤 성분으로 이루어져 있는지 확실히 알겠군.

해설 인터넷 기사의 경우 독자가 느낀 점을 댓글로 달 수 있다. 따라서 독자는 다른 독자의 반응까지 읽음으로써 다른 독자와 상호 작용을 할 수 있고, 기사문에 대한 반응을 공유할 수 있다. 기사에 꽃돌이 어떤 성분으로 이루어져 있는지는 제시되지 않았다.

---

2 다음 광고를 보고 물음에 답하세요.

괜찮으시겠어요?

장면 1: (커피숍에 들어선 손님이 커피 한 잔을 주문하면서)
"포장해서 갈 거니까 일회용 컵에 담아 주세요."
(점원은 놀란 눈빛으로 손님을 바라보며 말한다.)
"플라스틱 컵을 사용하는 시간은 5분인데, 분해되는 기간은 500년입니다. 조선 왕조 500년만큼이나 긴데, 괜찮으시겠어요?"

장면 2: (당황해서 답을 못 하는 손님에게 점원은 한 번 더 묻는다.)
"일회용 컵 연간 사용량 84억 개, 당신도 모르게 먹는 미세 플라스틱이 입주위에 신용 카드 한 장만큼인데, 괜찮으시겠어요?"

장면 3: (옆의 그림이 정치 화면으로 보이며, 묵소리만 나온다.)
"1인당 연간 플라스틱 사용량 세계 2위. 아직도 괜찮으시겠어요?"

1인당 연간 포장용 플라스틱 사용량
단위: kg/인, 기준 2020년, 자료: EUROMAP
벨기에 88.20
한국 67.41
미국 52.10
중국 30.86

— 환경부, 2019년 텔레비전 광고,
제목: '괜찮으시겠어요?' —

(1) 이 광고의 주장을 쓰시오.

일회용 물품(컵) 사용을 줄여야 한다.

해설 이 광고가 주장하고자 하는 것은, '일회용 컵에 금을 담아 달라는 손님에게 매장 점원이 담하는 말 속에 나타나 있다. '일회용 컵을 사용하는 것 일회용 물품'인 것이다. 따라서 자주 등장하는 것 '일회용 물품(컵) 사용을 줄여야 한다.'가 이 광고의 주장이다.

(2) 이 광고의 매체를 고려할 때 적절하지 않은 내용은?(②)

① 실제로는 동영상이므로 소리와 장면을 동시에 듣고 보아야 한다.
② 인터넷상의 댓글처럼, 광고를 보는 시청자들이 보내는 댓글이 화면에 곧바로 제시된다.
③ '장면 2'에서 당황해서 답을 못 하는 손님의 얼굴을 비춤 때는 카메라의 사용 화면 기능을 썼을 것이다.
④ '장면 3'에서 1인당 연간 포장용 플라스틱의 사용량을 보여 줄 때는 시청자가 목적은 시청자를 설득하
⑤ 광고의 내용은 손님을 설득하는 것처럼 보이지만, 사실 광고의 목적은 시청자를 설득하는 데 있다.

해설 텔레비전으로 나오는 광고 방송은 녹화된 영상을 틀기 때문에, 방송국에서 시청자에게 일방향으로 방송을 내보낸다. '일방향성 매체의 특성을 보인다. 즉 인터넷상의 신문 기사나 블로그처럼 독자가 댓글을 남길 수 있는 기능은 없다. 따라서 시청자의 댓글이 텔레비전에 나타나는 것은 아니다. 이와 같은 텔레비전 광고는 동영상 매체이므로 시각과 청각을 동시에 써서 보아야 하며(①), 광고라는 매체의 특성상 궁극적인 목적은 시청자(독자)를 설득하는 데 있다(⑤). 특히 이 광고에서는 정치 화면을 사용하는 기능을 확대하는 기능을 사용하고 있다(③).

❷ 통합적으로 읽고 내용 재구성하기

동일한 화제나 글쓴이의 '관점'에 대해 다룰 수 있다. 예를 들어 '인터넷'에 대한 화제는 같지만, 찬성이나 반대라는 대립된 관점에 다룰 수 있다.

또 글쓴이의 관점이나 글 내용이 비슷하더라도 그것을 전달하는 '형식'이 다를 수 있다. 예를 들어 '인터넷'에 대해 '반대'하는 관점이라고 해도 어떤 글은 논설문으로, 어떤 글은 광고 포스터로 표현할 수 있다.

이렇듯 동일한 화제나 주제의 글을 여러 편 읽게 되면 대상을 객관적으로 파악하거나 깊이 있게 이해할 수 있다. 또한 어느 한쪽에 치우치지 않는 균형 잡힌 시각을 지닐 수 있다.

★ 통합적으로 읽고 내용을 재구성하기 위해서는,

(1) 각 글의 주제 또는 중심 내용을 파악한다.
(2) 자신이 미처 알지 못했던 정보를 새롭게 파악한다.
(3) 통합한 주제나 정보를 새로운 상황에 적용하여 해석한다.

1

다음 두 글을 읽고 순서에 따라 주제를 통합하여 내용을 재구성하시오.

가 사마천의 「사기」에 의하면, 중국의 진시황제는 영지버섯을 불로초라 여겼다. 또 고대 그리스에서 도 야생 버섯은 캐서 먹기 때문에 버섯 이름이 그리스어에서 유래한 것이 많다. 로마 제국의 비 황제는 달걀버섯을 바지는 사람에게 버섯 무게 만큼의 황금을 주었다고 한다. 이처럼 예부터 버 섯은 동식물에게 유한 음식으로 여겨졌다.

나 버섯은 생태계의 분해자이다. 주로 땅이나 소의 통에서 발전되느니, 배설물의 분해를 도와준다. 또 노 루똥버섯이나 말똥버섯, 영지버섯 등은 낙엽이 많이 쌓인 죽축한 곳에서 자라는데, 낙엽의 분해를 돕는다.

▲ 영지버섯

(1) 가, 나 각각의 중심 내용을 찾아 쓰시오.

가 : 버섯은 동식물에게 유한 음식으로 여겨졌다.

나 : 버섯은 생태계의 분해자이다.

해설 ...

(2) 두 글을 종합하여 다음과 같이 내용을 재구성하였다. 빈칸에 알맞은 단어를 쓰시오.

버섯은 예로부터 동식물 상황에서 (귀한 음식)(으)로 여겨 왔다. 또한 버섯은 생태계의 (분해자)(으)로서 배설물이나 죽은 식물의 분해를 돕는다. 따라서 버섯은 (생태계)에 유익한 기능을 한다는 것을 알 수 있다.

해설 ...

2

다음 두 글을 읽고 순서에 따라 주제를 통합하여 내용을 재구성하시오.

가 마찰력은 두 물체가 접촉하면서 운동할 때 물체의 운동을 방해하는 힘이다. 표면이 울퉁불퉁한 물체끼리 만나면 마찰력이 커진다. 마찰력이 있으면 물체가 쉽게 미끄러지는 것을 막아 준다.

마찰력을 이용하여 만드는 물건도 운동불통하게 생활을 편리하게 한다. 예를 들어 등산화는 가파른 산길을 오를 때 미끄러지지 않도록 신발의 바닥을 운동불통하게 만들어서 한 것이다. 고무장갑도 바닥이 운동불통하고 고무 재질로 되어 있느니, 이로 인해 그릇을 잡을 때 잘 미끄러지지 않는다. 또한 자동차 타이어도 바닥에 다양한 무늬를 새겨 가깝게 만든다. 도로와의 마찰력을 크게 하여 빨리 멈출 수 있도 록 하기 위한 것이다.

나 마찰력을 최대한 줄이는 것이 삶에 도움이 되기도 한다. 예를 들어 마찰력을 줄이 생활을 편리하게 도 선을 만든다. 식용장에 널린 슬라이드 레일은 매끄러운 재질로 만들어져 있어 마찰력이 작다. 그래서 쉽게 서랍을 여닫을 수 있다.

또한 마찰력은 스포츠에도 중요한 영향을 미친다. 스피드 스케이팅에서 더 빨리 달리려면 얼음과 스 케이트 날 사이의 마찰력을 줄이는 기술이 필요하다. 그래서 스케이트 날이 얼음 바닥에 닿는 부분이 적도록 얇게 만들어져 있다.

마찰력은 바닥이나 물건에서 생기는 것이 아니다. 몸에 부는 스피드 스케이트나 수영같이 중요한 경기에 서 선수들은 대부분 매끄러운 재질의 몸에 붙는 옷을 입는다. 공기와의 마찰력을 줄이기 위해서이 다. 만약 힘렬한 옷을 입으면 공기나 물과의 마찰력이 커져서 빠른 속도로 나아갈 수 없다.

(1) 가 의 중심 문장을 찾아 쓰시오.

마찰력을 이용하여 만드는 물건은 생활을 편리하게 한다.

해설 가 는 1문단에서 마찰력이 무엇인지를 설명하고, 2문단에서 마찰력을 이용하여 생활을 편리하게 한다고 설명하고 있다. 가 의 중심 문장을 찾으려면 글쓴이가 말하고자 하는 가장 중요한 내용이 무엇인지 생각해 보면, 마찰력을 이용하는 사람들을 예로 든 이유를 생각해 보면 된다.

(2) 나 의 중심 문장을 찾아 쓰시오.

마찰력을 최대한 줄이는 것이 삶에 도움이 되기도 한다.

해설 나 는 마찰력을 줄이는 기술을 이용하여 생활에 편리한 도구를 만드는 것이나 스포츠 경기의 기록을 높이는 데 도움이 된다고 설명하고 있다. 따라서 중심 문장으로는 '마찰력을 최대한 줄이는 것이 삶에 도움이 되기도 한다'가 적절하다.

(3) 두 글을 종합하여 다음과 같이 내용을 재구성하였다. 빈칸에 들어갈 단어를 가 와 나 에서 찾아 쓰시오.

마찰력을 이용하여 만든 물건은 생활을 편리하게 한다. 예를 들어 등산화, 고무장갑, 자동차의 (타이어)에 도움이 되는 것이 생활과 (스포츠)에 도움이 되기도 한다. 반면 마찰력을 최대한 줄이는 것이 생활과 (스케이트 날), 몸에 딱 붙는 선수복 등은 이처럼 마찰력은 우리 생활과 밀접한 관련이 있다.

해설 두 글은 '마찰력'이라는 동일한 화제를 다루면서 하나는 마찰력을 이용하는 경우를, 다른 하나는 마찰력을 줄이는 기술을 이 용하는 경우를 제시하고 있다. 두 글을 종합하여, 마찰력을 생기게 하는 원리를 생활에 편리하게 도구를 만들기도 하고, 마찰 력을 최대한 줄이는 원리를 이용해 생활용품과 스포츠 경기에 필요한 도구를 만들기도 한다는 내용으로 정리할 수 있다.

독해

36

지도로 다시 만난 가족

이 글의 중심 화제는 '지리 정보'입니다. 여러 분야에 활용되는 지리 정보와 과학기술이 **사회, 과학, 기술, 대중 매체**를 고루 담고 있어요. 평소 일상생활에서 인터넷 전자 지도 서비스를 얼마나 많이 이용하는지 떠올려 보면서 글을 읽어 보세요.

우리는 길을 찾거나 여행을 할 때 그 지역에 관한 정보가 필요하다. 실제로 우리는 일상생활 속에서 많은 지리 정보를 수집하고 이용하며 살아가고 있다. 지리 정보란 주로 학교, 아파트와 같은 건물이나 시설 등의 위치, 특징, 관계를 나타내는 정보이다.

과거에는 주로 ㉠종이 지도에서 지리 정보를 얻었지만, 최근에는 과학과 정보 통신 기술의 발달로 인터넷 전자 지도, 항공 사진, 위성 사진 등에서 지리 정보를 얻을 수 있게 되었다. 특히 컴퓨터, 스마트폰, 내비게이션 같은 기기의 발달로 지리 정보의 활용이 늘어나면서 우리의 일상이 더욱 편리해지고 있다.

특히 지리 정보를 수집하여 컴퓨터에 저장하고 이를 사용자의 필요에 따라 분석 및 처리하여 다양한 방식으로 보여 주는 지리 정보 체계를 지리 정보 시스템(GIS, Geography Information System)이라고 한다. 실제로 많은 사람이 길 찾기, 장소 검색 등의 목적으로 인터넷 전자 지도를 사용하고 있다. 인터넷 전자 지도뿐만 아니라 항공 (위성) 사진과 거리의 모습을 나타낸 사진 자료, 지하상가도 검색할 수 있다.

▲ 인터넷 전자 지도 서비스

지리 정보 시스템을 기반으로 한 인터넷 전자 지도 서비스

게다가 인터넷 전자 지도를 활용하여 잃어버렸던 가족을 찾는다는 소식도 종종 전해진다. 실제 이런 이야기를 바탕으로 제작된 영화가 「라이온」이다. 다섯 살이던 사루는 ㉠인도 북부 칸드와 지방에서 길을 잃은 뒤 기차에 올라타 1,680km 떨어진 콜카타로 가게 되었고, 다음 해 ㉡오스트레일리아의 한 가정에 입양되었다. 그 후 성인이 된 사루는 고향을 찾기 위해 자신이 기억한 지명과 몇 가지 풍경을 맞추어 가며, 인터넷 위성 지도에서 인도 전역을 뒤지기 시작하였다. 마침내 사루는 3년 만에 자신의 집을 찾았고, 길을 잃은 뒤 25년 만에 고향을 방문해 친어머니를 만났다. 사루가 검을 찾는 데 가장 큰 역할을 한 것이 바로 인터넷 전자 지도 서비스

㉢일본에서는 팬데믹 상황 속에서 외출을 못 하게 된 한 여성이 무료한 시간을 달래고자 위성 지도 프로그램으로 고향 집 주변을 찾아보다 돌아가신 아버지를 지도에서 만났다고 한다. 인터넷 전자 지도에서 제공하는 거리 뷰(스트리트 뷰) 보기 기능으로 고향 집 근처 공동묘지를 둘러보다가 7년 전 돌아가신 아버지가 고향 집 앞에서 있는 모습을 발견한 것이다. 이후 이 여성은 지도 서비스 제공 업체에 사진을 바꾸지 말았으면 좋겠다는 소신 바람을 전하기도 했다. 검을 찾기 위해 만들어진 지도가 주인 어딘가 찾아 주고 있는 감동적인 이야기이다.

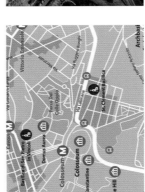
▲ 영화 「라이온」 포스터

있다.

---

1 다양한 지리 정보를 컴퓨터에 저장하고 이를 사용자의 필요에 따라 분석 및 처리하여 다양한 방식으로 보여 주는 체계를 뜻하는 말을 쓰시오.

해설 다양한 지리 정보를 디지털 자료로 변환시켜 저장, 분석, 활용하는 종합적인 관리 체계를 지리 정보 시스템이라고 한다. 이는 원하는 정보를 쉽게 추출하고, 이를 사용자의 요구에 맞게 효과적으로 표현할 수 있는 장점이 있다.

(지리 정보 시스템)

2 다음 지도에 ㉠~㉢의 위치를 표시하시오.

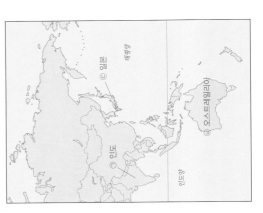

태평양 / ㉢일본 / 인도 / ㉠ / 오스트레일리아 ㉡ / 인도양

3 이 글과 〈보기〉의 내용을 바탕으로 인터넷 전자 지도에 대해 이해한 내용 중 적절하지 않은 것은? (②)

과거의 지도는 종이에 간단한 지형지물의 위치 및 형태 등을 제한된 양의 정보만을 기록할 수 있었다. 그러나 기술이 발달한 최근에는 컴퓨터를 이용한 정교한 전자 지도가 제작되면서 지역적·사회적·경제적 특성을 나타내는 다양한 속성 정보를 지도에 기록할 수 있다.

오늘날의 인터넷 전자 지도는 종이 지도와 달리 원하는 정보를 중첩하거나 통합할 수 있으며, 확대와 축소가 자유롭고 면적을 구하기 쉬워서 다양한 형태로 가공할 수 있다. 또한 인터넷이나 다양한 저장 매체를 통해 과거의 종이 지도보다 복사나 배포가 쉬워졌으며, 파일 형태로 제작되어 보관하기 편리하다. 또 원하는 지점을 검색을 통해 쉽게 찾을 수 있으며 교통수단별로 목적지까지 도달하는 최단 경로를 찾을 수 있어 일상생활에서 널리 이용되고 있다.

┌─ 보기 ─
① 지도의 확대와 축소가 자유롭다.
② 소수의 사람들만 활용할 수 있다.
③ 목적지까지의 최단 경로를 검색할 수 있다.
④ 원하는 지점을 쉽게 검색하여 찾을 수 있다.
⑤ 거리의 경관이나 지하상가의 모습까지도 확인할 수 있다.

해설 인터넷 전자 지도는 과거의 지도에 비해 복사나 배포가 쉬워졌으며 컴퓨터와 인터넷을 통해 누구나 쉽게 이용 및 활용할 수 있다.

4 지리 정보 시스템은 다양한 정보 분석을 통해 의사 결정에 필요한 자료를 제공할 수 있다. 다음은 어떤 마을 주변에 새로운 도서관을 건설하기 위한 조건들이다. 조건에 적합한 입지는 몇 칸인지 쓰시오.

┌─ 조건 ─
1. 경사도 5° 미만
2. 지가* 7(단위: 백만 원) 이하
3. 마을과의 거리 3km 이하

*지가: 땅값.

경사도(°)

5	5	6	6	9	9	9	9	9
4	4	4	4	8	8	8	9	8
2	2	2	3	7	7	8	7	9
0	0	3	3	7	7	7	7	7
0	0	3	3	6	7	7	6	6

지가(백만 원)

4	4	4	4
3	3	3	4
2	2	2	4
1	2	3	4
0	1	2	3	4

마을과의 거리(km)

선정된 입지

10칸

( )

해설 조건을 모두 만족하는 칸을 세면 된다. 경사도에서는 20칸, 지가 조건을 적용하면 적합한 지역이 12칸으로 줄어든다. 마지막 조건을 적용하면 최종적으로 적합한 칸수는 10칸이 된다.

---

5 ㉮와 관련한 다음의 설명을 읽고 물음에 답하시오.

지표상의 실제 거리를 일정한 비율로 줄인 것을 축척이라고 한다. 지도는 축척에 따라 대축척 지도와 소축척 지도로 구분할 수 있다. 대축척 지도는 좁은 지역을 상세하게 표현한 지도로 지형의 주변 안내도, 학교 안내도 등이 있다. 소축척 지도는 넓은 지역을 간략하게 표현한 지도로 우리나라 전도, 세계 전도 등이 있다.

(가)

(나)

(1) (가), (나)는 각각 대축척 지도와 소축척 지도 중 어느 것에 해당하는지 쓰시오.

(가): 대축척 지도   (나): 소축척 지도

해설 (가)는 좁은 지역을 상세하게, (나)는 (가)에 비해 넓은 지역을 간략하게 표현하고 있으므로 (가)가 대축척 지도, (나)는 소축척 지도이다.

(2) 축척은 다음과 같이 비율, 분수식, 막대자로 표현된다. 만약 축척이 1 : 50,000이면 지도상의 1cm가 실제로는 50,000cm에 해당한다. 축척이 1 : 25,000인 지도는 1 : 50,000인 지도보다 ① (대, 소)축척 지도이다. 또 실제 1cm는 ② (250)m에 해당한다.

비율	분수식	막대자
1 : 50,000	$\dfrac{1}{50,000}$	1 ⊢───┤ 500m

해설 ① 1 : 50,000보다 1 : 25,000이 큰 수이므로 축척이 1 : 25,000인 지도는 1 : 50,000인 지도보다 대축척 지도이다.
② 25,000cm = 250m이다.

[오른쪽 페이지 - 정답과 해설]

화제 파악하기

1 이 글의 중심 화제로 적절한 것은? (②)

① 회화 　② 점묘법 　③ 색의 혼합
④ 착시 현상 　⑤ 디지털 픽셀

해설 이 글은 점묘법의 개념과 과학적 원리를 설명하고, 오늘날 디지털 화면의 시각적 혼합 효과로도 점묘법의 원리를 이용한 것임을 설명하고 있다. 따라서 글의 중심 화제는 '점묘법'이라고 할 수 있다.

생략된 내용 추론하기

2 이 글에 대한 설명으로 적절하지 않은 것은? (③)

① 쇠라는 점묘법을 처음 개발해 낸 화가이다.
② 쇠라는 빛에 관한 과학적 연구에 관심이 많았다.
③ 당시 화가들은 물감으로 그림을 그리는 것을 싫어했다.
④ 당시 화가들은 물감을 섞으면 색이 탁해진다는 것을 알고 있었다.
⑤ 점묘법이 나오기 이전의 화가들은 그림을 선으로 그려야 한다고 생각했다.

해설 2문단에서 '물감은 섞을수록 색을 어둡고 탁해 진다고 해졌을 뿐, 당시 화가들이 물감으로 그림을 그리는 것을 싫어했다는 내용은 찾을 수 없다.

세부 내용 파악하기

3 ㉠이 가리키는 내용으로 적절한 것은? (④)

① 쇠라가 점묘법을 새로 고안해 낸 것
② 당시 화가들이 다양한 색을 표현하고 싶어 한 것
③ 당시 화가들이 그림을 선으로 그려야 한다는 고정 관념을 가진 것
④ 물감은 섞을수록 색이 점점 탁해져서 밝은 빛을 표현하기 어려운 것
⑤ 사람의 눈이 다른 색을 동시에 보면 혼합색으로 보이는 착시 현상이 생기는 것

해설 ㉠ 지시어의 내용은 대부분 앞의 내용에서 찾을 수 있다. ㉠ 바로 앞에서 '물감은 색을 섞을수록 어둡고 탁해져서 밝은 빛을 표현하기 어렵다.'라고 있다.

추론에 대한 근거 밝히기

4 글쓴이가 ㉡과 같이 말한 근거로 적절하지 않은 것은? (③)

① 그림을 그리기 전에 색들이 어떤 효과를 낼지에 대해 신중하게 계산해야 한다.
② 쇠라가 화가로 활동하는 동안 오로지 7점의 그림만 남겼다는 사실에서도 알 수 있다.
③ 물감들을 이것저것 섞어서 다양한 중간색을 내려면 색의 혼합을 수없이 시도해야 한다.
④ 색 점과 색 점 사이에 빈틈이 생기면 작은 점으로 채우려면 작은 점으로 채워야 한다.
⑤ 점이 색들을 멀리서 멀리서 어떻게 보이는지 파악해야 하므로, 그림을 그리다가 수시로 멀리서 봐야 한다.

해설 점묘법에서는 중간색이나 혼합색을 내기 위해 물감을 섞을 필요가 없다. 오히려 물감을 섞을 경우 탁해지기 때문에 이것을 해결하기 위해 점묘법을 고안한 것이다.

[왼쪽 페이지 - 지문]

ERI 지수 **725** 　예술 | 미술

19세기 후반, 프랑스의 화가인 쇠라는 점묘법을 생각해 냈다. 점묘법이란 점을 찍어 그림을 그리는 방법이다. 그때 다른 화가들은 그림을 그리면서 선을 긋고 붓으로 색을 칠해야 한다고 생각했다. 그러나 점묘법은 이런 틀에서 벗어나 생각을 낸 새로운 시도였다.

쇠라는 빛을 반사하는 아름다운 풍경을 표현하고자 했다. 그러나 물감은 색을 섞을수록 어둡고 탁해져서 밝은 빛을 표현하기 어려웠다. 그는 ㉠이것을 어떻게 해결할 수 있을까? 하고 고민했다. 그러다가 과학에서 해결의 열쇠를 찾는다.

우리 눈이 서로 다른 두 색을 동시에 보게 되면, 두 색이 혼합된 중간 색으로 보인다. 이를 착시 현상이라고 하는데, 눈의 망막에는 두 가지 색상을 따로 보게 하거나 눈의 망막에는 빛을 감지하는 시간 신경이 모여 있는 곳이 있다. 이 겹쳐 중간색이 보이는 것서로 찍어라는 것이다. 색들의 크기가 점처 점 작을수록, 촘촘하게 붙여 놓을수록, 또 멀리서 바라볼수록 착시 현상이 잘 일어난다. 예컨대 빨간색과 노란색으로 된 점들을 멀리서 보면 주황색으로 보인다.

쇠라는 이러한 과학적 원리를 그림에 이용했다. 그는 일단 색이 보이도록 하기 위해, 서로 다른 색들을 어떻게 배열할지 미리 계산해야 했다. 또 여러 가지 색으로 점을 찍되, 작고 빼빼하게 채우기 위해 많은 시간을 들였다. 그래다 제작하기도 했다. 쇠라가 작업을 자주 멈추고 멀리서 제대로 색이 나오는지 살펴봐서 했다. 그래다 멀리서 시간과 힘이 많이 든다.

이렇듯 점묘법으로 그린 그림은 선을 긋거나 면을 칠해 보이지 않고 환하게 표현된다. 또 몇 가지 안 되는 작은 색으로도 명암이나 사물을 그림처럼 자연스럽게 표현할 수 있다.

이러한 시각적 혼합 효과는 오늘날 컴퓨터, 텔레비전 화면에도 사용되고 있다. 디지털 화면을 높은 배율로 화대하면, 수많은 사각형 모양의 색 점이 보인다. 이 작은 사각형을 '픽셀'이라고 하는데, 생활을 나 거울 렌즈로 관찰하면, 화면의 색은 실제 물체의 나타난 상과의 크기나 비율 나는 달라진다. 픽셀들은 화면에 따라 다양한 색의 빛을 내는 것 [A] 우리가 텔레비전 화면에서 사물을 보는 것도, 점묘법이 원리와 비슷하다. 화면의 픽셀들은 ㉡이렇듯 색을 섞지 않고 색으로도 명암이나 사물을 ...들과 아우른다.

이 빛을 내면 우리 눈에 도달하는 과정에서 혼합된다. 또한 점묘법에서 점을 작게 찍을수록 사람이 더 보듯, 이렇듯 점을 픽셀의 사람이 작고 많을수록 더 선명하게 보인다. 화면의 중간색으로 점묘법도 닮아 있다.

▲ 점묘법을 생각해 낸 계기

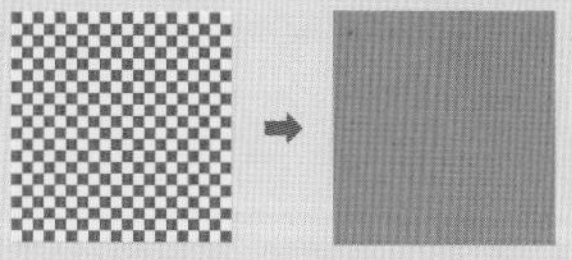

▲ 멀리서 볼 때 생기는 착시 현상

▲ 점묘법의 원리

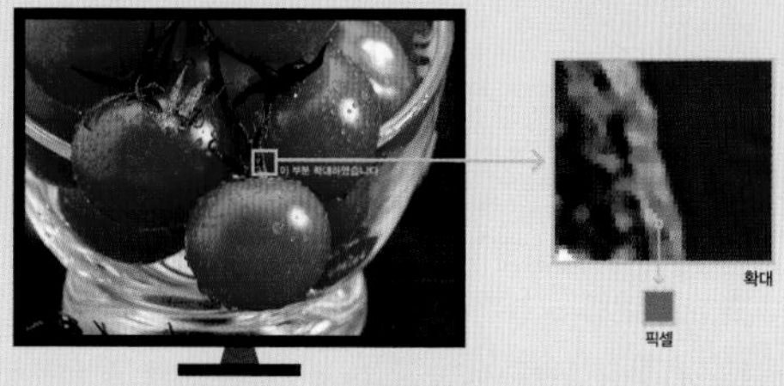

▲ 점묘법과 비슷한 원리를 지닌 디지털 픽셀

어휘 익히기

1 단어 뜻 알기

다음 빈칸에 들어갈 알맞은 단어를 〈보기〉에서 찾아 쓰시오.

〈보기〉
착시　　망막　　배율　　명암

1. 옷 가게의 거울은 날씬하게 보이는 (착시) 효과가 있다.
   뜻 | 잘못 보게 되거나 눈의 망막에서 일어나는 착각 현상.

2. 현미경 중에 (배율)이/가 높은 것은 세로배이 잘 보인다.
   뜻 | 거울, 렌즈, 망원경, 현미경 따위로 볼 때, 실제 물체와 나타난 상과의 크기 비율.

3. 측백 사진 속의 거울 풍경은 (명암)이/가 더 부정하게 드러났다.
   뜻 | 밝음과 어두움.

4. 우리 눈의 (망막)에 이상이 생기면 사물이 제대로 보이지 않는 현상이 생긴다.
   뜻 | 눈알의 가장 안쪽에 있는 막으로, 빛을 감지하는 시각 신경이 모여 있는 곳.

2 관용 표현 알기

다음 빈칸에 알맞은 말을 쓰시오.

"□ 에 박히다"

19세기 후반, 쇠라의 점묘법이 등장하기 전에, 화가들은 그림이란 당연히 선을 긋고 붓으로 색을 칠한 것이어야 한다고 생각했다. 이처럼 이 관용구는 판화를 찍어 내듯이, 말과 행동이 똑같음이 정해진 방식대로 반복되거나 새롭지 않다는 뜻을 가진 말이다.

3 한자어 익히기

다음 한자어를 소리 내어 읽고 빈칸에 따라 쓰시오.

反射 되돌릴 반 / 쏠 사

반사(反射): 빛이나 파동이 다른 물체의 표면에 부딪쳐서 나아가던 방향을 반대로 바꾸는 현상.
- 앞에서 달려오는 자동차 불빛의 반사 때문에 눈이 부셨다.
- 빛이 거울에 비칠 때의 각도와 반사되는 빛의 각도는 항상 같다.
- 지구 온난화 때문에 지구가 태양 빛을 반사하던 비율도 줄어들었다.

反射 되돌릴 반 / 쏠 사

글을 읽고 감상을 확장하기

5 이 글을 바탕으로 다음 그림을 감상한 내용 중 적절하지 <u>않은</u> 것은? (②)

▲ 쇠라, '잿빛의 그림블린'

① 은하: 멀리 떨어져서 보면 착시 현상이 일어나서 형체를 알아볼 수 있겠군.
② 해찬: 점을 찍어서 각각의 색을 표현하기 때문에 중간색 물감들이 많이 필요하겠군.
③ 현아: 각각 다른 색이 눈의 망막에 도달할 때 중간색으로 보이는 효과를 노린 거야.
④ 지운: 물감을 섞어서 칠하는 방법보다 타에 반사되는 빛도 훨씬 밝군.
⑤ 상호: 더 가늘고 작은 붓으로 색을 섞어 칠하다면 사물의 정체가 훨씬 더 선명하게 나타났겠군.

해설 4문단에서 점묘법은 몇 가지 안 되는 적은 색으로도 명암이나 사물의 그림자를 자연스럽게 표현할 수 있다. 라고 하였기 때문에, 중간색 물감들이 많이 필요하다는 말도 적절하지 않다.

세부 내용을 단서로 추론하기

6 [A]를 바탕으로 〈보기〉의 '디지털 화면'을 비교한 것으로 적절한 것은? (①)

〈보기〉

(가)　　(나)

① (가)는 (나)보다 픽셀의 수가 많다.
② (가)는 (나)보다 픽셀의 크기가 크다.
③ (가)는 점이 아니라 선으로 되어 있다.
④ (나)는 시각적 혼합 효과가 일어나지 않는다.
⑤ (나)를 높게 확대로 확대하면 이미지가 더 선명해진다.

해설 [A]에서 화면 속의 픽셀이 작고 많을수록 더 선명하게 보인다고 하였으므로 (가)가 (나)보다 픽셀의 크기가 작다. → (가)와 (나)는 모두 디지털 화면으로, 5문단에서 디지털 화면을 확대하면 수많은 픽셀이 날 뿐, 모두 시각적 혼합 효과가 일어나는 점묘법을 이용한 디지털 화면이다. → 디지털 화면을 확대하면 픽셀이 잘 보일 뿐, 이미지가 더 선명해지는 것은 아니다. → (나)보다 꽃이 훨씬 더 선명하게 보이는 (가)가 화면의 픽셀 수가 더 많다.

지금은 문방구에서 축구공을 흔히 볼 수 있다. 그러나 과거에는 축구공을 만드는 것이 쉽지 않은 일이었다.

다. 19세기까지 축구공은 동물 가죽을 깁고 그 안에 천과 실로 제작서 만들었다. 그래서 모양이 울퉁불퉁했다. 그래서인지 원하는 곳에 정확하게 떨어지지 않았고, 잘 튀어 오르지도 않았다. 그러다 1930년 제1회 월드컵이 열리면서, 8개의 기다란 가죽 조각을 이어 붙인 축구공이 정식 등장하게 되었다. 그러나 쉽게 찌그러지고, 완전한 구 모양도 아니었다.

축구공을 만들려면 구의 전개도를 그려서 그 자른 면들을 서로 이어 붙여야 한다. 그런데 '구'는 둥근 모양을 나타낸 그림으로 왜 붙이면 울퉁불퉁한 공이 된다.

이를 만드는 기술자들은 여러 가지 시도를 했다. 처음에는 8조각, 점차 12조각, 18조각 등 공을 만드는 조각의 수를 늘리게 되었다. 그 결과 구의 모양에 가장 가까운 것은 32개의 면으로 이루어진 다면체이다.

㉠왜 이렇게 면을 늘렸을까? 예를 들어 보자.

하자. 이들 정다면체를 굴린다면 어느 것이 잘 굴러갈까? 정사면체, 정육면체, 정팔면체, 정십이면체, 정이십면체가 있다. 아마도 정이십면체일 것이다. 축구공을 만드는 사람들은 '깎은 정이십면체'가 훨씬 더 잘 굴러간다는 것을 알고 그 전개도를 사용하여 축구공을 만들기 시작했다.

그러나 가장 면이 많고 평평하게 자른다면, 구에 좀 더 가까운 모양이 되는데, 이를 '깎은 정이십면체'라고 한다. '정이십면체'의 꼭짓점을 평평하게 자르면 그 자리에 정오각형이 생긴다.

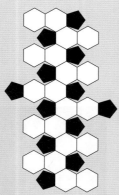

→ 과거의 축구공

정사면체　정육면체　정팔면체　정십이면체　정이십면체

→ 공을 만들기 위한 전개도를 그려낸 시도의 결과

이러한 다면체의 원리를 이용하여 만드는 축구공을 만드는 사람들

→ 다면체의 원리를 이용하여 축구공을 만드는 사람들

[A] 그러나 모두 평평하게 자른다면, 구에 좀 더 가까운 모양이 되는데, 이를 '깎은 정이십면체'라고 한다. 실제로 '정이십면체'의 꼭짓점을 잘 모양으로 깎으면 그 자리에 정오각형이 생긴다. 이 안에 만든 다면체가 자른다면, 구에 좀 더 가까운 정이십면체의 꼭짓점은 12개나 된다. 만약 이 꼭짓점들을 뾰족한 끝부분을 모두 평평하게 자른다면 '깎은 정이십면체'가 되는 것이다.

축구공을 만드는 사람들은 '깎은 정이십면체'가 훨씬 더 잘 굴러간다는 것을 알고 그 전개도를 사용하여 축구공을 만들기 시작했다. 이것은 꽤 오랫동안 축구공으로 사용되었다.

그러나 월드컵 때는 축구공의 조각 수가 다시 줄어들었다. 2006년 독일 월드컵 때는 14조각, 2010년 남아공 월드컵 때는 8조각, 2014년 브라질 월드컵 때는 단 6조각으로 되어 공이 만들어졌다. 가죽을 대신하는 새로운 소재의 개발과 바탕이 되는 재료, 이런 것들을 만드는 데 컴퓨터 기술이 널리 쓰인다. 좀 더 가까운 공을 만들기 위해 이용한 깎은 정이십면체 안에 붙이는 부분의 조각의 수도 변화한 것이다. 이처럼 축구공의 역사는 완벽한 구를 만들기 위해 노력해 온 과정이라고 할 수 있다.

→ 완벽한 구를 만들기 위해 노력해 온 과정인 축구공의 역사

중심 생각 파악하기

1 이 글의 중심 내용으로 적절한 것은? (③)

① 오늘날 축구공을 대량 생산하는 것은 쉽지 않다.
② 축구공을 완벽한 구로 만드는 것은 불가능한 일이다.
③ 축구공의 개발 과정에는 정다면체의 원리가 적용되었다.
④ 축구공을 정확하려면 신소재 개발이나 컴퓨터 기술이 필요하다.
⑤ 월드컵 정기 때문에 축구공을 만드는 기술이 점점 더 발전하게 되었다.

해설 이 글은 축구공을 가장 가까운 형태로 만들기 위해 노력한 과정 끝에 '깎은 정이십면체'의 원리를 활용하게 되었음을 설명하고 있다. ①, ②, ④, ⑤는 세부적인 내용이다.

배경지식, 매체를 활용하여 내용 추론하기

2 ㉠이 질문에 대한 답으로 적절한 것은? (⑤)

① 완전한 구가 아니기 때문이다.
② 꼭짓점 부분이 뾰족하지 않기 때문이다.
③ 뾰족한 면으로 이루어진 정다면체이기 때문이다.
④ 각이 많을수록 원에 가까운 모양이 되기 때문이다.
⑤ 면이 많을수록 구에 가까운 모양이 되기 때문이다.

해설 다면체는 입체 도형이기 때문에 여러 개의 면으로 구성되어 있고, 그러한 면의 개수에 따라 '○○면체'라는 이름이 정해진다. 면의 개수가 적을수록 바닥에 닿는 면적이 넓어 잘 움직이지 않고 면의 개수가 많을수록 구에 가깝다. 따라서 이름이 무려대 5개인 다면체 중에서는 면의 개수가 많은 '정이십면체'가 가장 잘 굴러갈 것이다.

글과 관련되어 시각 자료 이해하기

3 [A]와 관련되어 <보기>를 이해한 내용으로 적절하지 않은 것은? (④)

<보기>

정오각형 12개

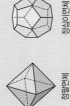
정오각형 20개

정이십면체　정이십면체의 꼭짓점을 깎는 과정　깎은 정이십면체

① '깎은 정이십면체'는 '정이십면체'에 비해 구에 가깝다.
② '정이십면체'의 한 꼭짓점에서는 5개의 삼각형이 만난다.
③ '정이십면체'의 꼭짓점을 평평하게 자르면 그 자리에 정오각형이 있다.
④ '깎은 정이십면체'의 면은 삼각형, 오각형, 육각형 모양으로 구성되어 있다.
⑤ '깎은 정이십면체'의 전체 면의 개수는 32개이므로 '삼이십면체'라고 할 수 있다.

해설 <보기>에서 A 보듯이 깎은 정이십면체는 삼각형이 사라지고, 오각형과 육각형으로만 구성되면 구성된다. 따라서 ④는 적절하지 않다. 전체 기본_4주차 7, ①, ②, ③, ⑤는 <보기>와 [A]를 통해 알 수 있는 내용이다.

어휘 익히기

1 — 단어 뜻 알기

다음 빈칸에 들어갈 알맞은 단어를 〈보기〉에서 찾아 쓰시오.

보기
전개도　정다면체　단면　소재

1. 나무의 (단면)에는 여러 개의 나이테가 있다.
뜻 물체의 잘라 낸 면.

2. 이 집의 실내 (전개도)에는 거실, 방, 화장실 등이 나타나 있다.
뜻 입체의 표면을 한 평면 위에 펴 놓은 모양을 나타낸 그림.

3. (정다면체)은/는 정사면체, 정육면체, 정팔면체, 정십이면체, 정이십면체이다.
뜻 여러 면이 모두 독립으로 이루어진 입체 도형.

4. 비행기 부품의 (소재)로 철보다 가벼우면서 단단한 플라스틱이 개발되었다.
뜻 어떤 것을 만드는 데 바탕이 되는 재료.

2 — 관용 표현 알기

다음 빈칸에 알맞은 말을 쓰시오.

"고생 끝에 [낙] 이/가 온다"

구의 전개도를 그리는 것은 불가능했기 때문에 완벽하게 둥근 축구공을 만드는 것은 어려워있다. 이를 해결하기 위해 기술자들은 여러 가지 노력을 했다. 그 결과 '깎은 정이십면체'를 찾아낼 수 있었다. 이 디자인은 상당히 오래 사용되었고, 축구공의 대표 모양이 되었다. 이처럼 이 속담은 이러한 임을 겪고 난 뒤에는 반드시 좋은 임이 생긴다는 뜻이다.

합격

3 — 한자어 익히기

다음 한자어를 소리 내어 읽고 빈칸에 따라 쓰시오.

立	體
설 입(립)	몸 체

입체(立體): 삼차원의 공간에서 여러 개의 평면이나 곡면으로 둘러싸인 부분.
• 피라미드는 오면체로 입체 도형이다.
• 설치 미술은 평면이 아닌 공간에 작품을 만드는 입체 미술이다.
• 초근접 전자 현미경은 평면 현미경과 달리 영상을 입체로 볼 수 있다.

세부 내용을 단서로 추론하기

4. 이 글을 통해 알 수 있는 내용으로 적절하지 않은 것은? (④)
① 새로운 소재는 가죽보다 구를 표현하기 쉬웠다.
② 조기의 축구공은 패스를 정확하게 하기 어려웠다.
③ 2000년대 이후, 월드컵 개막에 맞춰 새로운 축구공이 개발되고 있다.
④ 축구공의 조각 수를 줄이는 것은 정다면체의 원리를 축구공에 적용한 것이다.
⑤ 컴퓨터 그래픽 기술의 발전 덕분에 축구공의 전개도를 그리는 것이 보다 수월했다.

아이디어의 발전 과정 이해하기

5. 다음 축구공을 '깎은 정이십면체'로 만든 이유를 정리한 것이다. 빈칸에 들어갈 말을 쓰시오.

축구공은 구 형태여야 한다. → 그런데 구는 전개도를 그릴 수 없다. → 그러므로 구에 가까운 다면체로 구의 전개도를 대신할 수 있다. → '깎은 정이십면체'가 가장 적합하다.

축구공을 만들려면 구의 평면 전개도가 있어야 한다.

공감 또는 비판할 부분 찾기

6. 〈보기〉의 관점에서 이 글을 반박할 때, 가장 적절한 것은? (③)

보기
2010년 월드컵 공식 축구공은 최첨단의 신소재 플라스틱 제품으로, 최대한 완벽한 구에 가깝게 만들어졌다. 그러나 표면이 너무 매끄럽고 너무 잘 튀는 바람에, 공이 제 마음대로 튀었다. 이 때문에 드리블과 패스, 슛 등을 할 때 어려움이 많았다. 선수들은 공을 조심조심 다루어야 했고, 결국 수비 중심의 게임이 되고 말았다.

① 축구공을 개발하는 시기를 월드컵 개최 시기에 맞출 필요는 없다.
② 축구 경기에 있어 축구공보다는 축구 실력이 더 중시되어야 한다.
③ 최첨단의 구에 가깝게 만든다고 해서 모든 문제가 해결되는 것은 아니다.
④ 최첨단의 새로운 소재를 개발하는 데에 지나치게 많은 노력을 기울일 필요는 없다.
⑤ 축구공을 가죽으로 감거나 천과 짚을 채워서도 충분히 잘 튀어 오르게 만들 수 있다.

ERI 지수 **757**   예술 | 음악

1 거문고는 어느 나라의 악기일까? 중국의 『열자』라는 책에는 거문고에 얽힌 이야기가 실려 있다. 이 이야기 때문인지 거문고를 중국의 악기라고 생각하는 사람들이 있다.
→ 거문고의 국적에 대한 호기심

2 옛날 중국 진(晉)나라에 거문고를 잘 타는 '유백아(兪伯牙)'라는 사람이 살았다. 그에게는 자신의 음악을 알아주는 '종자기(鍾子期)'라는 둘도 없는 친구가 있었다. 백아가 연주하면, 종자기는 거문고 소리만 듣고도 백아의 마음을 알아챘다. 그러던 어느 날, 종자기가 병으로 세상을 떠나게 되었다. 이에 크게 절망한 백아는 연주를 해도 더 이상 알아주는 이가 없다고 생각하고, ㉠거문고 줄을 끊어 버렸다. 이후 백아와 종자기는 마음이 통하는 진정한 벗을 가리키는 말이 되었다.
→ 거문고에 얽힌 이야기 소개

3 이 이야기로 인해 거문고를 중국에서 온 악기로 오해하는 경우가 종종 있다. 그러나 거문고는 우리나라 전통 악기이다. 이야기 속의 거문고는 사실 '칠현금'이다. 칠현금은 우리나라의 가야금과 비슷하다. 『삼국사기』의 기록에 따르면, 거문고는 고구려의 재상이었던 '왕산악'이 만들었다고 한다. 그 악기를 '검은 학이 춤추는 고(㰌)'(악기)'라는 뜻의 '거문고'라고 불렀다고 한다. 여기서 거문고의 '고'는 가야금을 뜻하는 순우리말이다. 그래서 악기 이름을 검을 '현(玄)', 두루미 '학(鶴)', 거문고 '금(琴)'으로 줄여서 적게 되었다. 그리하여 '현학금(玄鶴琴)'이라고 했다가, '현금(玄琴)'으로 줄여서 적게 되었다. 그러다가 ㉡'현금'은 우리말 '거문고'를 한자로 옮긴 것이다.
→ 거문고의 유래와 이름의 뜻풀이

4 그렇다면 거문고는 중국의 칠현금과 어떻게 다를까? 얼핏 보면 비슷하게 생겼다. 둘 다 줄로 소리를 내는 현악기이다. 우리나라의 거문고는 '술대'라는 대나무 막대기로 현을 튕기거나 훑으면서 소리를 낸다. 그러나 이때는 한쪽의 현을 튕겨서 연주한다. 그래서 연주하는 자세도 다르다. 거문고는 양반다리로 바닥에 앉은 뒤, 무릎 위에 악기를 올려서 주로 오른손가락으로 줄을 짚어 연주한다. 그러나 중국의 칠현금은 손가락으로 직접 뜯어서 소리를 낸다. 또한 칠현금은 의자에 앉은 뒤 탁자 위에 악기를 올려서 연주하는 경우가 많다. 또한 줄의 수도 다르다. 둘 다 명주실을 꼬아 만들지만 칠현금은 일곱 줄이고, 거문고는 여섯 줄이다.
→ 거문고의 유래와 이름의 뜻

5 거문고는 선비의 악기라고 불릴 만큼 군자들의 사랑을 받았다. 그러나 조선 후기에 이르러서는 서민들도 거문고 연주를 즐기고 좋아하게 되었다. 이렇듯 거문고는 누구에게나 사랑받는 국악기가 된 것이다.
→ 누구에게나 사랑받는 국악기가 된 거문고

*교(악기): 가야금을 뜻하는 순우리말. 가얏고의 줄임말.

각 문단의 중심 내용 파악하기

1 각 문단의 제목으로 적절하지 않은 것은? (⑤)
① **1**문단: 거문고의 국적에 대한 호기심
② **2**문단: 거문고에 얽힌 이야기 소개
③ **3**문단: 거문고의 유래와 이름의 뜻풀이
④ **4**문단: 거문고와 칠현금의 특징 비교
⑤ **5**문단: 양반 상류층의 악기가 된 거문고 소개

해설 **5**문단에서는 예로부터 거문고가 군자들의 사랑을 받았으며, 조선 후기에 이르러서는 서민들도 거문고 연주를 즐기고 좋아하게 되었다고 하였다. 따라서 '양반 상류층의 악기가 된 거문고 소개'는 **5**문단의 제목으로 적절하지 않다.

문단 간 관계 파악하기

2 다음 문장을 넣을 위치로 적절한 것은? (①)

> 그 이야기는 다음과 같다.

① **1**문단의 뒤 ② **2**문단의 뒤 ③ **3**문단의 뒤 ④ **4**문단의 뒤 ⑤ **5**문단의 뒤

해설 '그 이야기는 다음과 같다.'라고 했으므로, 이 문장 뒤에 '이야기'가 나와야 한다. 따라서 **1**문단 뒤에 이 문장을 넣으면, 이야기로 이어지는 **2**문단과 자연스럽게 연결될 수 있다.

쟁점과 주장을 찾아 평가하기

3 이 글을 쓰게 된 동기가 된 질문으로 적절한 것은? (②)
① 거문고는 현악기일까?
② 거문고는 우리 고유의 악기일까?
③ 거문고는 중국 악기보다 우수한가?
④ 거문고에 얽힌 옛날이야기는 무엇일까?
⑤ 거문고는 어떻게 선비들의 사랑을 받았을까?

해설 이 글의 주요 쟁점은 **1**문단의 '이 이야기 때문인지 거문고를 중국의 악기라고 생각하는 사람들이 있다.'에 나타나 있다. 글쓴이는 이 의문점을 해소하기 위해 글을 쓰게 되었다고 할 수 있다. 즉 '거문고는 우리 고유의 악기일까?' 아니면 '중국에서 건너온 중국 악기일까?'라는 쟁점을 가지고 글을 쓴 것이다.

세부 내용 파악하기

4 이 글을 바탕으로 거문고와 칠현금을 비교한 내용으로 적절하지 않은 것은? (②)

		거문고	칠현금
①	악기 종류	현악기	현악기
②	연주 방식	손가락 사용	술대 사용
③	연주하는 자세	양반다리로 바닥에 앉은 뒤 무릎 위에 악기를 올려서	의자에 앉은 뒤 탁자 위에 악기를 올려서
④	줄 수	6줄	7줄
⑤	줄의 재료	명주실	명주실

해설 **4**문단에서 '거문고는 '술대'라는 대나무 막대기로 현을 튕기거나 훑으면서 소리를 낸다. 그러나 중국의 칠현금은 손가락으로 직접 현을 튕기고 뜯어서 소리를 낸다. 즉 거문고는 술대를 사용하고, 칠현금은 손가락을 사용하여 소리를 낸다.'고 하였다.

어휘 익히기

1 단어 뜻 알기

다음 빈칸에 들어갈 알맞은 단어를 <보기>에서 찾아 쓰시오.

보기
오해   현   명주실   군자

1. 바이올린과 첼로는 (현)에서 소리가 나므로 현악기라고 한다.
   뜻 현악기에서 소리를 내는 가늘고 긴 줄.

2. 우리는 누에고치 전시관에서 (명주실)을 뽑는 과정을 구경하였다.
   뜻 누에고치에서 뽑은 가늘고 고운 실. 보통 비단실을 말함.

3. 친구의 말을 (오해)하여 말다툼이 생겼지만 얼마 뒤에 화해했었다.
   뜻 남의 말을 잘못 해석하거나, 뜻을 그릇되게 앎.

4. 평생 다른 사람을 어질게 대하며 화를 내지 않으니 (군자)이/가 따로 없다.
   뜻 행실이 점잖고 어질며 덕과 학식이 높은 사람.

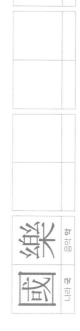

한자	뜻	음
竹	대나무	죽
馬	말	마
故	옛	고
友	벗	우

2 관용 표현 알기

다음 빈칸에 알맞은 사자성어를 쓰시오.

"죽 마 ㅁ 고 아"

'竹馬故友'는 '말하지 않아도 속마음까지 다 이해하는 벗'이다.
이와 같이, 이 사자성어는 '대나무로 만든 말을 타고 놀던 벗'이란 뜻
으로, 어릴 때부터 친한 친구를 이르는 말이다.

3 한자어 익히기

다음 한자어를 소리 내어 읽고 빈칸에 따라 쓰시오.

國樂: 우리나라 고유의 음악.
• 아기 연주뿐만 아니라 판소리도 국악이다.
• 서양 음악 못지 않은 양인은 국악의 상태라도 많이.
• 국악기와 서양 악기를 모두 사용한 퓨전 국악도 등장했다.

國 나라 국   樂 음악 악

國 나라 국   樂 음악 악

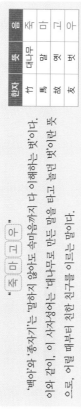

비유 또는 함축적 의미 추론하기

5 ㉠에 담긴 화자의 속마음으로 적절한 것은? (③)
① 평소 가문고를 싫어하는 마음
② 이 기회에 가문고 음을 교체하려는 계획
③ 더 이상 가문고를 연주하지 않겠다는 결심
④ 가문고 마음에 들지 않아 화가 난 심정
⑤ 가문고를 버리고 다른 악기를 연주하겠다는 생각

해설 '가문고 줄을 끊어 버렸다'는 것은 더 이상 연주를 하지 않겠다는 뜻으로, 자신을 알아주던 친구의 죽음으로 인해 슬픔에 찬 화자의 결연한 의지를 보여 준다.

참고 자료를 활용하여 이해하기

6 <보기>를 참고하여 ㉡을 설명한 내용으로 적절하지 않은 것은? (⑤)

보기
세종 대왕께서 한글을 창제하기 전에는 한글이 없었기 때문에, 한자로 우리말을 표현한 수밖에 없었다. 당시 중국 글자인 한자로 바꿔 쓰는 방법 중에는 '소리가 비슷한 한자로 바꾸는 방법과, '뜻'이 비슷한 한자로 바꾸 쓰는 방법이 있었다.

① '가문고를 한자로 바꾸려면, '검다'를 뜻하는 '검은'과 '아기'를 뜻하는 '고'로 나눈다.
② 『삼국사기』가 쓰여진 때는 고려 시대이기 때문에 한글로 '가문고'를 적을 수 없었다.
③ '호흑(현금)'에서 '검을 호(현)' 자는 우리말의 '검은'을 바꾼 것이다.
④ '호흑(현금)'에서 '흑(금)' 자는 가야금을 뜻하는 순우리말인 '고'를 바꾼 것이다.
⑤ '가문고를 '호흑(현금)'으로 바꾼 것은 '가문고'와 '소리'가 비슷한 한자로 바꾼 것이다.

해설 '가문고를 '검을 현(玄)과 검을(玄)' 자료 바꾼 것은 뜻이 비슷한 한자로 바꾼 방식이라고 함이나. 그런데 ⑤는 '소리'가 비슷한 한자로 바꾼 것이라고 썼기 때문에 적절하지 않다.

중심 생각의 발전 과정 파악하기

7 다음은 이 글의 중심 생각의 발전 과정을 나타낸 것이다. 빈칸에 들어갈 알맞은 내용을 쓰시오.

중국어 문헌
에 실린 이
야기로 인해
가문고는
중국 악기로
오해하는 경
우가 있다.
→
그 이야기에
등장하는
악기가
가문고가
아닌 결현금
이다.
→
『삼국사기』
에 가문고의
탄생 과정과
이름의 유래
가 기록되어
있다.
→
가문고는
연주 방식, 연주 자세,
현의 수 등에
서 중국의
절현금과
다르다.
→
그래므로
(가문고는
우리나라의)
서민들과
고유의 전통
악기이다.

해설 문헌이는 중국의 문헌에 문헌에 등장하는 가문고는 질현금을 그렇게 질현금은 가문고와는 다른 악기라고 말하고 있다. 그러면서 연주 방식 등 두 악기의 차이점을 밝히고 있다. 이를 통해 가문고는 우리 고유의 전통 악기임을 주장하고자 한 것이다.

ERI 지수 **794** 예술 | 음악

피아노에서 한 옥타브*는 7음계로 이루어져 있다. '도레미파솔라시' 다음에 다시 높은 음정의 '도레미파솔라시'가 계속 반복된다. 그런데 악기와 달리, 사람의 목소리는 높이 올라가는 것이 쉽지 않다. 그래서 두 옥타브 이상 음정이 올라가면 현의 현의 가수의 소질이 있다고 한다. 그렇다면 '도레미파솔라시'와 같은 7음계는 어떻게 만들어졌을까?

그리스의 위대한 수학자 '피타고라스'는 어느 날 대장간을 지나다가 맑게 울리는 소리를 들었다. 소음처럼 들릴 수 있는 망치질 소리가 웬일인지 조화롭게 들렸기 때문이다. 이를 궁금해한 피타고라스는 대장간에 들어가 망치질을 유심히 관찰했다. 그 결과 망치의 무게에 따라 소리의 높낮이가 달라진다는 것을 알아챘다. 이후에 그는 망치를 두드려 보며 다음과 같은 사실을 알게 되었다. 예를 들어, 무게가 12kg과 6kg인 망치가 있다고 하자. 무게가 절반인 망치가 가벼운 망치의 맑고도 '높은 도' 소리를 낸다. 이는 두 옥타브 차이가 나지만, 같은 '도' 소리이다.

[A] 이후 피타고라스는 음의 높낮이를 현의 길이로 설명했다. 만약 하프에서 두 포에서 두 현의 길이가 2배 차이가 나며, 두 현은 한 옥타브의 음 차이가 난다는 것이다. 예를 들어 1m 길이의 현이 있다고 하자. 그 소리를 '도'라고 하자. 이번에는 이 현의 평평하게 고정시키고 현의 절반인 1/2(50cm)로 만들어 현을 튕기면 높은 '도'가 될 것이다. 그러면 길이가 1m일 때 난 소리보다 한 옥타브 높아지지만, 낮은음 '솔'에서 높은음 '솔'까지는 한 옥타브이다.

이번에는 처음 1m를 길이를 2/3 또는 1/3로 줄여 보자. 같은 '도'라도 길이가 1m일 때와 절반으로 줄어드는, 높은음 '도'가 될 것이다. 그러면 그 음을 튕기면 소리는 낮은 '솔' 음에서 한 옥타브 낮아지지만 역시 '솔' 음이 된다. 즉, 현을 1m의 2/3(약 66cm)로 현을 만들면, 음이 '솔'이라도 현을 '솔'이라도 길이가 늘어나니 낮은 '솔' 음이 된다. 즉, 현 하나에 난 소리를 '솔'이라고 할 때 그 길이가 절반으로 줄어들거나 2배로 늘어나면, 옥타브만 달라진 같은 음이 된다. 또 1m 길이의 현이 있을 때 길이를 1m의 3/4 또는 3/4로 만들면, 그 소리는 '도'가 된다. 그 소리는 '파'가 된다.

이런 식으로 피타고라스는 현의 길이의 비율을 이용하여, 음 사이의 높낮이와 관련이 있기 때

이 음의 높낮이를 현의 '진동수'로도 설명했다. 현의 길이와 진동수와 관련이 있는데, 이 진동이 공기 중의 파동을 일으켜 '낮은 도'음을 일으키면 현의 떨림(바로 진동이 생기면서 주변에 퍼지는 현상)이 상대적으로 짧은데에게 전달된다. 이때 현이 짧을수록 빠르게 진동해서 진동하는 횟수도 많아진다. 그 결과 높은음이 난다.

반대로, 현이 길면 진동수가 적어지고 낮은음이 난다. 이런 원리로 피타고라스 가 하나씩 찾아낸 음의 높낮이는 오늘날 '도'음계를 부르는 단어.

*옥타브: '도레미파솔라시도'와 같이 8도의 음계에서 같은 소리가 나는 높은음까지를 부르는 단위.

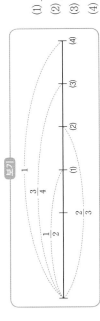

음계가 어떻게 만들어졌을지에 대한 의문

화제 파악하기

1 이 글의 중심 화제는? (⑤)
① 현의 진동수와 공기 파동
② 수학자 피타고라스의 위대한 업적
③ 맞장구 맞지질 소리가 내는 아름다운 화음
④ 음악 속에 숨어 있는 피타고라스 수학의 원리
⑤ 현의 길이 비율로 음의 높낮이를 알게 된 피타고라스

해설 이 글은 피타고라스가 음의 높낮이(음정)를 발견하였으며, 음정 간의 관계는 현의 길이의 비율과 관련됨을 설명한 글이다. 따라서 화제로 가장 적절한 것은 ⑤이다.

글의 세부 내용 추론하기

2 이 글을 통해 알 수 있는 내용으로 적절하지 않은 것은? (③)
① 현의 길이가 길수록 낮은음이 나고, 짧을수록 높은음이 난다.
② 처음 현에서 길이를 절반으로 줄이면 음이 높아진 한 옥타브 높아진다.
③ '낮은음'은 '높은음'에 비해 현이 짧기 때문에 현을 빠르게 진동한다.
④ '솔' 음을 기준으로 한다면, 낮은음 '솔'에서 높은음 '솔'까지는 한 옥타브이다.
⑤ 두 현의 길이의 비율을 1:2, 1:3, 2:3 등으로 만들면, 음의 높낮이를 알 수 있다.

해설 5문단에서 현이 길면 진동수가 적어지고 낮은음이 난다고 했으므로, 낮은음 (높은음에 비해) 현의 길이가 길고 진동수가 적으므로 느리게 진동한다는 것을 알 수 있다.

해설 3문단에서 현을 튕길 때의 현의 길이가 '도'라면, 1m의 절반인 $\frac{1}{2}$ 길이의 현을 튕길 때의 소리는 한 옥타브 높아지게 되어 역시 '도'가 된다고 했으므로, (1) 지점을 누르고 현을 튕기면 '도' 음이 난다. 또한 4문단에서 1m 줄이 $\frac{1}{3}$ 길이의 현을 튕길 때의 '솔' 음이 낮아지게 되므로, 이것이 두 배 길이로 '솔' 음이 난다. '솔' 음이 난다고 했으므로 (2) 지점을 누르고 현을 튕기면 '솔' 음이 난다. 또 4문단에서 1m 줄이 $\frac{3}{4}$ 또는 $\frac{3}{4}$ 길이의 현을 튕기면 '파' 음이 난다.

글 내용을 그림으로 표현하며 이해하기

3 [A]를 잘 이해하기 위해 〈보기〉의 그림을 그려 보았다. (4)와 같이 길이 '1'이 되는 현을 튕기면 '도' 음이 난다고 할 때, (1)~(3) 지점을 누르고 현을 튕기면 어떤 음이 나오는지 계이름을 쓰시오.

보기

(1) ____ 도
(2) ____ 솔
(3) ____ 파
(4) ____ 도

어휘 익히기

1 — 단어 뜻 알기

다음 빈칸에 들어갈 알맞은 단어를 〈보기〉에서 찾아 쓰시오.

> **보기**
>
> 음정　　진동수　　파동　　원리

1. 연못에 돌을 던지면 수면에 (파동)이/가 일어난다.
   뜻 공간이나 물질의 한 부분에서 생긴 진동이 주위로 멀리 퍼져 나가는 현상.

2. 그의 노래는 (음정)이/가 매우 불안해 듣기가 이상한 노래처럼 들린다.
   뜻 높이가 다른 두 음 사이의 간격. 음의 높낮이 차이.

3. 지난번 경주 지진은 1조에 10번 이상 땅을 흔드는 높은 (진동수)의 지진이었다.
   뜻 1초 동안 물체가 반복 운동을 하는 횟수.

4. 냉장고의 (원리)은/는 저장실 내의 프레온이 기화하면서 주변의 열을 흡수하는 것이다.
   뜻 사물이 근본이 되는 이치.

2 — 관용 표현 알기

다음 빈칸에 알맞은 말을 쓰시오.

> "손 발 이 맞다"

대장간에서 망치질은 혼자 하는 것이 아니다. 쇠를 불에 달궈 망치로 두드리고 다시 불에 달구는 일을 여러 차례 반복한다. 이때 혼자 하기보다 둘이 함께 장단을 맞춰 달구고 두드리면 일이 훨씬 수월하다. 주변에서 쉽게 볼 수 있는 대장간의 모습이다.

서로 호흡이 맞으면 소리마저 조화롭게 들린다. 이처럼 이 관용구는 함께 일을 하는 데에 마음이나 의견, 행동 방식 따위가 서로 맞는다는 뜻이다.

3 — 한자어 익히기

다음 한자어를 소리 내어 읽고 빈칸에 따라 쓰시오.

관찰(觀察): 사물이나 현상을 주의 깊게 살펴봄.
- 파브르는 곤충 관찰력이 뛰어나다.
- 실험할 때는 관찰 결과를 빠짐없이 기록해야 한다.
- 파브르는 사물을 관찰하고 「파브르 식물기」를 쓰기도 했다.

觀	察
볼 관	살필 찰

觀	察
볼 관	살필 찰

감상을 확장하기

4 이 글을 읽고 독서 토론을 한 내용이다. 잘못 이해한 사람은? (④)

① 지훈: 대장간에서 망치질에서 소리의 높낮이를 찾아내다니 피타고라스는 대단한 것 같아.

② 희영: 맞아. 피타고라스가 음을 현의 길이의 비율로 설명하다니, 정말 놀랍지 않니?

③ 윤기: 현의 길이를 조정하여 '높은음 도, 낮은음 도', '솔', '파' 등을 하나씩 찾아냈다잖아.

④ 정혜: 현을 튕길 때 손가락으로 얼마나 세게 튕기느냐에 따라 음정이 달라진다는 것도 신기해.

⑤ 한수: 현의 길이에 따라, 현을 튕길 때 진동하는 횟수가 달라진다는 것을 또 어떻게 알았을까?

해설 이 글에서 음의 높낮이(음정)는 현과 현 사이의 '길이'의 비율에 의해 정해진다고 하였다. 진동수와도 관계가 있다고 하였다.

그러나 음의 높낮이(음정)가 손가락으로 현을 얼마나 세게 튕기느냐와 같은 손가락의 힘에 의해 달라진다고는 말하지 않았다. 현을 튕기는 손가락 힘의 세기와 음정은 무관하다.

매체의 특성 활용하여 매체 읽기

5 이 글을 읽고 〈보기〉의 시각 자료를 활용하여 설명문을 작성하였다. 적절하지 않은 것은? (④)

> **보기**
>
> 피아노의 원리와 구조
>
>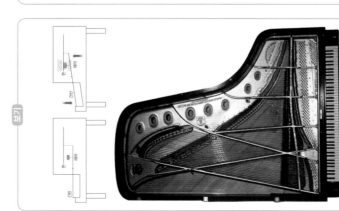
>
> 왼쪽 ← 중앙 → 오른쪽

학생글

피아노는 뒷면의 현을 보면, 하프 모양과 비슷 하다. ① 건반을 누르면 건반에 연결된 작은 망치가 현을 때린다. 그러면 현이 진동하면서 소리가 난다. 그래서 피아노는 현이 진동하는 현악기와 소리가 나는 원리가 비슷하다.

피아노 건반과 현의 길이는 어떤 관계가 있을까? 피아노의 건반은 88개이므로 현도 ② 88개이다. ③ 왼쪽 건반 쪽으로 갈수록 현의 길이가 길어진다. 그래서 ③ 가장 왼쪽 건반을 누르면 가장 낮은음이 난다.

반대로, 오른쪽 건반 쪽으로 갈수록 현이 길이가 짧아진다. 그래서 ④ 가장 오른쪽 건 반을 누르면 진동수가 가장 적다.

만약 ⑤ 피아노의 줄이 끊어지거나 건반에 연결된 작은 망치가 떨어지면 건반을 눌러도 소리가 나지 않는다. 현이 진동하지 못하기 때문이다.

해설 그림에서 보든 바와 같이, 건반과 현이 연결되어 있어서, 건반을 누르면 건반 끝의 작은 망치가 현을 튕겨 진동시킨 다는 것을 알 수 있다(①). 따라서 줄이 끊어지거나 작은 망치가 떨어지면 소리가 나지 않게 된다(⑤). 또한 5문단에서 현의 길이가 짧으면 현의 진동이 빨라져서 높은음이 난다고 했으므로, 오른쪽 건반을 누르면 높은음이 난다. 반대로, 현의 길이 진동수가 작아 지고 낮은음이 난다고 하였다. 따라서 왼쪽 건반으로 갈수록 현의 길이(②), 낮은음이 난다(③). 낮은음일수록 오른쪽으로 갈수 록 현의 짧이 높은음이 나고, 빠르게 멀리로 진동수가 많아진다. 그런데 ④는 반대로 말했기 때문에 적절하지 않다.

05회

읽기 방법 익히기

● 공감 또는 비판할 부분 찾기

글을 읽으면서 글 내용이나 글쓴이의 의견에 공감할 때도 있지만 다른 생각이 들 때도 있다. 그런 부분이 보이면 밑줄을 긋거나 글 옆에 메모를 담아, 그 이유를 간단히 적어 두는 것도 좋다. 공감하거나 비판할 부분을 찾고 그 이유를 생각하며 읽으면 글을 활용 더 깊이 있게 이해할 수 있다.

★ 공감 또는 비판할 부분을 찾으며 읽으려면,
(1) 글 내용에 드러난 글쓴이의 관점이나 주장이 무엇인지 파악한다.
(2) 그것에 대한 자신의 생각은 어떤지 떠올려 자료 비교한다.
(3) 공감하거나 비판을 한다면 그 이유는 무엇인지 생각하고 타당하고 생각하고 타당한지 평가해 본다.

1 다음 글을 읽고 물음에 답하시오.

청소년들이 유행을 따르려는 것은 당연하다. 유행을 따르면 장점이 있다. 이 사회 속에서 외톨이가 되지 않고 공동체에 속해 있다는 느낌을 받는다. 그리고 다른 사람과의 공감과 소통에도 도움이 된다. 또 어떤 것을 선택해야 할지 결정이 어려울 때, 남들이 하는 대로 따라 하면 된다. 유행하는 옷을 입고, 남들이 좋아하는 음식을 먹고, 인기 있는 음식점을 갖이 유행하는 많을 사용하고, 자신의 일상을 SNS에 올려서 다른 사람들과 관심사를 나눈다.

어떤 사람들은 유행보다는 개성이 중요하다고 한다. 유행은 남을 따라 하는 것이므로 주체적이지 못하다는 것이다. 그러나 유행을 따르는 것을 크게 작정할 필요도 없다. 왜냐하면 나이가 든면, 이런 유행에 대한 관심도 자연스럽게 사라지기 때문이다.

(1) 자신의 생각과 비교하여 공감 또는 비판할 부분이 있다면, 찾아서 밑줄을 그으시오.
예 청소년들이 유행을 따르려는 것은 당연하다.

(2) <보기>의 관점에서 이 글을 비판하고자 한다. 반대하는 이유를 이어서 쓰시오.

보기
유행을 따르는 것은 환경 문제와도 관련이 있다. 현재 사회에서 유행을 따르려면 계속해서 소비를 해야 하기 때문이다. 필요하지 않아도, 아직 쓸 만해도 새로 산다. 그래서 과소비가 일어난다.

무조건 유행을 따르는 것에는 찬성하는 것을 반대한다. 왜냐하면 유행을 따르게 되면 과소비를 하게 되고 이것은 환경 오염을 유발하기 때문이다

2 다음 글을 읽고 물음에 답하시오.

프랑스의 미술가인 뒤샹은 변기, 자전거 바퀴, 술병 걸이 등 실제 생활에서 사용되는 소재들을 활용해 예술품을 만들었다. 대표적으로 「샘」이라는 작품이 있다. 이것은 남자 화장실의 소변기에 뒤샹이 사인 (sign)만 한 것이다. 뒤샹은 이미 만들어진 제품도 예술 작품이 될 수 있다고 생각했다.

이것이 어떻게 예술 작품이 될 수 있을까? 하고 의문이 들 수 있다. 그러나 예술가가 무언가를 꼭 새 물체로 만들어야만 예술이 아니라, 사물을 새로운 눈으로 바라보고, 창의적으로 해석하면 그것으로도 충분히 예술이 될 수 있다. 그렇기 때문에 뒤샹은 예술을 '발견'이라고 했다. 이러한 생각은 중요하다. 왜냐하면 미술이란 세상을 '있는 그대로' 표현하는 것이 아니라, 보다 적극적으로 '자신의 생각을 표현하'는 것이기 때문이다.

(1) 다음은 학생들이 나눈 토론이다. 이 글의 내용에 찬성하는 의견이면 '공감' 칸에, 반대하는 의견이면 '비판' 칸에 V표 하시오.

토론 내용	공감	비판
① 생활용품은 실용적인 용도로 만들어진 것이므로 생활에만 사용되어야지 미술의 재료가 되어서는 안 돼.		V
② 어떤 물건이라도 그것을 새로운 눈으로 바라본다면, 그것은 더 이상 생활용품이 아니라 예술이 될 수 있어.	V	
③ 누구든지 아무 생활용품이나 갖다 놓고서 예술품이라고 한다면, 세상 물건이 다 예술품이 되겠지? 그건 아니지.		V
④ 뒤샹이 강조한 것은 예술도 얼기를 '만드는 것'이 아니라, 창의적인 생각, 즉 예술적 영감이 있어야 한다는 거야.	V	

해설 뒤샹의 생각처럼 만드는 것만이 아니라 사물을 새롭게 새로이 보는 것 그 자체로도 예술 작품이 될 수 있다고 한 ②와 예술에 서 창의적인 생각을 강조한 ④는 공감하는 의견이고, 생활용품으로만 쓰여야 한다고 본 ①과, 생활용품이 예술적 변화를 인정하지 않는 ③은 비판하는 의견이다.

(2) 다음 주장에 대한 자신의 생각에 해당하는 것에 V표를 하고 그 이유를 쓰시오.

이미 사용되고 있는 물건도 새롭건 관점으로 보면 예술 작품이 될 수 있다.

공감 ( )   비판 ( )

그렇게 생각한 이유: 예 비판: 이미 만들어진 생활용품을 새롭게만 본다고 해서 예술 작품이 되다면, 예술 작품과 일상생활에서 쓰는 생활용품의 구분이 없어지게 될 것이다. / 생활용품이 모두 예술품이 될 수 있다면 굳이 돈을 내고 예술품을 사거나 가지려고 하지 않게 된다. 그렇게 되면 예술은 발달하지 않게 된다.
예 공감: 예술 작품은 어떤 재료로 무엇을 만드느냐보다, 그 작품이 우리에게 어떤 메시지를 주느냐가 더 중요하니까. / 아무리 하찮아 보이는 물건이라도 창의적인 눈으로 보게 되면 새로운 점을 발견하게 되는데, 그것이 즐거움과 신선함을 주니까 예술이 되는 것이다.

해설 글을 읽고 주장에 공감하든지 비판하든지 자신의 생각을 정리하고 글을 이해한 내용을 바탕으로 공감과 비판의 근거를 서술해 본다.

❷ 그림으로 표현하여 이해하기

글의 구조가 복잡하거나 내용이 이러운 글을 읽을 때는 해심내용을 중심으로 다음과 같이 그림이나 표, 그래프, 마인드맵 등을 그려 보면 글을 좀 더 효과적으로 이해할 수 있다.

등장인물의 관계	생각그물(마인드맵), 좌표표
분류 관계	수형도(나뭇가지 모양의 그림)
비례 관계	그래프(정비례, 반비례 등)
포함 관계	벤 다이어그램, 크기 표시 (<, >, =)

★ 글의 내용을 그림으로 표현하려면,

(1) 가장 적절한 그림의 방식을 생각해 본다.
(2) 그림에 넣을 핵심내용을 글 내용에서 뽑는다.
(3) 그림의 중요한 마디에 핵심내용을 배열한다.

1 다음 글의 ㉠과 ㉢을 아래와 같이 수형도로 그릴 때, 연결 관계를 선으로 표현하고 ㉡과 ㉣에 해당하는 것에 ○표 하시오.

예를 들어 ㉠정오각형, 정육각형, 정팔각형, 정십각형, 정십각형 같은 평면 도형과 같은 ... 로 만들어 ... 있다고 하자. 바퀴 모양으 로 만들어 ... 잘 굴러갈까? 당연히 ㉡정십각형이다. 값이 많을수록 원에 가까운 모양 이 되므로, 더 잘 굴러갈 것이다. 그렇다면 다면체라는 같은 입체 도형은 어떨까? 만약 ㉢정사면체, 정팔면체, 정십이면체, 정이십면체와 같은 입체 도형이 있다고 하자. 어느 것이 가장 잘 굴러 갈까? ㉣정이십면체일 것이다.

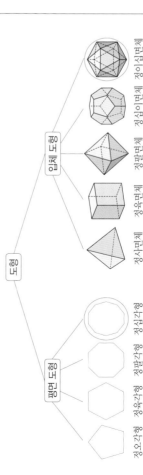

해설 도형을 평면 도형이나 '입체 도형'으로 연결하고, 평면 도형은 각각 '정오각형', 정육각형, 정팔각형, 정십각형으로 연결한다. 입체 도형에는 각각 정사면체, 정팔면체, 정십이면체, 정이십면체와 연결한다. 그리고 ㉡은 맨 오른쪽에 있는 '정이십면체'에 동그라미를 친다.

2

다음 글을 읽고 물음에 답하시오.

'중심인물'은 조선 세종 때 이조 판서 ⓐ중훈의 ... 아버지 ㅎ 판서의 첩이었다. ...

(본문 내용 — 홍길동전 관련 서술)

(1) 이 글의 등장인물들을 찾아 동그라미로 표시를 하시오.

해설 홍길동, 홍문(아버지), 춘섬(어머니), 탐관오리, 암곰 아니다. 팔도의 양반과 관리, 요리, 미녀 등도 포함될 수 있다.

(2) 홍길동의 성격, 재주, 업적 등 홍길동의 특징을 나타내는 단어들을 찾아 네모 표시를 하시오.

해설 열자, 재주, 기상, 한, 방랑, 활빈당, 도술, 둔갑술, 병조 판서, 율도국, 왕 등이 이에 해당한다.

(3) 다음은 (1)~(2)를 바탕으로, 등장인물 간의 관계와 주요 사건을 나타낸 그림이다. 빈칸에 들어갈 말을 찾아 쓰시오.

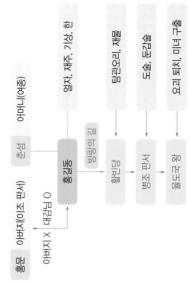

해설 위의 (10)에서 찾은 등장인물들을 나열하고 관계를 화살표로 표시하고, (2)에서 찾은 핵심어들을 중에서 적절한 것을 쓴다. 빈칸에 들어갈 말은 위에서부터 순서대로 '춘섬', '활빈당', '병조 판서', '율도국 왕'이다.

MEMO